中华现代学术名著丛书

中国中古文学史
汉魏六朝专家文研究

刘师培 著

图书在版编目(CIP)数据

中国中古文学史 汉魏六朝专家文研究/刘师培著.—北京:商务印书馆,2010(2025.8重印)
(中华现代学术名著丛书)
ISBN 978-7-100-07372-1

Ⅰ.①中… Ⅱ.①刘… Ⅲ.①文学史-研究-中国-汉代②文学史-研究-中国-魏晋南北朝时期③经学-研究-中国-古代 Ⅳ.①I209.34②Z126.272

中国版本图书馆 CIP 数据核字(2010)第 184350 号

权利保留,侵权必究。

本书据人民文学出版社 1959 年版、
独立出版社 1945 年版排印

中华现代学术名著丛书
中国中古文学史 汉魏六朝专家文研究
刘师培 著

商 务 印 书 馆 出 版
(北京王府井大街36号 邮政编码100710)
商 务 印 书 馆 发 行
三河市春园印刷有限公司印刷
ISBN 978-7-100-07372-1

2010 年 12 月第 1 版　　开本 880×1240　1/32
2025 年 8 月第 4 次印刷　印张 7⅝　插页 1
定价:58.00 元

刘师培

(1884—1919)

作者手迹

出版说明

百年前,张之洞尝劝学曰:"世运之明晦,人才之盛衰,其表在政,其里在学。"是时,国势颓危,列强环伺,传统频遭质疑,西学新知亟亟而入。一时间,中西学并立,文史哲分家,经济、政治、社会等新学科勃兴,令国人乱花迷眼。然而,淆乱之中,自有元气淋漓之象。中华现代学术之转型正是完成于这一混沌时期,于切磋琢磨、交锋碰撞中不断前行,涌现了一大批学术名家与经典之作。而学术与思想之新变,亦带动了社会各领域的全面转型,为中华复兴奠定了坚实基础。

时至今日,中华现代学术已走过百余年,其间百家林立、论辩蜂起,沉浮消长瞬息万变,情势之复杂自不待言。温故而知新,述往事而思来者。"中华现代学术名著丛书"之编纂,其意正在于此,冀辨章学术,考镜源流,收纳各学科学派名家名作,以展现中华传统文化之新变,探求中华现代学术之根基。

"中华现代学术名著丛书"收录上自晚清下至20世纪80年代末中国大陆及港澳台地区、海外华人学者的原创学术名著(包括外文著作),以人文社会科学为主体兼及其他,涵盖文学、历史、哲学、政治、经济、法律和社会学等众多学科。

出版说明

出版"中华现代学术名著丛书",为本馆一大夙愿。自 1897 年始创起,本馆以"昌明教育,开启民智"为己任,有幸首刊了中华现代学术史上诸多开山之著、扛鼎之作;于中华现代学术之建立与变迁而言,既为参与者,也是见证者。作为对前人出版成绩与文化理念的承续,本馆倾力谋划,经学界通人擘画,并得国家出版基金支持,终以此丛书呈现于读者面前。唯望无论多少年,皆能傲立于书架,并希冀其能与"汉译世界学术名著丛书"共相辉映。如此宏愿,难免汲深绠短之忧,诚盼专家学者和广大读者共襄助之。

商务印书馆编辑部

2010 年 12 月

凡 例

一、"中华现代学术名著丛书"收录晚清以迄20世纪80年代末,为中华学人所著,成就斐然、泽被学林之学术著作。入选著作以名著为主,酌量选录名篇合集。

二、入选著作内容、编次一仍其旧,唯各书卷首冠以作者照片、手迹等。卷末附作者学术年表和题解文章,诚邀专家学者撰写而成,意在介绍作者学术成就,著作成书背景、学术价值及版本流变等情况。

三、入选著作率以原刊或作者修订、校阅本为底本,参校他本,正其讹误。前人引书,时有省略更改,倘不失原意,则不以原书文字改动引文;如确需校改,则出脚注说明版本依据,以"编者注"或"校者注"形式说明。

四、作者自有其文字风格,各时代均有其语言习惯,故不按现行用法、写法及表现手法改动原文;原书专名(人名、地名、术语)及译名与今不统一者,亦不作改动。如确系作者笔误、排印舛误、数据计算与外文拼写错误等,则予径改。

五、原书为直(横)排繁体者,除个别特殊情况,均改作横排简体。其中原书无标点或仅有简单断句者,一律改为新式标点,专名号从略。

六、除特殊情况外,原书篇后注移作脚注,双行夹注改为单行夹注。文献著录则从其原貌,稍加统一。

七、原书因年代久远而字迹模糊或纸页残缺者,据所缺字数用"□"表示;字数难以确定者,则用"(下缺)"表示。

目　录

中国中古文学史

第一课　概论 …………………………………………………… 3
第二课　文学辨体 ……………………………………………… 6
第三课　论汉魏之际文学变迁 ………………………………… 10
第四课　魏晋文学之变迁 ……………………………………… 35
第五课　宋齐梁陈文学概略 …………………………………… 74

汉魏六朝专家文研究

一、绪论 ………………………………………………………… 115
二、各家总论 …………………………………………………… 118
三、学文四忌 …………………………………………………… 122
四、论谋篇之术 ………………………………………………… 125
五、论文章之转折与贯串 ……………………………………… 127
六、论文章之音节 ……………………………………………… 130
七、论文章有生死之别 ………………………………………… 133
八、《史》《汉》之句读 ………………………………………… 136
九、蔡邕精雅与陆机清新 ……………………………………… 137
十、论各家文章与经子之关系 ………………………………… 139

十一、论文章有主观客观之别 …………………… 143

十二、神似与形似 ………………………………… 145

十三、文质与显晦 ………………………………… 146

十四、文章变化与文体迁讹 ……………………… 148

十五、汉魏六朝之写实文学 ……………………… 151

十六、论研究文学不可为地理及时代之见所囿 … 154

十七、论各家文章之得失应以当时人之批评为准 … 157

十八、洁与整 ……………………………………… 158

十九、论记事文之夹叙夹议及传赞碑铭之繁简有当 … 160

二十、轻滑与蹇涩 ………………………………… 162

二十一、论文章宜调称 …………………………… 164

附录　论文杂记 ………………………………… 166

刘师培先生学术年表 …………………………… 202
刘师培文学思想概述 ………………… 汪春泓 204

中国中古文学史

中国古文学史

第一课　概论

　　物成而丽,交错发形;分动而明,刚柔判象:在物佥然,文亦犹之。惟是捈欲通喕,纮埏实同;偶类齐音,中邦臻极。何则？准声署字,修短揆均,字必单音,所施斯适。远国异人,书违颉诵,翰藻弗殊,侔均斯逊。是则音泮轻轩,象昭明两,比物丑类,泯迹从齐,切响浮声,引同协异,乃禹域所独然,殊方所未有也。

　　此一则明俪文律诗为诸夏所独有;今与外域文学竞长,惟资斯体。

　　《易大传》曰:"物相杂故曰文。"《论语》曰:"郁郁乎文哉。"由《易》之说,则青白相比、玄黄厝杂之谓也;由《语》之说,则会集众彩、含物化光之谓也。嗣则浾长说文,诂道相诠;成国释名,即绣为辟。准萌造字之基,顾诶正名之指,文匪一端,殊途同轨。必重明丽正,致饰尽亨,缀兆舒疾,周旋矩规,然后考命物以极情性,观形容以况物宜,故能光明上下,劈措万类,未有志白贲而讹翰如,执素功以该缋事者也。

　　此一则申明文诂,俾学者顾名思义,非偶词俪语,弗足言文。

文区科臬,流衍万殊:董、贾摛词,未均羨绌;彦和综律,始阐音和。清浊周疏,间世斯审;后贤所闻,古或未昭。何则？人性之能,别声被色而已。声弗过五,而生变比音,弗可胜奏;色弗过五,而成文不乱,不可胜宣。故舞佾在庭,方员自形;蕤宾孔和,林钟遝应:因物而作,或秉自然。至若龙璪齐晖,上下异昭;笙镛节律,间代而鸣:彰彩谐音,率繇世巧。由是而言,前哲因情以纬文,后贤截文以适轨。故沈思翰藻,今古斯同;而美媲黄裳,六朝臻极。挽近论文,恒以后弗承前为诟。然六爻之位,皆繇左右;剪偶隆奇,曷云成列？况周冕玉藻,前后邃延,骤易夏收,必乖俯仰。至于律吕宫商,虽基沉沦:然铴銮失和,虽有金辂樊缨,末由昭其度;双璜错鸣,虽有缊韨幽衡,末由佾其娓。故文而弗俪,治丝而棼之说也;俪不和律,琴瑟姝壹之说也。

此一则证明齐、梁文词于律为进;弗得援后世弗遂程律之作,上薄齐、梁。

"著诚去伪","从质舍文",两词频似,旨弗同科。世儒瞀犹,以"质"诠"诚"。不知说而丽明,物睽斯类;明不可息,冥升奚贞？古入公门,必彰列彩,杂服①是习,不愆安礼。火龙可贱,于昔蔑闻。夫蒉席之平,素衣之襮,犹必画纯铄其华,朱纬炜其裼;况于记久明远,经纬天地者乎？孔崇先进,旨主刺时;故有质无文,葛卢垂贬。质果可复,则是彪蒙匪吉,虎炳匪孚,子羽未可休,棘成未足绌也。又隋、唐以前,便章文笔;五代而降,桴类衾观。袒褐在躬,袭蒙袞

---

① 人民文学出版社1959年版作"杂能",疑误。——校者注

裳之名；土铏是饭，因云雕俎可齐。董仲舒有言："名生于真，非其真，弗以为名。"背厥真名，此万民所由丧察也。

此一则诠明沉思翰藻，弗背文律；归、茅、方、姚之伦，弗得以华而弗实相訾。

文崇六代，唯主考型；若夫宣究流衍，撢引绪耑，习肄所及，两汉实先。譬之大飨，丹漆丝纩，庭实旅陈，斯蒲稾鞄，兼昭贵本，于礼有然，庸伤翩反？况复娴习雅故，底究六籍，扬、马、张、蔡，各臻厥茂；伐柯取则，执一封越，率迪众长，或庶几焉。

此一则明六朝以前之文，必当研习。

第二课　文学辨体

　　此篇以阮氏《文笔对》为主。特所引群书,以类相从,各附案词,以明文轨。

　　《晋书·蔡谟传》:文笔论议,有集行于世。
　　《宋书·傅亮传》:高祖登庸之始,文笔皆是记室参军滕演;北征广固,悉委长史王诞。
　　《北史·魏高祖纪》:有大文笔,马上口授。
　　《魏书·温子昇传》:台中文笔,皆子昇为之。
　　《北史·温子昇传》:张皋写子昇文笔,传于江外。
　　《北齐书·李广传》:毕义云集其文笔十卷。
　　《陈书·陆琰传》:其所制文笔多不存本。
　　《陈书·刘师知传》:工文笔。
　　《陈书·徐伯阳传》:年十五以文笔称。

　　据上九证,知古云文笔,犹今人所云诗文、诗词,确为二体。

　　《南史·颜延之传》:宋文帝问延之诸子才能。延之曰:"竣得臣笔,测得臣文。"

据上一证,知文之与笔,弗必两工;犹今工文者,弗必工诗也。

梁元帝《金楼子·立言》篇云:夫子门徒,转相师受,通圣人之经者谓之儒。屈原、宋玉、枚乘、长卿之徒,止于辞赋,则谓之文。今之儒,博穷子史,但能识其事,不能通其理者,谓之学。至如不便为诗如阎纂,善为章奏如伯松,若此之流,泛谓之笔;吟咏风谣,流连哀思者谓之文。

又云:笔,退则非谓成篇,进则不云取义,神其巧惠,案:惠、慧古通。笔端而已。至如文者,惟须绮縠纷披,宫徵靡曼,唇吻遒会,情灵摇荡。而古之文笔,今之文笔,其源又异。

刘勰《文心雕龙·总术》篇云:今之常言,有文有笔,以为无韵者笔也,有韵者文也。

　　据上三证,是偶语韵词谓之文,凡非偶语韵词概谓之笔。盖文以韵词为主,无韵而偶,亦得称文。《金楼》所诠,至为昭晰。

《汉书·楼护传》:长安号曰"谷子云笔札"。

《梁书·任昉传》:尤长载笔。

《南史·沈约传》:彦升工于笔。

《陈书·徐陵传》:国家有大手笔,皆陵草之。

《陈书·陆琼传》:讨周迪、陈宝应等,都官符及诸大手笔,并敕付琼。

《唐书·蒋偕传》:三世踵修国史,世称良笔。

据上六证,是官牍史册之文,古概称笔。盖"笔"从"聿"声,古名"不聿","聿"、"述"谊同。故其为体,惟以直质为工,据事直书,弗尚藻彩。《礼·曲礼》篇曰:"史载笔。"孔修《春秋》,亦曰"笔则笔,削则削"。后世以降,凡体之涉及传状者,均笔类也。陆机《文赋》,诠述诗赋十体,弗及传记,亦其明征。

《南史·孔珪传》:与江淹对掌辞笔。
《陈书·岑之敬传》:雅有辞笔。

据上二证,均辞、笔并言。"辞"当作"词","词"与"文"同。《说文》云:"词,意内而言外也。"《周易·乾文言》曰:"修辞立其诚。"又《系辞上》曰:"系辞焉以尽其言。"修、饰互文,系、缀同情,是词之为体,迥异直言。屈、宋之作,汉标《楚辞》,亦其证也。是知六朝之辞,亦以偶语韵文为限。

《梁书·刘潜传》:字孝仪,秘书监孝绰弟也。绰常曰"三笔六诗",三即孝仪,六孝威也。
《梁书·庾肩吾传》载简文《与湘东王论文》曰:诗既若此,笔又如之。
《北史·萧圆肃传》:撰时人诗笔为《文海》四十卷。
《杜甫集·寄贾司马严使君诗》:贾笔论孤愤,严诗赋几篇。
赵璘《因话录》:韩文公与孟东野友善。韩公文至高,孟长于五言,时号"孟诗韩笔"。

据上五证,均诗、笔并言。盖诗有藻韵,其类亦可称文;笔无藻韵，唐人散体概属此类。故昌黎之作，在唐称笔；后世文家，奉为正宗，是均误笔为文者也。

《南齐书·晋安王子懋传》：文章诗笔，乃是佳事。

据上一证，是笔与诗、文并殊。

刘禹锡《中山集·祭韩侍郎文》：子长在笔，予长在论。

据上一证，是笔与论殊。盖笔主直书，论则兼尚植指。故《文赋》隶论于文，于记事之体则否。

合前列各证观之，知散行之体，概与文殊。唐、宋以降，此谊弗明，散体之作，亦入文集。若从孔子"正名"之谊，则言无藻韵，弗得名文；以笔冒文，误孰甚焉。又文苑列传，前史佥同。唐、宋以降，文学陵迟，仅工散体，恒立专传。名实弗昭，万民丧察，因并辨之。

第三课　论汉魏之际文学变迁

　　建安文学,革易前型,迁蜕之由,可得而说:两汉之世,户习七经,虽及子家,必缘经术。魏武治国,颇杂刑名,文体因之,渐趋清峻。一也。建武以还,士民秉礼。迨及建安,渐尚通侻;侻则侈陈哀乐,通则渐藻玄思。二也。献帝之初,诸方棋峙,乘时之士,颇慕纵横,骋词之风,肇端于此。三也。又汉之灵帝,颇好俳词,见杨赐《蔡邕传》。下习其风,益尚华靡;虽迄魏初,其风未革。四也。今摘史乘群书之文,涉及文学变迁者,条列如下。

　　《文心雕龙·时序》篇:自哀、平陵替,光武中兴,深怀图谶,颇略文华。然杜笃献诔以免刑,班彪参奏以补令,虽非旁求,亦不遐弃。及明帝叠耀,崇爱儒术,肆礼璧堂,讲文虎观,孟坚珥笔于国史,贾逵给札于瑞颂;东平擅其懿文,沛王振其通论,帝则藩仪,辉光相照矣。自安、和已下,迄至顺、桓,则有班、傅、三崔、王、马、张、蔡,磊落鸿儒,才不时乏,而文章之选,存而不论。然中兴之后,群才稍改前辙,华实所附,斟酌经辞,盖历政讲聚,故渐靡儒风者也。降及灵帝,时好辞制,造《羲皇》之书,开鸿都之赋,而乐松之徒,招集浅陋,故杨赐号为骠兜,蔡邕比之俳优,其余风遗文,盖蔑如也。自献帝播迁,文学蓬转。建安之末,区宇方辑。魏武以相王之尊,

第三课　论汉魏之际文学变迁

雅爱诗章；文帝以副君之重，妙善辞赋；陈思以公子之豪，下笔琳琅；并体貌英逸，故俊才云蒸。仲宣委质于汉南，孔璋归命于河北，伟长从宦于青土，公幹徇质于海隅，德琏综其斐然之思，元瑜展其翩翩之乐，文蔚、休伯之俦，于叔、邯郸淳字，元作子俶。德祖杨修字。之侣，傲雅觞豆之前，雍容衽席之上，洒笔以成酣歌，和墨以藉谈笑。观其时文，雅好慷慨，良由世积乱离，风衰俗怨，并志深而笔长，故梗概而多气也。至明帝纂戎，制诗度曲，征篇章之士，置崇文之观，何晏、刘劭。群才，迭相照耀。少主相仍。唯高贵英雅，顾盼合章，动言成论。于时正始余风，篇体轻澹，而嵇、阮、应、缪，并驰文路矣。

　　案：此篇略述东汉、三国文学变迁，至为明晰，诚学者所当参考也。

《魏志·王粲传》：粲字仲宣，山阳高平人也。献帝西迁，粲徙长安左中郎将。蔡邕见而奇之。时邕才学显著，贵重朝廷，常车骑填巷，宾客盈坐，闻粲在门，倒屣迎之。粲至，年既幼弱，容状短小，一坐尽惊。邕曰："此王公孙也。有异才，吾不如也。吾家书籍文章，尽当与之。"年十七，司徒辟，诏除黄门侍郎，以西京扰乱，皆不就，乃之荆州依刘表。表以粲貌寝而体弱通侻，不甚重也。表卒，粲劝表子琮令归太祖，太祖辟为丞相掾，赐爵关内侯，后迁军谋祭酒。魏国既建，拜侍中。博物多识，问无不对。时旧仪废弛，兴造制度，粲恒典之。初，粲与人共行，读道边碑。人问曰："卿能暗诵乎？"曰："能。"因使背而诵之，不失一字。观人围棋，局坏，粲为覆之；棋者不信，以帊盖局，使更以他局为之，用相比校，不误一道。其强记默识如此。性善算，作《算术》，略尽其理。善属文，举笔便成，无所改定,时人常以为宿构,然正复精意覃思,亦不能加也。著诗赋论议垂六十篇。建安二十一年,从征吴。二十二年春,道病,卒,时年四十一。始文帝为五官将,及平原侯植,皆好文学。粲与北海徐幹字伟长、广陵陈琳字孔璋、陈留阮瑀字元瑜、汝南应玚字德琏、东平刘桢字公幹,并见友善。幹为司空军谋祭酒掾属,五官将文学。琳前为何进主簿。进欲诛诸宦官,太后不听,进乃召四方猛将,并使引兵向京城,欲以劫恐太后,竟以取祸。琳避难冀州,袁绍使典文章。袁氏败,琳归太祖。瑀少受学于蔡邕,建安中,都护曹洪欲使掌书记,瑀终不为屈。太祖并以琳、瑀为司空军谋祭酒,管记室,军国书檄,多琳、瑀所作也。琳徙门下督,瑀为仓曹掾属。玚、桢各被太祖辟为丞相掾属。玚转为平原侯庶子,后为五官将文学。桢以不敬被刑,刑竟署吏。咸著文赋数十篇。瑀以十七年卒。幹、琳、玚、桢二十二年卒。文帝书与元城令吴质曰:"昔年疾疫,亲故多离其灾:徐、陈、应、刘,一时俱逝。观古今文人,类不护细行,鲜能以名节自立;而伟长独怀文抱质,恬淡寡欲,有箕山之志,可谓彬彬君子矣;著《中论》二十余篇,辞义典雅,足传于后。德琏常斐然有述作意,其才学足以著书,美志不遂,良可痛息。孔璋章表殊健,微为繁富。公幹有逸气,但未遒耳。元瑜书记翩翩,致足乐也。仲宣独自善于辞赋,惜其体弱,不起其文,至于所善,古人无以远过也。昔伯牙绝弦于锺期,仲尼覆醢于子路,痛知音之难遇,伤门人之莫逮也。诸子但为未及古人,自一时之俊也。"自颍川邯郸淳、繁钦,陈留路粹,沛国丁仪、丁廙,弘农杨修,河内荀纬等,亦有文采,而不在此七人之例。玚弟璩,璩子贞,咸以文章显。璩官至侍中,贞咸熙中参相国军事。瑀子籍,才藻艳逸,而倜傥放荡,行己寡欲,以庄周为模则,官至步兵校尉。时又有谯郡嵇康,文辞壮丽,好言老、庄,而尚奇任侠,至景元中坐事诛。景初中,下邳桓威,出自孤微,年十八而著《浑舆经》,依道以见意,从齐国门下书佐司徒署吏,后为安成令。吴质,济阴人,以文才为文帝所善,官至振威将军,假节都督河北诸军事,封列侯。摘录。

《卫觊传》:觊字伯儒。少夙成,以才学称,受诏典著作,又为《魏官仪》,凡所撰述数十篇。建安末河南潘勖,黄初时河内王象,亦与觊并以文章显。

《刘廙传》:廙字恭嗣,著书数十篇,及与丁仪共论刑礼,并传于世。

《刘劭传》:劭字孔才。凡所撰述《法论》、《人物志》之类百余篇。同时东海缪袭,亦有才学,多所述叙。袭友人山阳仲长统,汉末作《昌言》。陈留苏林、京兆韦诞、谯国夏侯惠、任城孙该、河东杜挚等,亦著文赋,颇传于世。

《陈思王植传》:撰录植前后所著赋、颂、诗、铭、《新论》凡百余篇。

《中山恭王衮传》:能属文,凡所著文章二万余言。才不及陈思王,而好与之侔。

《王朗传》:朗著《易》、《春秋》、《孝经》、《周官》传,奏议、论、记咸传于世。

《刘放传》:善为书檄,三祖诏命,有所招喻,多放所为。

《蜀志·郤正传》:凡所著述,诗、论、赋之属垂百篇。

《吴志·韦曜、华覈传》:曜、覈所论事章疏,咸传于世也。

据以上诸传,可审三国人文之大略。

《魏志·文帝纪评》文帝天资文藻,下笔成章,博闻强识,才艺兼该。

《陈思王植传评》：陈思文才富艳，足以自通后叶。

《王粲等传评》：昔文帝、陈王以公子之尊，博好文采。同声相应，才士并出。惟粲等六人，最见名目。

又云：卫觊亦以多识典故，相时王之式。刘劭该览学籍，文质周洽。刘廙以清鉴著。

《蜀志·秦宓传评》：文藻壮美。

《郤正传评》：文辞粲烂，有张、蔡之风。

《吴志·王蕃、楼玄、贺邵、韦曜、华覈传评》：薛莹称蕃弘博多通；玄才理条畅；邵机理清要；曜笃学好古，有记述之才。胡冲以为玄、贺、蕃一时清妙，略无优劣；必不得已，玄宜在先，邵当次之；华覈文赋之才，有过于曜，而典诰不及也。节录。

据以上诸评，可审三国文体之大略。

魏文帝《典论》：文人相轻，自古而然。傅毅之于班固，伯仲之间耳；而固小之，与弟超书曰："武仲以能属文为兰台令史，下笔不能自休。"夫人善于自见，而文非一体，鲜能备善，是以各以所长，相轻所短。里语曰："家有弊帚，享之千金。"斯不自见之患也。今之文人，鲁国孔融文举、广陵陈琳孔璋、山阳王粲仲宣、北海徐幹伟长、陈留阮瑀元瑜、汝南应玚德琏、东平刘桢公幹，斯七子者，于学无所遗，于辞无所假，咸以自骋骥骤于千里，仰齐足而并驰，以此相服，亦良难矣。盖君子审己以度人，故能免于斯累，而作论文。王粲长于辞赋，徐幹时有齐气，然粲之匹也。如粲之《初征》、《登楼》、《槐赋》、《征思》，幹之《玄猿》、《漏卮》、《圆扇》、《橘赋》，虽张、蔡不过也;然于他文,未能称是。琳、瑀之章、表、书记,今之隽也。应玚和而不壮;刘桢壮而不密;孔融体气高妙,有过人者,然不能持论,理不胜词,以至乎杂以嘲戏,及其所善,扬、班俦也。常人贵远贱近,向声背实,又患暗于自见,谓己为贤。夫文本同而末异;盖奏议宜雅,书论宜理,铭诔尚实,诗赋欲丽;此四科不同,故能之者偏也,唯通才能备其体。文以气为主,气之清浊有体,不可力强而致。譬诸音乐,曲度虽均,节奏同检,至于引气不齐,巧拙有素,虽在父兄,不能以移子弟。盖文章,经国之大业,不朽之盛事;年寿有时而尽,荣乐止乎其身,二者必至之常期,未若文章之无穷。是以古之作者,寄身于翰墨,见意于篇籍,不假良史之辞,不托飞驰之势,而声名自传于后。故西伯幽而演《易》,周旦显而制礼,不以隐约而弗务,不以康乐而加思。夫然,则古人贱尺璧而重寸阴,惧乎时之过已。而人多不能强力,贫贱则慑于饥寒,富贵则流于逸乐,遂营目前之务,而遗千载之功,日月逝于上,体貌衰于下,忽然与万物迁化,斯志士之大痛也。融等之已逝,唯幹著论,成一家言。

案:此篇推论建安文学优劣,深切著明。文气之论,亦基于此。

魏文帝《与吴质书》:昔年疾疫,亲故多离其灾:徐、陈、应、刘,一时俱逝,痛可言邪!昔日游处,行则连舆,止则接席,何曾须臾相失?每至觞酌流行,丝竹并奏,酒酣耳热,仰而赋诗,当此之时,忽然不自知乐也;谓百年已分,可长共相保;何图数年之间,零落略尽,言之伤心!顷撰其遗文,都为一集,观其姓名,已为鬼录,追思昔游,犹在心目,而此诸子,化为粪壤,可复道哉!观古今文人,类不护细行,鲜能以名节自立;而伟长独怀文抱质,恬淡寡欲,有箕山之志,可谓彬彬君子者矣;著《中论》二十余篇,成一家之言,辞义典雅,足传于后,此子为不朽矣。德琏常斐然有述作之意,其才学足以著书,美志不遂,良可痛惜。间者历览诸子之文,对之抆泪,既痛逝者,行自念也。孔璋章表殊健,微为繁富。公幹有逸气,但未遒耳;其五言诗之善者,妙绝时人。元瑜书记翩翩,致足乐也。仲宣独自善于辞赋,惜其体弱,不足起其文;至于所善,古人无以远过。昔伯牙绝弦于锺期,仲尼覆醢于子路,痛知音之难遇,伤门人之莫逮。诸子但为未及古人,自一时之隽也。今之存者,已不逮矣;后生可畏,来者难诬,然恐吾与足下不及见也。年行已长大,所怀万端,时有所虑,至通夜不瞑,志意何时复类昔日?已成老翁,但未白头耳。光武言:"年三十余,在兵中十岁,所更非一。"吾德不及之,年与之齐矣。以犬羊之质,服虎豹之文;无众星之明,假日月之光;动见瞻观,何时易乎?恐永不复得为昔日游也!少壮真当努力,年一过往,何可攀援?古人思秉烛夜游,良有以也。此篇据《文选》录。

曹子建《与杨德祖书》:仆少小好为文章,迄至于今,二十有五年矣。然今世作者,可略而言也:昔仲宣独步于汉南,孔璋鹰扬于河朔,伟长擅名于青土,公幹振藻于海隅,德琏发迹于北魏,足下高视于上京。当此之时,人人自谓握灵蛇之珠,家家自谓抱荆山之玉。吾王于是设天网以该之,顿八纮以掩之,今悉集兹国矣。然此数子,犹复不能飞轩绝迹,一举千里。以孔璋之才,不闲于辞赋,而多自谓能与司马长卿同风,譬画虎不成,反为狗也。前书嘲之,反作论盛道仆赞其文。夫锺期不失听,于今称之,吾亦不能妄叹者,畏后世之嗤余也。世人之著述,不能无病。仆尝好人讥弹其文,有不善者,应时改定。昔丁敬礼常作小文,使仆润饰之,仆自以才不过若人,辞不为也。敬礼谓仆:"卿何所疑难?文之佳恶,吾自得之。后世谁相知定吾文者耶?"吾尝叹此达言,以为美谈。昔尼父之文辞,与人通流;至于制《春秋》,游、夏之徒,乃不能措一辞。过此而言不病者,吾未之见也。盖有南威之容,乃可以论于淑媛;有龙泉之利,乃可以议其断割。刘季绪才不能逮于作者,而好诋诃文章,掎摭利病。昔田巴毁五帝,罪三王,訾五霸于稷下,一日而服千人;鲁连一说,使终身杜口。刘生之辩,未若田氏,今之仲连,求之不难,可无息乎?人各有好尚:兰茝荪蕙之芳,众人所同好,而海畔有逐臭之夫;《咸池》、《六茎》之发,众人所共乐,而墨翟有非之之论,岂可同哉?今往仆少小所著辞赋一通相与,夫街谈巷说,必有可采,击辕之歌,有应风雅,匹夫之思,未易轻弃也。辞赋小道,固未足以揄扬大义,彰示来世也。昔扬子云,先朝执戟之臣耳,犹称壮夫不为也。吾虽德薄,位为蕃侯,犹庶几戮力上国,流惠下民,建永世之业,留金石之功,岂徒以翰墨为勋绩,辞赋为君子哉?

又德祖答书亦云:若仲宣之擅江表,陈氏之跨冀城,徐、刘之显青、豫,应生之发魏国,斯皆然矣。至于修者,听采风声,仰德不暇,自周章于省览,何遑高视哉?

案:以上数书,于建安诸子文学得失,足审大凡。

《文心雕龙·才略》篇:孔融气盛于为笔,祢衡思锐于为文,有偏美焉。潘勖凭经以骋才,故绝群于锡命;王朗发愤以托志,亦致美于序铭。然自卿、渊已前,多俊才而不课学;雄、向已后,颇引书以助文:此取与之大际,其分不可乱者也。魏文之才,洋洋清绮,旧谈抑之,谓去植千里。然子建思捷而才俊,诗丽而表逸;子桓虑详而力缓,故不竞于先鸣,而乐府清越,《典论》辩要,迭用短长,亦无懵焉。但俗情抑扬,雷同一响,遂令文帝以位尊减才,思王以势窘益价,未为笃论也。仲宣溢才,捷而能密,文多兼善,辞少瑕累,摘其诗赋,则七子之冠冕乎。琳、瑀以符檄擅声,徐幹以赋论标美,刘桢情高以会采,应玚学优以得文;路粹、杨修颇怀笔记之工,丁仪、邯郸亦含论述之美,有足算焉。刘劭《赵都》,能攀于前修;何晏《景福》,克光于后进。休琏应璩。风情,则《百壹》标其志;吉甫璩子应贞字。文理,则《临丹》成其采。

《文心雕龙·体性》篇:仲宣躁锐,故颖出而才果;公幹气褊,故言壮而情骇。

《文心雕龙·风骨》篇:故魏文称文以气为主,气之清浊有体,不可力强而致。故其论孔融则云体气高妙,论徐幹则云时有齐气,论刘桢则云时有逸气。公幹亦云孔氏卓卓,信含异气,笔墨之性,殆不可胜。并重气之旨也。

  案:彦和所论三则,于建安文学得失,品评綦当。

《宋书·谢灵运传论》:若夫平子艳发,文以情变,绝唱高踪,久无嗣响。至于建安,曹氏基命,三祖陈王,咸蓄盛藻,甫乃以情纬文,以文被质。自汉至魏,四百余年,辞人才子,文体三变:相如巧为形似之言;班固长于情理之说;子建、仲宣,以气质为体:并摽能擅美,独映当时。是以一世之士,各相慕习。源其飙流所始,莫不同祖《风》、《骚》;徒以赏好异情,故意制相诡。

  案:此节独标气质为说,与彦和所论文气合。

第三课　论汉魏之际文学变迁

《文心雕龙·明诗》篇：又古诗佳丽，或称枚叔；其《孤竹》一篇，则傅毅之词，比采而推，两汉之作乎。观其结体散文，直而不野，婉转附物，惆怅切情，实五言之冠冕也。至于张衡《怨篇》，清曲可味，《仙诗》、《缓歌》，雅有新声。暨建安之初，五言腾踊。文帝、陈思，纵辔以骋节；王、徐、应、刘，望路而争驱。并怜风月，狎池苑，述恩荣，叙酣宴，慷慨以任气，磊落以使才；造怀指事，不求纤密之巧；驱词逐貌，惟取昭晰之能：此其所同也。

案：此节明建安诗体殊于东汉中叶之作。

《文心雕龙·乐府》篇：至宣帝雅颂，诗效《鹿鸣》，迄及元、成，稍广淫乐，正音乖俗，其难也如此。暨后效庙，惟杂雅章，辞虽典文，而律非夔、旷。至于魏之三祖，气爽才丽，宰割辞调，音靡节平。观其"北上"众引，"秋风"列篇，或述酣宴，或伤羁戍，志不出于淫荡，辞不离于哀思，虽三调之正声，实《韶》、《夏》之郑曲也。

案：此节明建安乐府变旧作之体。

《文心雕龙·铨赋》篇：及仲宣靡密，登端必遒；伟长博通，时逢壮采。

《文心雕龙·颂赞》篇：魏、晋辨颂，鲜有出辙。

《文心雕龙·诔碑》篇：至如崔驷诔赵，刘陶诔黄，并得宪章，工在简要。陈思叨名，而体实烦缓，《文皇诔》末，旨言自陈，其乖甚矣。

又云：自后汉以来，碑碣云起，才锋所断，莫高蔡邕。孔融所创,有慕伯喈,张、陈两文,辨给足采,亦其亚也。

《文心雕龙·哀吊》篇:建安哀辞,惟伟长差善,《行女》一篇,时有恻怛。

《文心雕龙·谐隐》篇:至魏文因俳说以著《笑书》,薛综凭宴会而发嘲调,虽抃推疑"雅"字。席而无益时用矣。

又云:荀卿《蚕赋》,已兆其体。至魏文、陈思,约而密之。高贵乡公博举品物,虽有小巧,用乖远大。

《文心雕龙·论说》篇:魏之初霸,术兼名、法。傅嘏、王粲,校练名理。

《文心雕龙·诏策》篇:建安之末,文理代兴。潘勖《九锡》,典雅逸群;卫觊《禅诰》,疑有脱字。符命炳耀,弗可加矣。

《文心雕龙·章表》篇:昔晋文受册,三辞从命,是以汉末让表,以三为断。曹公称为表不必三让,又勿得浮华。所以魏初表章,指事造实;求其靡丽,则未足美矣。

又云:文举之荐祢衡,气扬采飞;孔明之辞后主,志尽文畅:虽华实异旨,并表之英也。琳、瑀章表,有誉当时;孔璋称健,则其标也。陈思之表,独冠群才。观其体赡而律调,辞清而志显,应物制巧,随变生趣,执辔有余,故能缓急应节矣。

《文心雕龙·奏启》篇:魏代名臣,文理迭兴。若高堂《天文》,黄观即王观。《教学》,王朗《节省》,甄毅《考课》,亦尽节而知治矣。

《文心雕龙·书记》篇:公幹笺记,丽而规益。子桓弗论,故世所共遗;若略名取实,则有美于为诗矣。

案:以上各条,于建安文章各体之得失,以及与两汉异同之故,均能深切著明,故摘录之。魏人所作文集,具详《隋·经籍志》,

第三课　论汉魏之际文学变迁

兹不赘述。

又案：建安文学，实由文帝、陈王提倡于上。观文帝《典论·选篇》云："所著书、论、诗、赋，凡六十篇。"《御览》九十三引。又《与王朗书》曰："惟立德扬名，可以不朽，其次莫如著篇籍。故论撰所著《典论》、诗、赋，盖百余篇，集诸儒于肃城门内，讲论大义，侃侃无倦。"《魏志·文帝纪》注。又作《叙诗》云："为太子时，北园及东阁讲堂并赋诗，命王粲、刘桢、阮瑀、应场称同作。"《初学记》十引。此均文帝自述之词也。卞兰《赞述太子赋》序，亦谓"沉思泉涌，发藻云浮"。

又案：陈思王《前录序》曰："故君子之作也，俨乎若高山，勃乎若浮云，质素也如秋蓬，摛藻也如春葩，泛乎洋洋，光乎皜皜，与《雅》、《颂》争流可也。余少而好赋，其所尚也，雅好慷慨；所著繁多，虽触类而作，然芜秽者众，故删定别撰，为《前录》七十八篇。"《艺文类聚》五十五篇。此为思王自述之词。故明帝《追录陈思王遗文诏》亦曰："自少至终，篇籍不离于手。"又曰："撰录植前后所著赋、颂、诗、铭、著论，凡百余篇，副藏内外。"《魏志·植传》。是思王之文，久为当世所传，故一时文人兴起者众。至于明帝，虽文采渐衰，然亦笃好艺文，观其《以所作平原公主诔手诏陈王植》曰："吾既薄才，至于赋、诔特不闲。从儿陵上还，哀怀未散，作儿诔，为田公家语耳。"《御览》五百九十六引。案此诔不传。陈王答表则言："文义相扶，章章殊兴，句句感切。"《御览》五百九十六引。此为明帝工文之征。又高贵乡公《原和逌等作诗稽留诏》云："吾以暗昧，爱好文雅，广延诗赋，以知得失。"《魏志》本纪。此又少王提倡文学之证也。故有魏一朝，文学独冠于吴、蜀。

又案：魏代名贤，于当时文学之士，亦多评品之词。如吴质《答魏太子笺》曰："陈、徐、应、刘，才学所著，于雍容侍从，实其人也。"《文选》。《答东阿王书》亦曰："众贤所述，亦各有志。"《文选》。均即七子之文言也。

又案：陈思王《王仲宣诔》曰："文若春华，思若涌泉，发言可咏，下笔成篇。"《文选》。王粲《阮文瑜诔》曰："简书如雨，强力敏成。"《北堂书抄》引。鱼豢《魏略·武诸王传论》曰："植之华采，思若有神。"《魏志·任城王等传》裴注引。亦均文章定论。自此以外，若陈思王《与吴季重书》云："后所来讯，文采委曲，晔若春华，浏若清风。"《文选》。殷褒《荐朱伦表》曰："飞辞抗论，骆驿奇逸。"《艺文类聚》五十三引。明帝诏何桢云："扬州别驾何桢，有文章才。"《御览》五百八十七引。亦足补史传之缺。至若吴质论元瑜、孔璋，以为不能持论。吴质《答魏太子笺》谓："东方朔、枚皋之徒，不能持论，即阮、陈之俦也。"鱼豢论王、繁诸子，仅云"光泽足观"。《魏志·王粲传》注引鱼豢《魏略·王、繁、阮、陈、路传论》曰："寻省往者，鲁连、邹阳之徒，援譬引类，以解缔结，诚彼时文辨之隽也。今览王、繁、阮、陈、路诸人，前后文旨，亦何昔不若哉！其所以不论者，时世异耳。"又曰："譬之朱漆，虽无桢干，其为光泽，亦壮观也。"虽为一时之言，亦千古之定说也。

又案：文章各体，至东汉而大备。汉、魏之际，文家承其体式，故辨别文体，其说不淆。如魏文《答卞兰教》云："赋者，言事类之所附也。颂者，美盛德之形容。"《魏志·卞后传》注引。又陈思王《上卞太后诔表》曰："臣闻铭以述德，诔以述哀。"《艺文类聚》十五。均其证也。惟东汉以来，赞颂铭诔之文，渐事虚辞，颇背立诚之旨。故桓范《世要论·赞象》篇曰："夫赞象所作，所以昭述勋德，思咏政惠；此盖诗颂之末流，宜由上而兴，非专下而作也。若言不足纪,事不足述,虚而为盈,亡而为有,此圣人之所疾,庶人之所耻。"又《铭诔》篇曰:"夫谕世富贵,乘时要世,爵以赂至,官以贿成。而门生故吏,合集财货,刊石纪功,称述勋德:高邈伊、周,下陵管、晏,远追豹、产,近逾黄、邵;势重者称美,财富者文丽,欺耀当时,疑误后世。"以上二篇均见《群书治要》。于当时文弊,诠论至详。其《铭诔》篇又谓谏谥乃人主权柄,而汉世不禁,使私称与王命争流,臣子与君上俱用。盖谓谏文乃君上所锡,不当私作,其说亦与古合。盖文而无实,始于斯时。非惟韵文为然也,即作论著书,亦蹈此失。故《世要论·序作》篇曰:"世俗之人,不解作体,而务泛溢之言,不存有益之义。"《群书治要》。文胜之弊,即此可睹。故援引其说,以见当时文学之得失,亦以见文章各体,由质趋华,非一朝一夕之故,其所由来者渐矣。汉人惟为己书作序,未有为他书作序者。有之,自三国始。

附 录

汉、魏之际,文学变迁,既如上课所述矣。然其变迁之迹,非证以当时文章各体,不足以考其变迁之由。今略录祢衡以下文章十二篇,以明概略。

一 祢衡《鲁夫子碑》 受天至精,纯粹睿哲。崇高足以长世,宽容足以广包;幽明足以测神,文藻足以辨物。然而敏学以求之,下问以诹之,虚心以受之,深思以咏之。愍周道之回遹,悼九畴之乖悖,故发愤忘食,应聘四方。鲁以大夫之位,任以国政之权,譬若飞鸿鸾于中庭,骋骐骥于闾巷也。是以期月之顷,五教克谐,移风易俗,邦国肃焉,无思不服。懿文德以纡余,缀三五之纪纲,流洪耀之休赫,旷万世而扬光。夫文明以动,天则也;广大无疆,地德也;六经混成,洪式也:备此三者,圣极也。合吉凶于鬼神,遂殂落于梦寐。是以风烈流行,无所不通;故立石铭勋,以示昭明。辞曰:煌煌上天,笃降若人;逸矣幽哉,千祀一邻。明德弘监,情性存存;奕奕纯嘏,稽宪乾坤。曜彼灵祇,以训黎元;终日乾乾,配天之行。在险而正,在困而亨;穷达之运,委诸穹苍。日月则阴,天地不光,圣睿殂崩,大猷不纲。《艺文类聚》二十。案:此篇《类聚》所引,似缺篇首数语。

二 祢衡《吊张衡文》 南岳有精,君诞其姿;清和有理,君达其机:故能下笔绣乱,扬手文飞。昔伊尹值汤,吕尚遇旦,嗟矣君生,而独值汉。苍蝇争飞,凤凰已散,元龟可羁,河龙可绊。石坚而朽,星华而灭,唯道兴隆,悠悠永绝。□□靡滞,君音与浮;河水有竭,君声永流。周旦先没,发梦孔丘;余生虽后,身亦存游,士贵知己,君其勿忧。《太平御览》五百九十六。

　　案:东汉之文,均尚和缓;其奋笔直书,以气运词,实自衡始。《鹦鹉赋序》谓:"衡因为赋,笔不停缀,文不加点。"知他文亦然。是以汉、魏文士,多尚骋辞,或慷慨高厉,或溢气垒涌,孔融《荐祢衡疏》语。此皆衡文开之先也。孔融引重衡文,即以此启,故融之所作,多范伯喈;惟荐衡表,则效衡体,与他篇文气不同。

三 陈琳《为曹洪与魏文帝书》 十一月五日洪白:前初破贼,情尔意奢,说事颇过其实。得九月二十日书,读之喜笑,把玩无厌。亦欲令陈琳作报,琳顷多事,不能得为;念欲远以为欢,故自竭老夫之思。辞多不可一二，粗举大纲，以当谈笑。汉中地形，实有险固，四岳三涂，皆不及也。彼有精甲数万，临高守要，一夫挥戟，万夫不得进。而我军过之，若骇鲸之决细网，奔兕之触鲁缟，未足以喻其易。虽云王者之师，有征无战；不义而强，古今常有。故唐、虞之世，蛮夷猾夏，周宣之盛，亦雠大邦，《诗》、《书》叹载，言其难也。斯皆凭阻恃远，故使其然。是以察兹地势，谓为中材处之，殆难仓卒。来命陈彼妖惑之罪，叙王师旷荡之德，岂不信然？是夏、殷所以丧，苗、扈所以毙，我之所以克，彼之所以败也；不然，商、周何以不敌哉？昔鬼方聋昧，崇虎谗凶，殷辛暴虐，三者皆下科也。然高宗有三年之征，文王有退修之军，孟津有再驾之役，然后殪戎胜殷，有此武功。未有星流景集，飙奋霆击，长驱山河，朝至暮捷，若今者也。由此观之，彼固不逮下愚，则中才之守不然，明矣。在中才则谓不然，而来示乃以为彼之恶稔，虽有孙、田、墨、鳌，犹无所救，窃又疑焉。何者？古之用兵，敌国虽乱，尚有贤人，则不伐也。是故三仁未去，武王还师；宫奇在虞，晋不加戎；季梁犹在，强楚挫谋；暨至众贤奔绌，三国为墟，明其无道有人，犹可救也。且夫墨子之守，萦带为垣，高不可登；折箸为械，坚不可入。若乃距阳平，据石门，摅八阵之列，骋奔牛之权，焉肯土崩鱼烂哉？设令守无巧拙，皆可攀附，则公输已陵宋城，乐毅已拔即墨矣。墨翟之术何称？田单之智何贵？老夫不敏，未之前闻。盖闻过高唐者，效王豹之讴，游睢、涣者，学藻缋之彩。间自入益部，仰司马、扬、王遗风，有子胜斐然之志，故颇奋文辞，异于他日。怪乃轻其家丘，谓为倩人，是何言欤？夫骐骥垂耳于林坰，鸿雀戢翼于污池，袭之者固以为园圃之凡鸟，外厩之下乘也。及整兰筋，挥劲翮，陵厉清浮，顾盼千里，岂可谓其借翰于晨风，假足于六驳哉？恐犹未信丘言，必大噱也。洪白。《文选》。

案：孔璋之文，纯以骈辞为主，故文体渐流繁富。《文选》所载《檄豫州》、《檄吴将校部曲》二文，亦与此同。文之由简趋繁，盖自此始。

四　吴质《答东阿王书》　质白：信到。奉所惠贶，发函伸纸，是何文采之巨丽，而慰喻之绸缪乎！夫登东岳者，然后知众山之逦迤也；奉至尊者，然后知百里之卑微也。自旋之初，伏念五六日，至于旬时，精散思越，惘若有失。非敢羡宠光之休，慕猗顿之富。诚以身贱犬马，德轻鸿毛，至乃历玄阙，排金门，升玉堂，伏虚槛于前殿，临曲池而行觞。既威仪亏替，言辞漏渫，虽恃平原养士之懿，愧无毛遂耀颖之才；深蒙薛公折节之礼，而无冯谖三窟之效；屡获信陵虚左之德，又无侯生可述之美：凡此数者，乃质之所以愤积于胸臆，怀眷而悁邑者也。若追前宴，谓之未究，倾海为酒，并山为肴，伐竹云梦，斩梓泗滨，然后极雅意，尽欢情，信公子之壮观，非鄙人之所庶几也。若质之志，实在所天：思投印释绂，朝夕侍坐，钻仲父之遗训，览老氏之要言，对清酤而不酌，抑嘉肴而不享，使西施出帷，嫫母侍侧，斯盛德之所蹈，明哲之所保也。若乃近者之观，实荡鄙心：秦筝发徽，二八迭奏，埙箫激于华屋，灵鼓动于座右，耳嘈嘈于无闻，情踊跃于鞍马；谓可北慴肃慎，使贡其楛矢，南震百越，使献其白雉，又况权、备，夫何足视乎？还治讽采所著，观省英玮，实赋颂之宗，作者之师也。众贤所述，亦各有志。昔赵武过郑，七子赋诗，《春秋》载列，以为美谈。质小人也，无以承命，又所答贶，辞丑义陋，申之再三，赧然汗下。此邦之人，闲习辞赋，三事大夫，莫不讽诵，何但小吏之有乎？重惠苦言，训以政事，恻隐之恩，形乎文墨。墨子回车，而质四年，虽无德与民，式歌且舞，儒墨不同，固以久矣。然一旅之众，不足以扬名；步武之间，不足以骋迹；若不改辙易御，将何以效其力哉？今处此而求大功，犹绊良骥之足，而责以千里之任，槛猿猴之势，而望其巧捷之能者也。不胜见恤，谨附遗白答，不敢繁辞。吴质白。《文选》。

五　应璩《与曹长思书》　　璩白：足下去后，甚相思想。叔田有无人之歌，阘阁有匪存之思，风人之作，岂虚也哉？王肃以宿德显授，何曾以后进见拔，皆鹰扬虎视，有万里之望。薄援助者，不能追参于高妙，复敛翼于故枝，块然独处，有离群之志。汲黯乐在郎署，何武耻为宰相，千载揆之，知其有由也。德非陈平，门无结驷之迹；学非扬雄，堂无好事之客。才劣仲舒，无下帷之思；家贫孟公，无置酒之乐。悲风起于闺闼，红尘蔽于杌榻。幸有袁生，时步玉趾，樵苏不爨，清谈而已，有似周党之过闵子。夫皮朽者毛落，川涸者鱼逝，春生者繁华，秋荣者零悴，自然之数，岂有恨哉？聊为大弟陈其苦怀耳。相还在近，故不益言。璩白。《文选》。

六　陶丘一《荐管宁表》　　臣闻：龙凤隐耀，应德而臻；明哲潜遁，俟时而动。是以鸑鷟鸣岐，周道兴隆；四皓为佐，汉帝用康。伏见太中大夫管宁，应二仪之中和，总九德之纯懿，含章素质，冰洁渊清，玄虚澹泊，与道逍遥，娱心黄、老，游志六艺，升堂入室，究其阃奥，韬古今于胸怀，包道德之机要。中平之际，黄巾陆梁，华夏倾荡，王纲弛顿，遂避时难，乘桴越海，羁旅辽东，三十余年；在《乾》之《姤》，匿景藏光，嘉遁养浩，韬韫儒墨，潜化傍流，畅于殊俗。黄初四年，高祖文皇帝畴谘群公，思求隽乂，故司徒华歆，举宁应选。公车特征，振翼遐骞，翻然来翔，行遇屯厄，遭罹疾病，即拜太中大夫。烈祖明皇帝嘉美其德，登为光禄勋。宁疾弥留，未能进道。今宁旧疾已瘳，行年八十，志无衰倦，环堵筚门，偃息穷巷，饭鬻胡口，并日而食,吟咏诗书,不改其乐。困而能通,遭难必济,经危蹈险,不易其节,金声玉色,久而弥彰。揆其终始,殆天所祚,当赞大魏,辅亮雍熙,衮职有阙,群下属望。昔高宗刻象,营求贤哲,周文启龟,以卜良佐;况宁前朝所表,名德已著,而久栖迟,未时引致,非所以奉遵明训,继成前志也。陛下践阼,纂承洪绪,圣敬日跻,超越周成,每发德音,动咨师傅。若继二祖,招贤故典,宾礼俊迈,以广缉熙,济济之化,侔于前代。宁清高恬泊,拟迹前轨,德行卓绝,海内无偶。历观前世,玉帛所命,申公、枚乘、周党、樊英之俦,测其渊源,览其清浊,未有厉俗独行若宁者也。诚宜束帛加璧,备礼征聘,仍授几杖,延登东序,敷陈坟索,坐而论道,上正璇玑,协和皇极,下阜群生,彝伦攸叙,必有可观,光益大化。若宁固执匪石,守志箕山,追迹洪崖,参踪巢、许,斯亦圣朝同符唐、虞,优贤扬历,垂声千载,虽出处殊涂,俯仰异体,至于兴治美俗,其揆一也。《魏志·管宁传》。

　　案:以上三文,体虽不同,然均词浮于意,足以考文体恢张之渐。盖东汉之文,虽多反复申明之词,然不以隶事为主,亦不徒事翰藻也。

　　七　丁仪《刑礼论》　天垂象,圣人则之。天之为岁也,先春而后秋;君之为治也,先礼而后刑。春以生长为德,秋以杀戮为功;礼以教训为美,刑以威严为用。故先生而后杀,天之为岁;先教而后罚,君之为治也。天不以久远更其春冬,而人也得以古今改其礼刑哉?太古之世,民故质朴,质朴之民,宜其易化。是以中古之君子,或结绳以治,或象刑惟明。夏后肉辟,民转奸诈,刑弥滋繁,礼亦如之。由斯言之,古之刑省,礼亦宜略。今所论辨,虽出传记之前,夫流东源不得西,景正形不得倾,自然之势也。后世礼刑,俱失于前,先后之宜,故自有常。今夫先刑者,用其末也,由礼禁未然之前,谓难明之礼,古人不能行也。按如所云礼,嫂叔不亲之属也,非太古之礼也。所云礼者,岂此也哉?古者民少而兽多,未有所争,民无患则无所思,故未有君焉。后民祸多,强暴弱,于是有贤人焉,平其多少,均其有无,推逸取劳,以身先之;民获其利,归而乐之,乐之得为君焉。夫刑之记君也,精具筋力,民畏其强,而不敢校,得为君也。恐上古未具刑罪之品,设逋亡之法,惧彼为我,而以勇力侵暴于已。能与则校,不能归奉之明矣。且上古之时贼耳,非所谓君也。此段有误文。上古虽质,宜所以为君,会当先别男女,定夫妇,分土地,班食物,此先以礼也。夫妇定而后禁淫焉,万物正而后止窃,此后刑也。《艺文类聚》五十四。

  案:东汉论文,如《延笃》、《仁孝》之属,均详引经义,以为论断。其有直抒己意者,自此论始。魏代名理之文,其先声也。又:《类聚》十一引王粲《难锺荀太平论》,二十引孔融《圣人优劣论》,亦与此体略同,惟非全文。

  八　刘廙《政论·疑贤》篇　自古人君,莫不愿得忠贤而用之也;既得之,莫不访之于众人也。忠于君者,岂能必利于人?苟无利于人,又何能保誉于人哉?故常愿之于心,而常失之于人也。非愿之之不笃而失之也,所以定之之术非也。故为忠者,获小赏而大乖违于人,恃人君之独知之耳;而获访之于人,此为忠者福无几,而祸不测于身也。得于君,不过斯须之欢;失于君,而终身之故患。苟赏名而实穷于罚也。是以忠者逝而遂,智者虑而不为;为忠者不利,则其为不忠者利矣。凡利之所在,人无不欲;人无不欲,故无不为不忠矣。为君者以一人而独虑于众奸之上,虽至明而犹困于见暗,又况庸君之能睹之哉?庸人知忠之无益于己,而私名之可以得于人,得于人可以重于君也,故笃私交,薄公义,为己者殖而长之,为国也抑而割之,是以直实之人黜于国,阿欲之人盈于朝矣。由是田、季之恩隆,而齐、鲁之政衰也。虽戒之市朝,示之刀锯,私欲益盛,齐、鲁日困,何也?诫威之以言,而赏之以实也。好恶相错,政令日弊。昔人曰:为君难,不其然哉?《群书治要》。

九　蒋济《万机论·刑论》篇　患之巨者,狡猾之狱焉。狡黠之民,不事家事,烦贷多党,以见厌贱。因反忿恨,看国家忌讳,造诽谤,崇饰戏言,以成丑语。被以叛逆,告白长吏,或内利疾恶尽节之名,外以为功,遂使无罪,并门灭族,父子孩耄,肝脑涂地,岂不剧哉?求媚之臣,侧人取舍,难烝子唊君,孤己悦主,而不惮也。况因捕叛之时,无悦亲之民,必获尽节之称乎?夫妄造诽谤,虚书叛逆,狡黠之民也。而诈忠者,知而族之,此国之大残,不可不察也。《群书治要》。

　　案:上二篇足稽魏代子书,纯以推极利弊为主,不尚华词,与东汉异。

十　杜恕《请令刺史专民事不典兵疏》　帝王之道,莫尚乎安民;安民之术,在于丰财;丰财者,务本而节用也。方今二贼未灭,戎车亟驾,此自熊虎之士展力之秋也。然缙绅之儒,横加荣慕,搤腕抗论,以孙、吴为首;州郡牧守,咸共忽恤民之术,修将率之事;农桑之民,竞干戈之业:不可谓务本。帑藏岁虚,而制度岁广;民力岁衰,而赋役岁兴:不可谓节用。今大魏奄有十州之地,而承丧乱之弊,计其户口,不如往昔一州之民。然而二方僭逆,北虏未宾,三边遘难,绕天略匝。所以统一州之民,经营九州之地,其为艰难,譬策羸马以取道里,岂可不加意爱惜其力哉?以武皇帝之节俭,府藏充实,犹不能十州拥兵,郡且二十也。今荆、扬、青、徐、幽、并、雍、凉缘边诸州,皆有兵矣。其所恃内充府库,外制四夷者,惟兖、豫、司、冀而已。臣前以州郡典兵,则专心军功,不勤民事,宜别置将守,以尽治理之务。而陛下复以冀州宠秩吕昭。冀州户口最多,田多垦辟,又有桑枣之饶,国家征求之府,诚不当复任以兵事也。若以北方当须镇守,自可专制大将以镇安之。计所置吏士之费,与兼官无异,然昭于人才尚复易,中朝苟乏人,兼才者势不独多。以此推之,知国家以人择官,不为官择人也。官得其人,则政平讼理。政平,故民富实,讼理,故囹圄虚空。陛下践阼,天下断狱百数十人,岁岁增多,至五百余人矣。民不益多,法不益峻。以此推之,非政教陵迟,牧守不称之明效欤?往年牛死,通率天下,十能损二,麦不半收,秋种未下;若二贼游魂于疆场,飞刍辇粟,千里不及,究此之术,岂在强兵乎?武士劲卒愈多,愈多愈病耳。夫天下犹人之体,腹心充实,四支虽病,终无大患。今兖、豫、司、冀,亦天下之腹心也。是以愚臣偻偻,实愿四州之牧守,独修务本之业,以堪四支之重。然孤论难持,犯欲难成,众怨难积,疑似难分,故累载不为明主所察。凡言此者,类皆疏贱;疏贱之言,实未易听。若使善策必出于亲贵,固不犯四难以求忠爱,此古今之所常患也。《三国志·杜畿传》。

十一　夏侯玄《时事议》　夫官才用人,国之柄也。故铨衡专于台阁,上之分也;孝行存乎间巷,优劣任之乡人,下之叙也。夫欲清教审选,在明其分叙,不使相涉而已。何者?上过其分,则恐所由之不本,而干势驰骛之路开:下逾其叙,则恐天爵之外通,而机权之门多矣。夫天爵下通,是庶人议柄也;机权多门,是纷乱之原也。自州郡中正品度官才之来,有年载矣,缅缅纷纷,未闻整齐,岂非分叙参错,各失其要之所由哉?若令中正但考行伦辈,伦辈当行,均斯可官矣。何者?夫孝行著于家门,岂不忠恪于在官乎?仁恕称于九族,岂不达于为政乎?义断行于乡党,岂不堪于事任乎?三者之类,取于中正,虽不处其官名,斯任官可知矣。行有大小,比有高下,则所任之流,亦焕然明别矣。奚必使中正干权衡之机于下,而执机柄者有所委仗于上,上下交侵,以生纷错哉?且台阁临下,考功校否,众职之属,各有官长,旦夕相考,莫究于此。间阎之议,以意裁处,而使匠宰失位,众人驱骇,欲风俗清静,其可得乎?天台县远,众所绝意,所得至者,更在侧近,孰不修饰以要所求?所求有路,则修己家门者,已不如自达于乡党矣。自达乡党者,已不如自求之于州邦矣。苟开之有路,而患其饰真离本,虽复严责中正,督以刑罚,犹无益也。岂若使各帅其分,官长则各以其属能否,献之台阁;台阁则据官长能否之第,参以乡间德行之次,拟其伦比,勿使偏颇;中正则唯考其行迹,别其高下,审定辈类,勿使升降。台阁总之,如其所简,或有参错,则其责负自在;有司官长所第,中正辈拟比随次,率而用之,如其不称,责负在外。然则内外相参,得失有所,互相形检,孰能相饰?斯则人心定而事理得,庶可以静风俗而审官才矣。《三国志·玄传》。此上系议之首篇,《志》之所载,尚有《论官制》及《论文质》二篇,兹弗录。

案:东汉奏疏,多含蓄不尽之词。魏人奏疏之文,纯尚真实,无不尽之词;观此二篇,足稔大概。

十二　王肃《请恤杀平刑疏》　大魏承百王之极,生民无几,干戈未戢,诚宜息民而惠之,以安静遐迩之时也。夫务畜积而息疲民,在于省徭役而勤稼穑。今宫室未就,功业未讫,运漕调发,转相供奉。是以丁夫疲于力作,农者离其南亩,种谷者寡,食谷者众,旧谷既没,新谷莫继,斯则有国之大患,而非备豫之长策也。今见作者三四万人,九龙可以安圣体,其内足以列六宫。显阳之殿,又向将毕。惟泰极已前,功夫尚大,方向盛寒,疾疢或作,诚愿陛下发德音,下明诏,深愍役夫之疲劳,厚矜兆民之不赡,取常食廪之士,非急要者之用,选其丁壮,择留万人,使一期而更之;咸知息代有日,则莫不悦以及事,劳而不怨矣。计一岁有三百六十万夫,亦不为少。当一岁成者,听且三年,分遣其余,使皆即农,无穷之计也。仓有溢粟,民有余力,以此兴功,何功不立?以此行化,何化不成?夫信之于民,国家大宝也。仲尼曰:"自古皆有死,民非信不立。"夫区区之晋国,微微之重耳,欲用其民,先示以信。是故原虽将降,顾信而归,用能一战而霸,于今见称。前车驾当幸洛阳,发民为营,有司令以营成而罢。既成,又利其功力,不以时遣。有司徒营其目前之利,不顾经国之体。臣愚以为:自今以后,傥复使民,宜明其令,使必如期;若有事以次,宁复更发,无或失信。凡陛下临时之所行刑,皆有罪之吏,宜死之人也;然众庶不知,谓为仓卒。故愿陛下下之于吏,而暴其罪;钧其死也,无使污于宫掖,而为远近所疑。且人命至重,难生易杀,气绝而不续者也,是以圣贤重之。孟轲称:杀一无辜以取天下,仁者不为也。汉时,有犯跸惊乘舆马者,廷尉张释之奏使罚金。文帝怪其轻,而释之曰:"方其时,上使诛之则已。今下廷尉。廷尉,天下之平也,一倾之,天下用法皆为轻重,民安所措其手足?"臣以为大失其义,非忠臣所宜陈也。廷尉者,天子之吏也,犹不可以失平;而天子之身,反可以惑谬乎?斯重于为己,而轻于为君,不忠之甚也。周公曰:"天子无戏言。言则史书之,工诵之,士称之。"言犹不戏,而况行之乎?故释之之言,不可不察;周公之戒,不可不法也。《魏志》本传。

案:此疏与前二疏同。

又案:《文心雕龙》诸书,或以魏代文学与汉不异。不知文学变迁,因自然之势。魏文与汉不同者,盖有四焉:书檄之文,骋词以张势,一也;论说之文,渐事校练名理,二也;奏疏之文,质直而屏华,三也;诗赋之文,益事华靡,多慷慨之音,四也。凡此四者,概与建安以前有异,此则研究者所当知也。

第四课　魏晋文学之变迁

　　魏代自太和以迄正始，文士辈出。其文约分两派：一为王弼、何晏之文，清峻简约，文质兼备，虽阐发道家之绪，实与名、法家言为近者也。此派之文，盖成于傅嘏，而王、何集其大成；夏侯玄、锺会之流，亦属此派；溯其远源，则孔融、王粲实开其基。一为嵇康、阮籍之文，文章壮丽，总采骋辞，虽阐发道家之绪，实与纵横家言为近者也。此派之文，盛于竹林诸贤；溯其远源，则阮瑀、陈琳已开其始。惟阮、陈不善持论，孔、王虽善持论，而不能藻以玄思，故世之论魏、晋文学者，昧厥远源之所出。今征引群籍，以著魏、晋文学之变迁，且以明晋、宋文学之渊源，以备参考。凡论文学之变迁，当观其体势若何，然后文派异同，可得而说。

甲　傅嘏及王何诸人

　　《三国志·魏·傅嘏传》：常论才性同异，钟会集而论之。
　　《三国志·嘏传》注引《傅子》曰：嘏既达治好正，而有清理识要；好论才性，原本精微，鲜能及之。司隶校尉锺会年甚少，嘏以明智交会。

《世说新语·文学》篇:傅嘏善言虚胜,荀粲谈尚玄远,每至共语,有争而不相喻。裴冀州释二家之义,通彼我之怀,常使两情相得,彼此具畅。案:刘注引《荀粲别传》云:"粲到京邑与傅嘏谈,嘏善名理,粲尚玄远。"

案:与嘏同时善言名理者,为荀粲。裴松之《三国志·荀彧传注》引何邵《荀粲传》曰:"粲字奉倩。即彧少子。诸兄并以儒术论议,而粲独好言道。常以为子贡称'夫子之言性与天道,不可得闻',然则,六籍虽存,固圣人之糠秕。粲兄俣难曰:'《易》亦云:圣人立象以尽意,系辞焉以尽言。则微言胡为不可得而闻见哉?'粲答曰:'盖理之微者,非物象之所举也。今称立象以尽意,此非通于意外者也。系辞焉以尽言,此非言乎系表者也。斯则象外之意,系表之言,固蕴而不出矣。'当时能言者莫能屈。案:《世说注》摘引此文,称《荀粲别传》,知《别传》即邵所撰《粲传》也。粲与嘏善,夏侯玄亦亲,常谓嘏、玄曰:'子等在世途间,功名自胜我,但识劣我耳。'嘏难曰:'能盛功名者,识也。天下孰有本不足而末有余者耶?'粲曰:'功名者,志局之所奖也。然则志局自一物耳,固非识之所独济也。'"此荀粲善言名理之证。又《世说·文学》篇刘注引《管辂传》曰:"裴使君即谓裴徽。徽字文季,曾为冀州刺史。有高才逸度,善言玄妙。"《世说·文学》篇亦曰:"王辅嗣弱冠诣裴徽。徽问曰:'夫无者,诚万物之所资。圣人莫肯致言,而老氏申之无已,何耶?'弼曰:'圣人体无,无又不可以训,故言必及有。老、庄未免于有,恒训其所不足。'"此裴徽喜言名理之证。徽、粲言理之文,今鲜可考,然清谈之风,实基于此。盖嘏、粲诸人,其辨理名理,均当明帝太和时,固较王、何为尤早也。

《文心雕龙·论说》篇:傅嘏、王粲,校练名理。

案:嘏文载于《魏志》本传者,有《征吴对》、《难刘邵考课法》各篇。《难邵考课法》,语语核实,近于名、法家言。是知嘏言名理,实由综核名实为基。又,《艺文类聚》所引,有《请立贵妃为皇后表》、《皇初颂》。其《才性论》不传。

又案:《雕龙》以嘏与王粲并言。《艺文类聚》所引粲文,有《难锺荀太平论》,其词曰:"圣莫盛于尧,而洪水方割,丹朱淫虐,四族凶佞矣。帝舜因之,而三苗畔戾矣。禹又因之,而防风为戮矣。此三圣,古之所大称也。继踵相承,且二百年,而刑罚未尝一世而乏也。然则此三圣能平;三圣能平,则何世能致之乎?孔子称曰:'唯上智与下愚不移。'不移者,丹朱、四凶、三苗之谓也。当纣之世,殷罔不小大,好草窃奸宄。周分迁殷顽民于洛邑,其下愚之人必有之矣。周公之于三圣,不能逾也。三圣有所不化矣,有所不移矣;周公之不能化殷之顽民,所可知也。苟不可移,必或犯罪;罪而弗刑,是失所也;犯而刑之,刑不可错矣。孟轲有言:'尽信书不如无书。'有大而言之者,'刑错'之属也。岂亿兆之民,历数十年而无一人犯罪,一物失所哉?谓之无者,尽信书之谓也。"又《安身论》曰:"盖崇德莫盛乎安身,安身莫大乎存政,存政莫重乎无私,无私莫深乎寡欲。是以君子安其身而后动,易其心而后语,定其交而后行。然则动者,吉凶之端也;语者,荣辱之主也;求者,利病之几也;行者,安危之决也。故君子不妄动也,必适于道;不徒语也,必经于理;不苟求也,必造于义;不虚行也,必由于正。夫然,用能免或击之凶,厚自天之佑。故身不安则殆,言不顺则悖,交不审则惑,行不笃则危,四者存乎中,则忧患接乎外矣。忧患之接,必生于自私,而兴于有欲。自私者不能成其私,有欲者不能济其欲;理之至也。"观此二文,知粲工持论,雅似魏、晋诸贤。其它所著,别有《儒吏论》、《务本论》、《爵论》,亦见《类聚》诸书所引,均于名法之言为近。《魏志·粲传》引《典略》曰:"粲才既高,辩论应机。"岂不信哉?王辅嗣为王业之子,业即粲之嗣子也。知辅嗣善持论,亦承仲宣之传。

《三国志·魏·锺会传》:会弱冠,与山阳王弼并知名。弼好论儒道,辞才逸辩,注《易》及《老子》;为尚书郎,年二十余卒。裴注云:"弼字辅嗣。"

又《曹爽传》:何晏,何进孙也。少以才秀知名,好老、庄言,作《道德论》及诸文赋,著述凡数十篇。摘录。裴注:"晏字平叔。"

《世说新语·文学》篇刘注引《魏氏春秋》曰:晏少有异才,善谈《易》、《老》。

又引《文章叙录》曰:晏能清言,而当时权势,天下谈士,多宗尚之。

又引《文章叙录》曰:自儒者论,以老子非圣人,绝礼弃学。晏说与圣人同,著论行于世也。

《三国志·魏·夏侯玄传》:玄字太初,少知名。裴注引《魏略》曰:玄尝著《乐毅》、《张良》及《本无肉刑论》,辞旨通远,咸传于世。

《三国志·魏·锺会传》:少敏慧夙成,及壮,有才数技异,而博学精练名理。会尝论易无互体,才性同异。及会死后,于会家得书二十篇,名曰《道论》而实刑名家也,其文似会。《世说·文学》篇刘注引《魏志》作:"会论才性同异传于世。"

第四课　魏晋文学之变迁

《三国志·会传》注引何邵《王弼传》曰:弼幼而察慧,年十余,好老氏,通辩能言。父业为尚书郎时,裴徽为吏部郎,弼未弱冠,往造焉。徽一见而异之,问弼曰:"夫无者,诚万物之所资也。然圣人莫肯致言,而老子申之无已者何?"弼曰:"圣之体无,无又不可以训,故不说也。老子是有者也,故恒言无,所不足。"寻亦为傅嘏所知。于时何晏为吏部尚书,甚奇弼,叹之曰:"仲尼称后生可畏。若斯人者,可与言天人之际乎!"正始中,弼补台郎。初除,觐爽,请间。爽为屏左右,而弼与论道,移时,无所他及。淮南人刘陶,善论从横,为当时所称,每与弼语,常屈弼。弼天才卓出,当其所得,莫能夺也。性和理,乐游宴,解音律,善投壶。其论道,附会文辞,不如何晏,自然有所拔得,多晏也。颇以所长笑人,故时为士君子所疾。弼与钟会善,会论议以校练为家,然每服弼之高致。何晏以为圣人无喜怒哀乐,其论甚精;钟会等述之。弼与不同,以为圣人茂于人者,神明也,同于人者,五情也。神明茂,故能体冲和以通无;五情同,故不能无哀乐以应物。然则圣人之情,应物而无累于物者也。今以其无累,便谓不复应物,失之多矣。弼注《易》,颍川人荀融难弼"大衍"义,弼答其意,白书以戏之曰:"夫明足以寻极幽微,而不能去自然之性。颜子之量,孔父之所预在,然遇之不能无乐,丧之不能无哀。又常狭斯人,以为未能以情从理者也;而今乃知自然之不可革。足下之量,虽已定乎胸怀之内;然而隔逾旬朔,何其相思之多乎?故知尼父之于颜子,可以无大过矣。"弼注《老子》,为之指略,致有理统;注《道略论》,注《易》,往往有高丽言。太原王济好谈,病老、庄,尝云:"见弼《易注》,所悟者多。"然弼为人浅而不识物情。正始十年,曹爽废,以公事免。其秋遇疠疾亡,时年二十四。无子,绝嗣。弼之卒也,晋景王闻之,嗟叹者累日,其为高识

所惜如此。摘录。案：此传多为《世说》诸书所本。《世说》刘注引《魏氏春秋》亦云："弼论道，约美不如晏，自然出拔过之。"所云论道约美，即指《老》、《易》诸注言。

案：晏文传于今者，以《景福殿赋》、《文选》。《瑞颂》、《艺文类聚》。《论语集解序》为最著。其议礼之文，有《难蒋济叔嫂无服论》、《通典》。《祀五郊六宗厉殃议》。同上。论古之文，有《白起论》、《史记·起传》集解。《冀州论》。《御览》引。据《世说·文学》篇，则晏曾注《老子》，后见弼注，改以所注为《道德二论》，今已不传。其析理之文传于今者，有《列子·仲尼》篇张注所引《无名论》，其文曰："为民所誉，则有名者也；无誉，无名者也。若夫圣人，名无名，誉无誉。谓无名为道，无誉为大，则夫无名者可以言有名矣，无誉者可以言有誉矣；然与夫可誉可名者，岂同用哉？此比于无所有，故皆有所有矣；而于有所有之中，当与无所有相从，而与夫有所有者不同。同类无远而相应，异类无近而不相违，譬如阴中之阳，阳中之阴，各以物类自相求从。夏日为阳而夕夜远，与冬日共为阴；冬日为阴而朝昼远，与夏日同为阳：皆异于近而同于远也。详此异同，而后无名之论可知矣。凡所以至于此者何哉？夫道者，惟无所有者也。自天地已来，皆有所有矣；然犹谓之道者，以其能复用无所有也。故虽处有名之域，而没其无名之象，由以在阳之远体，而忘其自有阴之远类也。夏侯玄曰：天地以自然运，圣人以自然用。自然者道也，道本无名，故老氏曰强为之名。仲尼称尧'荡荡无能名焉'，下云'巍巍成功'，则强为之名，取世所知而称耳，岂有名而更当云'无能名焉'者邪？夫惟无名，故可得遍以天下之名名之；然岂其名也哉？唯此足喻而终莫悟，是观泰山崇崛，而谓元气不浩芒者也。"观晏此论，知晏之文学，已开晋、宋之先，而晏、玄所持之理，亦可悉其大略矣。

又案：弼文传于世者，今鲜全篇，惟《易注》、《易略例》、《老子注》均为完书。其《易略例·明象》篇曰："自统而寻之，物虽众，则知可以执一御也；由本以观之，义虽博，则知可以一名举也。处旋机以观大运，则天地之动，未足怪也；据会要以观方来，则六合辐凑，未足多也。故举卦之名，义有主矣；观其彖词，则思过半矣。夫古今虽殊，军国异容，中之为用，故未可远也。品制万变，宗主存焉。"又《明爻》篇曰："情伪之动，非数之所求也。故合散屈伸，与体相乖。形躁好静，质柔爱刚，体与情反，质与愿违。巧历不能定其算数，圣明不能典要，法制所不能齐，度量所不能均也。召云者龙，命吕者律。二女相违，而刚柔合体。隆墀永叹，远壑必盈。投戈散地，则六亲不能相保；同舟而济，则胡、越何患乎异心？故苟择其情，不忧乖远；苟明其趣，不烦强武。"观此二则，可以窥辅嗣文章之略，盖其为文，句各为义，文质兼茂，非惟析理之精也。

又案：王、何注经，其文体亦与汉人迥异。如《易·乾卦》三爻，王注云："处下体之极，居上体之下，在不中之位，履重刚之险。上不在天，未可以安其尊也；下不在田，未可以宁其居也。纯修下道，则居上之德废；纯修上道，则处下之礼旷。故终日乾乾，至于夕惕，犹若厉也。"又《复卦》象传注云："复者，反本之谓也。天地以本为心者也。凡动息则静，静非对动者也；语息则默，默非对语者也。然则天地虽大，富有万物，雷动风行，运化万变，寂然至无，是其本矣。故动息地中，乃天地之心见也。若其以有为心，则异类未获具存矣。"又何晏《论语集解·为政》篇"百世可知"注云:"物类相召,世数相生,其变有常,故可预知。"又《里仁》篇"德不孤"章注云:"方以类聚,同志相求,故必有邻,是以不孤。"又《子罕》篇"唐棣之华"节注云:"夫思者当思其反。反是不思,所以为远;能思其反,何远之有?言权可知,惟不知思耳。思之有次序,斯可知矣。"举斯数则,足审大凡。厥后郭象注《庄子》,张湛注《列子》,李轨注《法言》,范宁注《穀梁》,其文体并出于此,而汉人笺注文体无复存矣。

又案:玄之所著,有《夏侯子》,其遗文偶见《太平御览》。其《肉刑论》、见《通典》。《乐毅论》,《艺文类聚》。至今具存。余文详本传。《御览》所引,别有《辨乐论》二则,盖与嗣宗辨难之文也。其一则云:"阮生云:'律吕协则阴阳和,音声适则万物类。天下无乐,而欲阴阳和调,灾害不生,亦以难矣。'此言律吕音声,非徒化治人物,可以调和阴阳,荡除灾害也。夫天地定位,刚柔相摩,盈虚有时。尧遭九年之水,忧民阻饥;汤遭七年之旱,欲迁其社:岂律吕不和,音声不通哉?此乃天然之数,非人道所协也。"

又案:会文传于今者,以《檄蜀文》、《平蜀上言》、本传。《母夫人张氏传》本传注。为最著;其《御览》诸书所引,别有《刍荛论》,与《魏志》所云《道论》或即一书;《隋志》五卷。其析论之文,如《魏志》所载《易无互体》、《才性同异》诸论,今均不传。《世说·文学》篇云:"锺会撰《四本论》,欲使嵇公一见。"刘注云:"四本者,有才性同、才性异、才性合、才性离也。尚书傅嘏论同,中书令李丰论异,侍郎锺会论合,屯骑校尉王广论离。"据刘说,则《才性同异论》即《四本论》,乃与嘏等同作,复集合其义而论之者也。会作《老子注》,其逸文时见各家甄引。

乙　嵇阮之文

《三国志·魏·王粲传》：阮瑀子籍，才藻艳逸，而倜傥放荡，行己寡欲，以庄周为模。裴注："籍字嗣宗。"

案：《魏志》以"才藻艳逸"评籍，最为知言。籍为元瑜之子，瑀之所作，如《为曹公作书与孙权》诸篇，均尚才藻，多优渥之言，此即籍文所自出也。

嵇叔良《魏散骑常侍阮嗣宗碑》曰：先生承命世之美，希达节之度。得意忘言，寻妙于万物之始；究理尽性，研几于幽明之极。《广文选》、杨慎《丹铅总录》以此文为东平太守嵇叔良撰，是也。或作叔夜撰，非是。

臧荣绪《晋书》曰：籍善属文论，初不苦思，率尔便成。《文选·五君咏》李注引。

案：籍才思敏捷，盖亦得自元瑜。《世说·文学》篇谓魏封晋王为公，备礼九锡，就籍求文，籍时宿醉，书札为之，无所点定，足与臧书之说互明。刘注引顾恺之《晋文章记》曰："阮籍劝进，落落有弘致。"

《三国志·魏·王粲传》：时又有谯郡嵇康，文辞壮丽，好言老、庄，而尚奇任侠。裴注："康字叔夜。"

案：《魏志》以"文辞壮丽"评康，亦至当之论。

《三国志》注引嵇喜所撰《康传》曰：家世儒学，少有隽才，旷迈不群，高亮任性，学不师授，博洽多闻。长而好老、庄之业，恬静无欲。善属文、弹琴、咏诗，自足于怀抱之中。著《养生篇》。撰录上古以来圣贤隐逸、遁心遗名者，集为传赞。摘录。

《三国志》注引《魏氏春秋》曰：康所著诸文论六七万言，皆为世所玩咏。

案：《世说注》诸书所引，有《嵇康集目录》，《太平御览》引作《嵇康集序》。

《御览》引李充《翰林论》曰：研求名理而论生焉。论贵于允理，不求支离。若嵇康之论，成文矣。

案：李氏以论推嵇，明论体之能成文者，魏、晋之间，实以嵇氏为最。

《文心雕龙·体性》篇：嗣宗俶傥，故响逸而调远；叔夜隽侠，故兴高而采烈。

案：彦和以"响逸调远"评籍文，与《魏志》"才藻艳逸"说合；盖阮文之丽，丽而清者也。以"兴高采烈"评康文，亦与《魏志》"文词壮丽"说合；盖嵇文之丽，丽而壮者也。均与徒事藻采之文不同。

《文心雕龙·时序》篇：正始余风，篇体轻澹，而嵇、阮、应、缪，并驰文路。

案：彦和此论，盖兼王、何诸家之文言，故言篇体轻澹。其兼及嵇、阮者，以嵇、阮同为当时文士，非以轻澹目嵇、阮之文也。即以诗言，嵇诗可以轻澹相目，岂可移以目阮诗哉？

《文心雕龙·才略》篇：嵇康师心以遣论，阮籍使气以命诗，殊声而合响，异翮而同飞。

案：此节以论推嵇，以诗推阮。实则嵇亦工诗，阮亦工论，彦和特互言见意耳。

《文心雕龙·明诗》篇：正始明道，诗杂仙心，何晏之徒，率多浮浅；惟嵇志清峻，阮旨遥深，故能标焉。《明诗》篇又谓"叔夜含其润"。

案：嵇、阮之文，艳逸壮丽，大抵相同。若施以区别，则嵇文近汉孔融，析理绵密，阮所不逮；阮文近汉祢衡，托体高健，嵇所不及：此其相异之点也。至其为诗，则为体迥异，大抵嵇诗清峻，而阮诗高浑。彦和所谓遥深，即阮诗之旨言，非谓阮诗之体也。

又案：锺氏《诗品》谓阮籍《咏怀》之诗，可以陶性灵，发幽思，言在耳目之内，情寄八荒之外，会于风雅，厥旨渊放，归趣难求。又谓康诗露才，颇伤渊雅之志，然托喻清远，良有鉴裁，亦未失高流。与彦和所评相近，亦嵇、阮诗体不同之证也。要之，魏初诗歌，渐趋轻靡，嵇、阮矫以雄秀，多为晋人所取法，故彦和评论魏诗，亦惟推重二子也。

又案：阮氏之文传于今者，有《东平赋》、《首阳山赋》、《鸠赋》、《猕猴赋》、《清思赋》、《元父赋》，大抵语重意奇，颇事华采；其意旨所寄，所为《大人先生传》，其体亦出于汉人设论，如《解嘲》之属。然杂以骚赋各体，为汉人所未有。若《文选》所录《为郑冲劝晋王笺》、《诣蒋公奏记辞辟命》，文虽雅健，非阮氏文章之本色也。其论文传于今者，若《通老论》诸文，今均弗完，惟见《御览》诸书所引；其见于明人所刻《阮集》者，《阮集》，《隋志》十三卷，今其存者仅矣。有《通易论》、《达庄论》、《乐论》三篇。《通易》综贯全经之义，以推论世变之由，其文体奇偶相成，间用韵语；《达庄论》亦多韵语，然词必对偶，以气聘词；《乐论》文尤繁富，辅以壮丽之词：如首段云："夫乐者，天地之体，万物之性也。合其体，得其性，则和；离其体，失其性，则乖。昔者圣人之作乐也，将以顺天地之体，作万物之性也。故定天地八方之音，以迎阴阳八风之声；均黄钟中和之律，开群生万物之情。故律吕协则阴阳和，音声适而万物类；男女不易其所，君臣不犯其位；四海同其观，九州一其节。奏之圜丘，而天神下降；奏之方岳，而地祇上应。天地合其德，则万物和其生；刑赏不用，而民自安矣。乾坤易简，故雅乐不烦；道德平淡，故五声无味。不烦，则阴阳自通；无味，则百物自乐。日迁善成化而不自知，风俗移易而同于是乐，此自然之道，乐之所始也。"阮氏之文，盖以此数篇为至美。别有《答伏义书》一书，亦足窥阮氏文体之概略。其词曰："承音览旨，有心翰迹。夫九苍之高，迅羽不能寻其巅，四溟之深，幽鳞不能测其底，矧无毛分所能论哉？且玄云无定体，应龙不常仪；或朝济夕卷，翕忽代兴；或泥潜天飞，晨降宵升；舒体则八维不足以畅迹，促节则无间足以从容；是又瞽夫所不能瞻，璞虫所不能解也。然则，弘修渊邈者,非近力所能究矣;灵变神化者,非局器所能察矣。何吾子之区区,而吾真之务求乎?人力势不能齐,好尚舛异:鸾凤凌云汉以舞翼,鸠鹞悦蓬林以翱翔;螭浮八滨以濯鳞,鳖娱行潦而群逝:斯用情各从其好,以取乐焉。据此非彼,胡可齐乎?夫人之立节也,将舒网以笼世,岂樽樽以入罔?方开模以范俗,何暇毁质以通或作适。检?若良运未协,神机无准,则腾精抗志,邈世高超,荡精举于玄区之表,摅妙节于九垓之外;而翔翱之乘景,跃堪踔,陵忽荒,从容与道化同逌,逍遥与日月并流,交名虚以齐变,及英祇以等化;上乎无上,下乎无下,居乎无室,出乎无门;齐万物之去留,随六气之虚盈,总玄网于太极,抚天一于寥廓;飘埃不能扬其波,飞尘不能垢其洁,徒寄形躯于斯域,何精神之可察?虽业无不闻,略无不称,而明有所逮,未可怪也。观君子之趋,欲衒倾城之金,求百钱之售,制造天之礼,拟肤寸之检;劳玉躬以役物,守腜秽以自毕,沉牛迹之泪薄,愠河汉之无根;其陋可愧,其事可悲。亮规略之悬逾,信大道之弘幽,且局步于常衢,无为思远以自愁,比连疹愦,力喻不多。"此文亦阮氏意旨所寄,观其文体,余可类推。

又案:嵇氏之文传于今者,以《琴赋》、《太师箴》为最著,别有《卜疑》、文仿《卜居》。《家诫》、《与山巨源绝交书》、《与吕长悌绝交书》,其文体均变汉人之旧。论文自《养生论》外,有《答向子期难养生论》、《无私论》、《管蔡论》、《明胆论》、《难宅无吉凶摄生论》、《答某氏难宅无吉凶摄生论》,本集作《答张辽叔》。析理绵密,亦为汉人所未有。嵇文长于辨难,文如剥茧,无不尽之意,亦阮氏所不及也。其所著《声无哀乐论》,文词尤为繁富,今摘录其首节,其词曰:"夫天地合德,万物贵生,寒暑代往,五行以成。故章为五色,发为五音。音声之作,其犹臭味在于天地之间。其善与不善,虽遭遇浊乱,其体自若,而不变也;岂以爱憎易操,哀乐改度哉?及宫商集化,声音克谐,此人心至愿,情欲之所钟。古人知情不可恣,欲不可极,因其所用,每为之节,使哀不至伤,乐不至淫,斯其大较也。然乐云乐云,钟鼓云乎哉?哀云哀云,哭泣云乎哉?因兹而言,玉帛非礼敬之实,歌舞非悲哀之主也。何以明之?夫殊方异俗,歌哭不同,使错而用之,或闻哭而欢,或听歌而戚,然而哀乐之情均也。今用均同之情,而发万殊之声,斯非音声之无常哉?然声音和比,感人最深者也。劳者歌其事,乐者舞其功。夫内有悲痛之心,则激切哀言,言比成诗,声比成音,杂而咏之,聚而听之,心动于和声,情感于苦言,嗟叹未绝,而泣涕流涟矣。夫哀心藏于苦心内,遇和声而后发;和声无象,而哀心有主;夫以有主之哀心,因乎无象之和声,其所觉悟,唯哀而已;岂复知吹万不同,而使其自己哉?风俗之流,遂成其政。是故国史明政教之得失,审国风之盛衰,吟咏情性,以讽其上,故曰亡国之音哀以思也。夫喜怒哀乐爱憎惭惧,凡此八者,生民所以接物传情,区别有属,而不可溢者也。夫味以甘苦为称;今以甲贤而心爱,以乙愚而情憎,则爱憎宜属我,而贤愚宜属彼也;可以我爱而谓之'爱人',我憎而谓之'憎人',所喜则谓之'喜味',所怒则谓之'怒味'哉?由此言之,则外内殊用,彼我异名。声音自当以善恶为主,则无关于哀乐;哀乐自当以情感为主,则无系于乐音:名实俱去,则尽然可见矣。"又,《难张辽叔自然好学论》曰:"夫民之性,好安而恶危,好逸而恶劳。故不扰,则其愿得;不逼,

第四课　魏晋文学之变迁

则其志从。洪荒之世，大朴未亏，君无文于上，民无竞于下；物全理顺，莫不自得；饱则安寝，饥则求食；怡然鼓腹，不知为至德之世也。若此，则安知仁义之端，礼律之文？及至人不存，大道陵迟，乃始作文墨，以传其意；区别群物，使有类族；造立仁义，以婴其心；制其名分，以检其外；勤学讲义，以神其教。故《六经》纷错，百家繁炽，开荣利之涂，故奔骛而不觉。是以贪生之禽，食园池之梁菽；求安之士，乃诡志以从俗；操笔执觚，足容苏息；积学明经，以代稼穑。是以困而后学，学以致荣；计而后习，好而习成，有似自然，故令吾子谓之自然耳。推其原也，《六经》以抑引为主，人性以从欲为欢。抑引则违其愿，从欲则得自然。然则自然之得，不由抑引之《六经》；全性之本，不须犯情之礼律。故仁义务于理伪，非养真之要术；廉让生于争夺，非自然之所出也。由是言之，则鸟不毁以求驯，兽不群而求畜，则人之真性无为，正当自然，耽此礼学矣。论又云：'嘉肴珍膳，虽所未尝，尝必美之，适于口也。处在暗室，睹烝烛之光，不教而悦得于心。况以长夜之冥，得照太阳，情变郁陶，而发其蒙，虽事以未来，情以本应，则无损于自然好学。'难曰：夫口之于甘苦，身之于痛痒，感物而动，应事而作，不须学而后能，不待借而后有，此必然之理，吾所不易也。今子以必然之理，喻未必然之好学，则恐似是而非之议，学如一粟之论，于是乎在也。今子立《六经》以为准，仰仁义以为主，以规矩为轩驾，以讲诲为哺乳，由其涂则通，乖其路则滞；游心极视，不睹其外，终年驰骋，思不出位，聚族献议，唯学为贵；执书摘句，俯仰咨嗟，使服膺其言，以为荣华；故吾子谓《六经》为太阳，不学为长夜耳。今若以讲堂为丙舍，以诵讽为鬼语，以

《六经》为芜秽,以仁义为臭腐;睹文籍则目瞧,修揖让则变伛,袭章服则转筋,谭礼典则齿龋,于是兼而弃之,与万物为更始;则吾子虽好学不倦,犹将阙焉;则向之不学,未必为长夜,《六经》未必为太阳也。俗语曰:'乞儿不辱马医。'若遇上有无文之始,可不学而获安,不勤而得志,则何求于《六经》,何欲于仁义哉?以此言之,则今之学者,岂不先计而后学?苟计而后动,则非自然之应也。子之云云,恐故得菖蒲菹耳。"观此二文,足审嵇氏论文之体矣。

又案:魏、晋文章,其文体与阮氏相近者,为伏义《答阮籍书》、见明刊本《阮嗣宗集》。义字公表。张辽叔《自然好学论》、见明刊本《嵇中散集》。辽叔此文与阮为近。刘伶《酒德颂》、见《晋书》。伶文惟传此篇,《世说·文学》篇以为意气所寄。嵇叔良《阮嗣宗碑》。此文盖仿阮文为之。其与嵇氏相近者,厥唯向秀一人。向氏论文,其传于今者,虽仅《难嵇氏养生论》一篇。见《嵇中散集》。然其析理绵密,不灭嵇氏诸难。《隋志》有《向秀集》十二卷,知向氏之文,六朝之时传者甚众,然其所工,盖尤在析理一体。据《世说·言语》篇注引《向秀别传》谓:"弱冠著《儒道论》。"《世说·文学》篇又谓:"向秀于《庄子》旧注外为《解义》,妙析奇致,大畅玄风,郭象窃为己注。"是今所传《庄子注》,多属向氏之书也。自是以外,若李康《运命论》、曹元首《六代论》,虽较汉人论体为恢,然与嵇、阮所作异也。

又案:嵇、阮学术文章,其影响及于当时及后世者,实与王、何诸人异派。据《世说·文学》篇谓袁彦伯作《名士传》,刘氏注云:"宏以夏侯太初、何平叔、王辅嗣为正始名士;阮嗣宗、嵇叔夜、山巨源、向子期、刘伯伦、阮仲容、王濬仲为竹林名士;裴叔则、乐彦辅、王夷甫、庚子嵩、王安期、阮千里、卫叔宝、谢幼舆为中朝名士。"此即嵇、阮诸人与王、何异之确证也。迄于西晋,一时文士,盖均承王、何之风,以辨析名理为主,即干宝《晋纪总论》所谓"学者以庄、老为宗,谈者以虚薄为辨"者也。故史册所载当时人士,或云通《老》《易》、《老》《庄》,如王衍妙善玄言,惟说《老》、《庄》为事,《晋书》王衍本传。裴楷特精《易》义,《世说·德行》篇注引《晋诸公赞》。阮修好《老》、《易》,能言理,《世说·文学》篇注引《名士传》。谢鲲性通简,好《老》、《易》,《文学》篇注引《晋阳秋》。郭象能言《庄》、《老》,《世说·赏誉》篇注引《名士传》。庾敳自谓老、庄之徒《世说·文学》篇注引《晋阳秋》。是也;或以理识相高,如满奋清平有识,《世说·言语》篇注引荀绰《冀州记》。闾丘冲清平有鉴识,《世说·品藻》篇注引荀绰《兖州记》。乐广冲旷有理识,《世说·言语》篇注引虞预《晋书》。刘漠以清识为名,《世说·赏誉》篇注引《晋后略》。杨髦清平有贵识《世说·品藻》篇注引《冀州记》。是也;或以善言名理相标,如裴頠善谈名理,《世说·言语》篇引王衍语,注引《冀州记》。王济能清言,《世说·言语》篇注引《晋诸公赞》。裴遐少有理称,《世说·文学》篇注引《晋诸公赞》。以辩论为业,《文学》篇注引邓粲《晋记》。王承言理辨物,但明旨要,《世说·品藻》篇注引《江左名士传》。王敦少有名理,《文学》篇注引《敦别传》。蔡洪有才辩,《世说·言语》篇注引《洪集录》。是也。又据《世说·文学》篇注引《晋诸公赞》云:"自魏太常夏侯玄、步兵校尉阮籍等,皆著《道德论》,于时侍中乐广、吏部郎刘汉亦体道而言约,尚书令王夷甫讲理而才虚,散骑常侍戴奥以学道为业,后进庾敳之徒皆希慕简旷。裴頠疾世俗尚虚无之理,故著《崇有》二论以折之,才博喻广,学者不能究。"《崇有论》见《晋书》。又《世说·文学》篇注引《惠帝起居》注云:"頠著二论以规虚诞之弊,文词精富,为世名论。"又据《言语》篇注引《晋诸公赞》谓:"夷甫好尚清谈,为时人物所宗。"盖清谈之风成于王衍诸人,而溯其远源,则均王、何之余绪,迄于裴頠,《世说·文学》篇注引《晋诸公赞》谓:"裴頠谈理与王夷甫不相上下。"乐广、卫玠《世说·赏誉》篇注引《玠别传》云:"玠少有名理,善通《老》、《庄》。"《文学》篇注引《玠别传》云:"玠少有名理,善《易》、《老》。"而其风大成,即王敦所谓"不悟永嘉之中,复闻正始之音"者也。《世说·赏誉》篇注引《玠别传》。故范宁之徒,即以王、何为罪人。孙盛《晋阳秋》亦曰:"正始中,王弼、何晏,好《庄》、《老》之谈,而俗遂贵玄。"《文选》注引。其他晋人所论,并与相同,均其证也。然王、何虽工谈论,及著为文章,亦为后世所取法;迄于西晋,则王衍、乐广之流,文藻鲜传于世,用是言语、文章,分为二途,《世说·文学》篇谓:"乐令善于清言,而不长于手笔。将让河南尹,请潘岳为表,述己所以为让,二百许语,潘直取错综,便成名笔。"又谓:"太叔广甚辩给,而挚仲洽长于翰墨。每至公坐,广谈,仲洽不能对,退著笔难广,广又不能答。"又谓:"江左殷太常父子并能言理,亦有辩讷之异。扬州口谈至剧。太常辄云:'汝更思吾论。'"是当时言语、文学分为二事。惟出口成章,便成文彩。具见《晋书》及《世说》各书。迄于宋、齐,其风未替,亦足窥当时之风尚矣。至当时之文,其确能祖述王、何文体者,惟石崇《巢许论》。其词曰:"盖闻圣人在位,则群材必举,官才任能,轻重允宜。大任已备,则不抑大才使居小位;小才已极其分,则不以积久而令处过才之位。然则稷播嘉谷,契敷五教,皋陶、夔、龙,各已授职,其联属之官,必得其才,则必不重载兼置,斯可知也。巢、许则元、凯之俦。大位已充,则宜敦廉让以厉俗,崇无为以化世。然后动静之效备,隐显之功著。故能成巍巍之化,民莫能名,将何疑焉?"此文见《艺文类聚》引。以及郭象《庄子注序》,《世说·文学》篇注引《文士传》:"郭象作《庄子注》,最有清词遒旨。"所评至尽,其序文尤佳。今录如下。其词曰:"夫庄子者,可谓知本矣。故未始藏其狂言,言虽无会而独应者也。夫应而非会,则虽当无用;言非物事,则虽高不行。与夫寂然不动,不得已而后起者,固有间矣,斯可谓知无心者也。夫心无为则随感而应,应随其时,言唯谨尔。故与化为体,流万代而冥物;岂曾设对独遘,而游谈乎方外哉?此其所以不经而为百家之冠也。然庄生虽未体之,言则至矣。通天地之统,序万物之性,达死生之变,而明内圣外王之道,上知造物无物,下知有物之自造也。其言宏绰,其旨玄妙,至至之道,融微旨雅,泰然遣放,放而不敖,故曰不知义之所适,猖狂妄行,而蹈其大方,含哺而熙乎澹泊,鼓腹而游乎混芒,至人极乎无亲,孝慈终于兼忘,礼乐复乎已能,忠信发乎天光,用其光则其朴自成,是以神器独化于玄冥之境,而源流深长也。故其长波之所荡,高风之所扇,畅乎物宜,适乎民愿,弘其鄙,解其悬,洒落之功未加,而矜夸所以散。故观其书,超然自以为己,当经昆仑,涉太虚,而游恍惚之庭矣。虽复贪婪之人,躁进之士,而揽其余芳,味其溢流,仿佛其音影,犹足旷然有忘形自得之怀,况探其远情而玩永年者乎?遂绵邈清遐,去离尘埃,而返冥极者也。"欧阳建《言尽意论》其词曰:"有雷同君子问于违众先生曰:'世之论者,以为言不尽意,由来尚矣。至乎通才达识,咸以为然。若夫蒋公之论眸子,锺傅之言才性,莫不引此为谈证。而先生以为不然,何哉?'先生曰:'夫天不言,而四时成焉;圣人不言,而鉴识存焉。形不待名,而方圆已著;色不俟称,而黑白以彰。然则,名之于物,无施者也;言之于理,无为者也。而古今务于正名,圣贤不能去言,其故何也?诚以理得于心,非言不畅;物定于彼,非名不辩。言不畅心,则无以相接;名不辩物,则鉴识不显。鉴识显而名品殊,言称接而情志畅。原其所以,本其所由,非物有自然之名,理有必定之称也。欲辩其实,则殊其名;欲宣其志,则立其称。名逐物而迁,言因理而变。此犹声发响应,形存影附,不得相与为二;苟其不二,则无不尽,吾故以为尽矣。'"此文亦见《艺文类聚》所引。诸篇而已。

又案:西晋之士,其以嗣宗为法者,非法其文,惟法其行。用是清谈而外,别为放达。据《世说·德行》篇注引王隐《晋书》谓:"魏末,阮籍嗜酒荒放,露头散发,裸袒箕踞。其后贵游子弟阮瞻、王澄、谢鲲、胡毋辅之之徒,皆祖述于籍,谓得大道之本。"据《晋书》所载,则山简、张翰、毕卓、庾敳、光逸、阮孚之流,皆属此派,即傅玄所谓"魏氏虚无放诞之论,盈于朝野",《文选·晋纪总论》注引干氏《晋纪》载玄上书。应詹所谓"以容放为夷达",《文选·晋纪总论》注引刘谦《晋纪》所载詹表。是也。然山简以下,其文采亦少概见。其以文学著名者,首推张翰,翰诗尤长于文。《文选》张季鹰《杂诗》注引王俭《七志》云:"翰字季鹰,文藻新丽。"次则谢鲲、阮孚而已。即其推论名理,亦出乐广诸人之下。

丙 潘陆及两晋诸贤之文

《文选·文赋》李注引臧荣绪《晋书》曰:陆机字士衡,与弟云勤学,天才绮练,当时独绝,新声妙句,系踪张、蔡。

案:臧书以机文为"绮练",所评至精。

《文选·籍田赋》注引臧荣绪《晋书》:潘岳字安仁,总角辩慧,摛藻清艳。

《世说·文学》篇引孙兴公即孙绰。云:潘文烂若披锦,无处不善;陆文若排沙简金,往往见宝。又引孙兴公云:潘文浅而净,陆文深而芜。

案:刘注引《文章传》曰:"机善属文。司空张华见其文章,篇篇称善,犹讥其作文大冶,谓曰:'人之作文,患于不才;至子为文,乃患太多也。'"又引《续文章志》曰:"岳为文,选言简章,清绮绝伦。"盖陆氏之文工而缛,潘氏之文虽绮而清,故孙氏论文,以为潘美于陆。《御览》引《抱朴子》云:"欧阳生曰:'张茂先、潘正叔、潘安仁文远过二陆。二陆文词源流,不出俗检。'"

又案:《世说·文学》篇注引《晋阳秋》曰:"岳夙以才颖发名,善属文,清绮绝世,蔡邕不能过也。"亦以岳文为"清绮",即《续文章志》之所本也。

《意林》、《北堂书抄》引葛洪《抱朴子》佚篇曰:"吾见二陆之文,犹玄圃积玉,莫非夜光;方之他人,若江汉之与潢汙,及其精处,妙绝汉、魏之人也。"又:每读二陆之文,未尝不废书而叹,恐其尽卷。又云:《陆子》十篇,词之富者,虽覃思不能损。

《文心雕龙·熔裁》篇曰:至如士衡才优,而缀辞尤繁;士龙思劣,而雅好清省。及云之论机,亟恨其多,而称清新相接,不以为病。案:见云集《与兄平原书》。

《文心雕龙·才略》篇曰:陆机才欲窥深,辞务索广,故思能入巧,而不制烦。士龙朗练,以识检乱,故能布采鲜净,敏于短篇。

案:诸家所论,均谓士衡之文偏于繁缛。又《雕龙·定势》篇云:"陆云自称往日论文,先词而后情,尚势而不取悦泽。及张公论文,则欲宗其言。亦见《与兄书》。可谓先迷后能从善。"亦足为士云之文定论。案:云集《与兄平原书》其中数首,于机文评论极当,允宜参考。

《初学记》引李充《翰林论》:潘安仁为文,犹翔禽之羽毛,衣被之绡縠。

《文心雕龙·才略》篇曰:潘岳敏给,辞自和畅,锺美于《西征》,

贾余于哀诔,非自外也。

　　案:彦和以"敏给"推岳,与《时序》篇义同。

《文心雕龙·体性》篇曰:安仁轻敏,故锋发而韵流。士衡矜重,故情繁而词隐。

　　案:六朝论西晋文学者,必以潘、陆为首。故《宋书·谢灵运传论》,以为降及元康,潘、陆特秀;《南齐书·文学传论》,亦谓潘、陆齐名,机、岳之文永异也。然西晋一代,文士实繁,《雕龙·才略》篇于评论潘、陆外,又谓"张华短章,奕奕清畅","左思奇才,业深覃思,尽锐于《三都》,拔萃于《咏史》",又谓"孙楚缀思,每直置以疏通;挚虞述怀,必循规以温雅:其品藻流别,有条理焉。傅玄篇章,义多规镜;长虞笔奏,世执刚中:并桢干之实才,非群华之韡萼也。成公子安选赋而时美,夏侯孝若具体而皆微,曹摅清靡于长篇,季鹰辨切于短韵,各其善也。孟阳、景阳,才绮而相埒,可谓鲁、卫之政,兄弟之文也。刘琨雅壮而多风,卢谌情发而理昭,亦遇之于时势也。"以上均《雕龙》语。彦和所举,舍张华、张华之文,陆云《与兄平原书》评之甚详。挚虞、傅玄、傅咸兼长学业,时学人工文者,别有皇甫谧、束晳、葛洪诸家。刘琨兼擅事功外,均以文学著名。彦和所未举者,别有应贞、潘尼、欧阳建、木华、王瓒诸人,亦长文学,今略摘史册所记,录之如左:张翰见前。

　　　应贞字吉甫。　《三国志·王粲传》:贞以文章显。
　　　孙楚字子荆。　《晋书·楚传》载:王济铨楚品状云:天才英博。

张载字孟阳。 《文选·七哀诗》注引臧荣绪《晋书》:载有才华。

张协字景阳,载弟。 锺氏《诗品》谓:协诗雄于潘岳,靡于太冲,风流条达,实旷代之高手。协弟亢,字季阳,与载、协并称三张。《晋书》谓其亦有文誉。

潘尼字正叔,岳从子。 《文选·赠陆机诗》注引《文章志》:尼有清才。

何邵字敬祖。 《文选·游仙诗》注引臧荣绪《晋书》:邵博学多闻,善属篇章。

左思字太冲。 《世说·文学》篇注引《思别传》:博览名文,有文才。

夏侯湛字孝若。 《世说·文学》篇引《文士传》:湛有盛才,文章巧思,名亚潘岳。岳有《湛诔》。

成公绥字子安。 《文选·啸赋》注引臧荣绪《晋书》:绥少有俊才,辞赋壮丽。

嵇含字君道。 《太平御览》引《嵇氏世家》:书檄云集,含不起草。《北堂书抄》引《抱朴子》逸文:君道搞毫妙观,难与并驱。

曹摅字颜远。 《太平御览》引《晋书》:摅诗文多雄才。

卢谌字子谅。 《文选·览古诗》注引徐广《晋纪》:谌有才理。

欧阳建字坚石。 《御览》引《欧阳建别传》:文词美赡,构理精微。

木华字玄虚。 《文选·海赋》引傅亮《文章志》云:玄虚为《海赋》,文甚隽丽。

王瓚字正长。《文选·杂诗》注引臧荣绪《晋书》：瓚博学有俊才。

又案：西晋人士，其于当时有文誉者，别有周处、石拓《周处碑》云："文章绮合，藻思罗开。"张畅、陆机《荐畅表》："畅才思清敏。"张赡、《晋书·陆云传》："移书荐赡云：言敷其藻。又曰：篇章光觌。"蔡洪、《世说·言语》篇注引洪集录："洪有才辨。"崔君苗陆云《与兄平原书》："君苗自复能作文。"诸人，其著作见《文选》者，见有石崇、枣据、郭泰机，其诗文集传于后世者，据《晋书》及《隋书·经籍志》所载，则王濬、二卷。羊祜二卷。以下，以及山涛、五卷。杜预、十八卷。司马彪、四卷。何邵、二卷。王浑、五卷。王济、二卷。贾充、五卷。荀勖、三卷。何曾、五卷。裴秀、三卷。裴楷、二卷。刘毅、二卷。庾峻、二卷。薛莹、三卷。盛彦、五卷。刘实、二卷。刘颂、三卷。虞溥、二卷。陈咸、三卷。吴商、五卷。曹志、二卷。王沈、五卷。卫展、十五卷。江统、十卷。庾儵、二卷。袁准、二卷。殷巨、二卷。卞粹、五卷。索靖、三卷。嵇绍、二卷。华峤、八卷。江伟、六卷。陆冲、二卷。孙毓、六卷。郭象、二卷。裴頠、九卷。山简、二卷。庾敳、五卷。邹湛、三卷。王瓚、五卷。张辅、二卷。夏侯淳、二卷。阮瞻、二卷。阮修、二卷。阮冲、二卷。张敏、二卷。刘宝、三卷。宣舒、五卷。谢衡、二卷。蔡充、二卷。刘弘、三卷。牵秀、四卷。卢播、二卷。贾彬、三卷。杜育、二卷。孙惠、十一卷。闾丘冲、二卷。之属，均有专集，又：左贵嫔集四卷，王浑妻锺琰集五卷，亦见《隋志》。足征西晋文学之盛矣。

又案：东晋人士，承西晋清谈之绪，并精名理，善论难，以刘惔、王蒙、许询为宗，其与西晋不同者，放诞之风，至斯尽革。又西晋所云名理，不越老、庄，至于东晋，则支遁、法深、道安、惠远之流，并精佛理，故殷浩、郗超诸人，并承其风，旁迄孙绰、谢尚、阮裕、韩伯、孙盛、张凭、王胡之，亦均以佛理为主，息以儒玄；嗣则殷仲文、桓玄、羊孚，亦精玄论。大抵析理之美，超越西晋，而才藻新奇，言有深致，即孙安国所谓"南人学问，精通简要"也。见《世说·文学》篇。故其为文，亦均同潘而异陆，近嵇而远阮。《文心雕龙·才略》篇曰："景纯艳逸，足冠中兴，《郊赋》既穆穆以大观，《仙诗》亦飘飘而凌云矣。庾元规之表奏，靡密以闲畅；温太真之笔记，循理而清通：亦笔端之良工也。孙盛、干宝，文胜为史，准的所拟，志乎典训，户牖虽异，而笔彩略同。袁宏发轸以高骧，故卓出而多偏；孙绰规旋以矩步，故伦序而寡状；殷仲文之孤兴，谢叔源之闲情，并解散辞体，缥缈浮音，虽滔滔风流，而大浇文意。"以上均《雕龙》语。彦和所举，舍庾亮、温峤兼擅事功，孙盛、干宝尤长史才外，均以文学著名。王隐诸人，亦长史才。彦和所未举者，别有庾阐、曹毗、王珣、习凿齿、嵇含，亦长文学，今略摘史册所记，录之如左：

郭璞字景纯。《世说·文学》篇注引《璞别传》：文藻粲丽，诗赋赞颂，并传于世。

袁弘字彦伯，小名虎。《世说·文学》篇注引《续晋阳秋》：虎少有逸才，文章绝丽。锺氏《诗品》云："彦伯虽文体未遒，而鲜明紧健，去凡俗远矣。"

孙绰字兴公。《世说·言语》篇注引《中兴书》：绰少以文称。

许询字玄度。《文选·杂体诗》注引《晋中兴书》：询有才藻，善属文。

庾阐字仲初。《世说·文学》篇注引《中兴书》：阐九岁便能属文。

曹毗字辅佐。《世说·文学》篇注引《中兴书》：毗好文籍,能属词。

王珣字元琳。 《世说·文学》篇注引《续晋阳秋》:珣文高当世。《赏誉》篇注又引《续晋阳秋》:"王珉才辞富赡。"珉字季琰,珣之弟。

习凿齿字彦威。 《世说·文学》篇注引《晋阳秋》:凿齿才情秀逸。《言语》篇注引《中兴书》:"凿齿少以文称。"

殷仲文字仲文。 《世说·文学》篇:仲文天才弘赡。注引《续晋阳秋》:"仲文雅有才藻,著文数十篇。"

谢混字叔源。 《文选·游西池诗》注引臧荣绪《晋书》:混善属文。

又案:东晋人士,其于当时有文誉者,别有孔坦,《世说·言语》篇注引王隐《晋书》:"坦有文辩。"伏滔,《世说·言语》篇注引《中兴书》:"滔少有才学。"袁乔,《世说·文学》篇注引《袁氏家传》:"乔有文才。"杨方,《晋书·方传》载贺遁书:"方文甚有奇致。"谢万,《世说·文学》篇注引《中兴书》:"万善属文,能谈论。"顾恺之,《世说·文学》篇引《晋阳秋》:"恺之博学有才气。"王修,《世说·赏誉》篇云:"谢镇西道敬仁文学锹镞,无能不新。"敬仁,即修字。桓玄,《世说·文学》篇注引《晋安帝纪》:"玄文翰之美,高于一世。"其诗文集传于后世者,据《晋书》及《隋志》所载,则彭城王纮、二卷。谯王无忌、九卷。会稽王道、八卷。贺遁、二十卷。顾荣、五卷。周顗、三卷。王导、十一卷。王敦、十卷。王廙、三十四卷。应詹、五卷。华谭、二卷。郗鉴、十卷。陶侃、二卷。蔡谟、四十三卷。刘隗、二卷。刘超、二卷。沈充、二卷。卞壸、二卷。荀崧、一卷。殷蚀、十卷。何允、五卷。谷俭、一卷。温峤、十卷。傅纯、二卷。梅陶、二十卷。张闿、二卷。诸葛恢、五卷。戴邈、五卷。王愆期、一卷。熊远、十二卷。孔坦、十七卷。庾冰、二十卷。庾翼、二十二卷。谢尚、十卷。江彪、五卷。江逌、九卷。桓温、二十卷。殷浩、五卷。范汪、十卷。孔严、十一卷。王彪之、二十卷。荀组、三卷。王旷、五卷。张虞、十卷。罗含、三卷。王述、五卷。王坦之、七卷。郗愔、四卷。范宁、十六卷。顾和、五卷。王濛、五卷。李充、十卷。王羲之、十卷。虞预、十卷。应亨、二卷。孙统、九卷。王胡之、十卷。谢沈、十卷。王忱、五卷。李颙、二十卷。庾和、二卷。王洽、五卷。郗超、十卷。张望、十二卷。范弘之、六卷。刘恢、二卷。徐禅、六卷。王献之、十卷。庾康之、十卷。王谧、十卷。殷允、十卷。殷康、五卷。黄整、十卷。张凭、五卷。徐彦、十卷。庾统、八卷。王恭、五卷。孔汪、十卷。应硕、二卷。张俊、五卷。韩伯、十六卷。伏系之、十卷。郑袤、四卷。徐邈、二十卷。戴逯、十卷。袁崧、十卷。殷仲堪、十二卷。喻希、一卷。苏希、七卷。徐乾、二十一卷。祖台之、二十卷。何瑾、十一卷。羊徽、十卷。周祗、二十卷。殷阐、十卷。均有专集。又，傅统妻辛萧集一卷，王凝之妻谢道韫集三卷，陶融妻陈窈集一卷，徐藻妻陈玠集一卷，刘臻妻陈璆集七卷，刘柔妻王邵之集十卷，钮滔母孙琼集二卷，亦见《隋志》。足征东晋文学之盛矣。

丁　总论

《晋书·文苑传序》曰：金行纂极，文雅斯盛。张载擅铭山之美，陆机挺焚砚之奇，潘、夏连辉，颉颃名辈。至于吉甫、太冲，江右之才俊；曹毗、庾阐，中兴之时秀。信乃金相玉润，野会川冲。

《晋书·夏侯湛、潘岳、张载等传论》曰：孝若淡蔚春华，时标丽藻；安仁思绪云骞，词锋景焕。贾论政范，源王化之幽赜；潘著哀词，贯人灵之情性。机文喻海，潘藻如江。

《宋书·谢灵运传论》曰：降及元康，晋惠帝年号。潘、陆特秀，律异班、贾，体变曹、王，缛旨星稠，繁文绮合，缀平台之逸响，采南皮之高韵，遗风余烈，事极江右。在晋中兴，玄风独秀，为学穷于柱下，博物止于七篇，驰骋文词，义殚乎此。自建武暨于义熙，历载将百，建武，元帝年号。虽比响联词，波属云委，莫不寄言上德，托意玄珠，遒丽之词，无闻焉耳。仲文始革孙、许之风，叔源大变太元之气。太元，孝武年号。

案：休文以江左文学"遒丽无闻"，又谓"为学穷于柱下，博物止于七篇"，亦举其大要言之。若综观东晋诸贤，则休文之论，未为尽也。

《南齐书·文学传论》：属文之道，事出神思，感召无象，变化不穷，俱五声之音响，而出言异句；等万物之情状，而下笔殊形。吟咏规范，本之雅什；流分条散，各以言区。若陈思"代马"群章，王粲"飞鸾"诸制，四言之美，前超后绝。少卿离辞，五言才骨，难与争鹜。"桂林"、"湘水"，平子之华篇；"飞馆玉池"，魏文之丽篆：七言之作，非此谁先？卿、云巨丽，升堂冠冕，张、左恢廓，登高不继，赋贵披陈，未或加矣。显宗之述傅毅，简文之擒彦伯，分言制句，多得颂体。裴颁内侍，元规凤池，子章以来，章表之选。孙绰之碑，嗣伯喈之后；谢庄之诔，起安仁之尘。颜延《杨瓒》，自比《马督》，以多称贵，归庄为允。王褒《僮约》，束晳《发蒙》，滑稽之流，亦可奇玮。五言之制，独秀众品。习玩为理，事久则渎；在乎文章，弥患凡旧，若无新变，不能代雄。建安一体，《典论》短长互出；潘、陆齐名，机、岳之文永异。江左风味，盛道家之言；郭璞举其灵变，许询极其名

第四课　魏晋文学之变迁

理;仲文玄气,犹不尽除;谢混情新,得名未盛;颜、谢并起,乃各擅奇;休、鲍后出,咸亦标世:朱蓝共妍,不相祖述。

案:萧氏亦以东晋文学变于殷仲文、谢混,与沈氏所论略同。

《文心雕龙·丽辞》篇曰:至魏、晋群才,析句弥密,联字合趣,割毫析厘。然契机者入巧,浮假者无功。

《文心雕龙·情采》篇曰:后之作者,采滥忽真,远弃风雅,近师词赋。故体情之制日疏,逐文之篇愈盛。

《文心雕龙·练字》篇曰:自晋以来,用字率从简易。时并习易,人谁取难?今一字诡异,则群句震惊;三人弗识,则将成字妖矣。

案:晋文异于汉、魏者,用字平易,一也;偶语益增,二也;论序益繁,三也。彦和所论三则,殆尽之矣。

《文心雕龙·时序》篇曰:逮晋宣始基,景、文克构,并迹沉儒雅,而务深方术。至武帝惟新,承平受命,而胶序篇章,弗简皇虑。降及怀、愍,缀旒而已。然晋虽不文,人才实盛:茂先摇笔而散珠,太冲动墨而横锦,岳、湛曜联璧之华,机、云标二俊之采,应、傅、三张之徒,孙、挚、成公之属,并结藻清英,流韵绮靡;前史以为运涉季世,人未尽才,诚哉斯谈,可为叹息。元皇中兴,披文建学,刘、刁礼吏而宠荣,景纯文敏而优擢。逮明帝秉哲,雅好文会,升储御极,孳孳讲艺,练情于诰策,振采于辞赋,庾以笔才逾亲,温以文思益厚,揄扬风流,亦彼时之汉武也。及成、康促龄,穆、哀短祚,简文勃兴,渊乎清峻,微言精理,函满玄席,澹思浓采,时洒文囿。至孝武不嗣,安、恭已矣,其文史则有袁、殷之曹,孙、于之辈,虽才或浅深,珪璋足用。自中朝贵玄,江左称盛,因谈余气,流成文体。是以世极迍邅,而辞意夷泰,诗必柱下之旨归,赋乃漆园之义疏。故知文变染乎世情,兴废系乎时序,原始以要终,虽百世可知也。

案:雕龙此节推论两晋文学之变迁,最为详尽。

《文心雕龙·通变》篇曰:魏之篇制,顾慕汉风。晋之词章,瞻望魏采。

又曰:魏、晋浅而绮。

案:《雕龙·通变》篇所论,于魏、晋文学亦得大凡。

又案:晋人文学,其特长之处,非惟析理已也。大抵南朝之文,其佳者必含隐秀,然开其端者,实惟晋文。又出语必隽,恒在自然,此亦晋文所特擅。齐、梁以下,能者鲜矣。彦和以魏、晋之文为浅者,亦以用字平易,不事艰深,即《练字》篇所谓"自晋以来,用字率从简易"也。

《文心雕龙·诠赋》篇曰:太冲、安仁,策勋于鸿规;士衡、子安,底绩于流制。景纯绮巧,缛理有余;彦伯梗概,情韵不匮。案:晋人词赋传今较多,惟张华、潘尼、夏侯湛、二傅、二张、孙楚、挚虞、束皙、稽含、曹毗、顾恺之诸人。

案:东汉以来,词赋虽逞丽词,左思《三都》矫之,悉以征实为主。自是以降，则庾阐《扬都》，于当时最有盛誉。然孙绰《天台山赋》，词旨清新，于晋赋最为特出。其他诸家所作，大抵规模前作，少有新体。其与时作稍异者，惟曹摅《述志赋》、庾敳《意赋》而已。

《世说·文学》篇注引《续晋阳秋》论许询曰：自司马相如、王褒、扬雄诸贤，世尚赋颂，皆体则《诗》、《骚》，傍综百家之言。及至建安，而诗章大盛。逮乎西朝之末，潘、陆之徒，虽时有质文，而宗归不异也。正始中，王弼、何晏好庄、老玄胜之谈，而世遂贵焉。至过江，佛理尤盛。故郭璞五言，始会合道家之言而韵之。询及太原孙绰，转相祖尚，又加以三世之辞，而《诗》、《骚》之体尽矣。询、绰并为一时文宗，自此作者悉体之，至义熙中，谢混始改。《世说·文学》篇亦云："简文称许掾云：'玄度五言诗，可谓妙绝时人。'"

《文心雕龙·明诗》篇曰：晋世群才，稍入轻绮。张、潘、左、陆，比肩诗衢。采缛于正始，力柔于建安，或析文以为妙，或流靡以自妍，此其大略也。江左篇制，溺乎玄风。嗤笑徇务之志，崇盛亡机之谈。袁、孙已下，虽各有雕采，而辞趣一揆，莫与争雄。所以景纯仙篇，挺拔而为俊矣。宋初文咏，体有因革，庄、老告退，而山水方滋。

案：晋代之诗如张华、张载之属，均与士衡体近；然左思、刘琨、郭璞所作，浑雄壮丽，出于嗣宗。东晋之诗，其清峻之篇，大抵出自叔夜；惟许询、支遁所作，虽多玄言，其体仍近士衡。自渊明继起，乃合嵇、阮之长，此晋诗迁变之大略也。

《文心雕龙·乐府》篇曰：逮于晋世，则傅玄晓音，创定雅歌，以咏祖宗；张华新篇，亦充庭万。然杜夔调律，音奏舒雅，荀勖改悬，声节哀急,故阮咸讥其离声,后人验其铜尺。和乐精妙,固表里而相资矣。

案:本篇又谓"子健、士衡咸有佳篇,并无诏伶人,故事谢丝管"。盖歌行或不入乐,自魏、晋始。

《文心雕龙·颂赞》篇:魏、晋辨颂,鲜有出辙。陆机积篇,惟《功臣》最显;其褒贬杂居,固末代之讹体也。

又云:景纯注《雅》,动植赞之,义兼美恶,亦犹颂之变耳。

《文心雕龙·铭箴》篇:张载《剑阁》,其才清采,迅足骎骎,后发前至,勒铭岷、汉,得其宜矣。

又云:至于潘勖《符节》,要而失浅;温峤《侍臣》,博而患繁;王济《国子》,引广事杂;潘尼《乘舆》,义正体芜:凡斯继作,鲜有克衷。此段论箴。

《文心雕龙·诔碑》篇曰:孙绰为文,志在碑诔,温、王、郗、庾,词多枝杂;《桓彝》一篇,最为辨裁。

案:晋人碑铭之文,如傅玄《江夏任君墓铭》、孙楚《牵招碑》、潘岳《杨使君碑》、潘尼《杨萧侯碑》、夏侯湛《平子碑》,均以汉作为楷模;然气清辞畅,则晋贤之特色,非惟孙绪、王导、郗凿、庾亮、庾冰、褚褒诸碑已也。彦和以为枝杂,持论稍过。碑铭以外,颂之佳者,则有江伟《傅浑颂》、孙绰《徐君颂》诸篇。陆云《盛德》诸颂以及潘尼《释奠颂》,过于繁富。箴之佳者,则有陆云《逸民箴》、李充《学箴》诸作。赞自夏侯湛《东方朔画赞》、袁弘《三国名臣赞》外,若庾亮《翟征君赞》、戴逵《闲游赞》,均有可观。

孙绰《列仙传》诸赞,郭元伯《列仙传赞》,均与郭氏赞体同。又陆云《登遐颂》,亦赞体。诔则左贵嫔《元皇后诔》、陆机《愍怀太子诔》,陆云各诔尤繁。文之尤善者也。

王隐《晋书》:潘岳善属文,哀诔之妙,古今莫比,一时所推。

《文心雕龙·祝盟》篇曰:潘岳之祭庾妇,奠祭之恭哀也。

《文心雕龙·哀吊》篇:建安哀词,惟伟长差善,《行女》一篇,时有恻怛。及潘岳继作,实踵其美。观其虑善辞变,情洞悲苦,叙事如传;结言摹诗,促节四言,鲜有缓句,故能义直而文婉,体旧而趣新;《金鹿》、《泽兰》,莫之或继也。

又云:陆机之《吊魏武》,序巧而文繁。

案:晋代祭文传于今者,若庾亮《祭孔子文》、周祗《祭梁鸿文》,庾文清约,周文畅逸。吊文传于今者,若李充《吊嵇中散文》、嵇含《吊庄周文》,均为佳作。惟晋人文集所载,别有吊书,如《陆云集吊陈永长书》五首、《吊陈伯华书》二首是也。哀策文张华武帝及元皇后哀策文、潘岳《景献皇后哀策文》、郭璞《元帝哀策文》、王珣《孝武帝哀策》是也。各体,文亦多工。

《文心雕龙·诏策》篇曰:晋氏中兴,惟明帝崇才,以温峤文清,故引入中书。自斯以后,体宪风流矣。《艺文类聚》引《晋中兴书》:"明帝元年,以峤为中书令,所下手诏,有'文清旨远,宜居机密'之语。"

又云:教者效也。若诸葛孔明之详约,庾稚恭之明断,并理得而辞中,教之善也。

《文心雕龙·檄移》篇曰:陆机之《移百官》,言约而事显。

案：晋代诏书，前后若一，惟明帝《讨钱凤诏》、简文帝《优恤兵士诏》晋明帝、简文帝、孝武帝均有文集。较为壮美。诏书而外，教之佳者，王沈、虞溥、庾亮也；檄之佳者，庾阐、袁豹也。

《文心雕龙·论说》篇：迄至正始，务欲守文；何晏之徒，始盛玄论。于是聃、周当路，与尼父争涂矣。详观兰石之《才性》，仲宣之《去伐》，叔夜之《辨声》，太初之《本玄》，辅嗣之两例，平叔之二论，并师心独见，锋颖精密，盖人伦之英也。至如李康《运命》，同《论衡》而过之，陆机《辨亡》，效《过秦》而不及，然亦其美矣。次乃宋岱、郭象，锐思于几神之区；夷甫、裴頠，交辨于有无之域：并独步当时，流声后代。然滞有者全系于形用，贵无者专守于寂寥，徒锐偏解，莫诣正理。动极神源，其般若之绝境乎！逮江左群谈，惟玄是务，虽有日新，而多抽前绪矣。

案：晋代论文，其最为博大者，惟陆机《辨亡》、《五等》、干宝《晋纪总论》诸篇。东晋之世，则纪瞻《太极》、庾阐《蓍龟》、殷浩《易象》、罗含《更生》、韩伯《辨谦》、支遁《逍遥》，均理精词隽，不事繁词。又，张韩《不用舌论》，王脩《贤才论》，袁弘《去伐》、《明谦》二论，孙盛《太伯三让》、《老聃非大贤论》，戴逵《放达为非道论》、《释疑论》，殷仲堪《答桓玄四皓论》，亦均清颖有致，雅近王、何。若孙绰《喻道》，体近于嵇，王坦之《废庄》，体近于阮，亦其选也。至若刘寔《崇让》、潘尼《安身》，虽为史书所载，然文均繁缛。其论事之文，以江统《徙戎》、伏滔《正淮》为尤善。择而观之，可以得作论之式矣。

《文心雕龙·奏启》篇：晋氏多难，灾屯流移。刘颂殷勤于时务，温峤恳切于费役，并体国之忠规矣。

又云：傅咸劲直，而按词坚深；刘隗切正，而劾文阔略：各其志也。

《文心雕龙·议对》篇：何曾蠲出女之科，秦秀定贾充之谥，事实允当，可谓达议体矣。《御览》引李充《翰林论》云："驳不以华藻为先。傅长虞每奏驳事，为邦之司直矣。"

又云：陆机断议，亦有锋颖，而谀词弗翦，颇累风骨。《初学记》引李充《翰林论》云："士衡之议，可谓成文矣。"

《文心雕龙·章表》篇：晋初笔札，则张华为俊，其三让公封，理周辞要，引义比事，必得其偶；世珍《鹪鹩》，莫顾章表。及羊公之辞开府，有誉于前谈；庾公之让中书，信美于往载：序志显类，有文雅焉。刘琨《劝进》，张骏《自序》，文致耿介，并陈事之美表也。《御览》引《翰林论》："裴公之辞侍中，羊公之让开府，可谓德音。"

案：昭明《文选》于晋人之文，惟录张悛、桓温诸表。然晋代表疏，或文词壮丽，如卢谌《理刘司空表》、刘琨《劝进表》是也。或择言雅畅，如王导《请修学校疏》、孙绰《请移都洛阳疏》是也。其弊或流于烦冗，刘毅《请罢中正疏》、刘颂《治淮南疏》。为汉、魏所无。又，晋代学人，如司马彪、傅咸、吴商、孙毓、束皙、挚虞、虞潭、虞喜、蔡谟、贺循、王敞、何琦、范汪、范宁、王彪之、范宣、徐邈、谢沈、郑袤之伦，其议礼之文，明辩畅达，亦文学之足述者也。

《文心雕龙·书记》篇曰：嵇康《绝交》，实志高而文伟矣。赵至叙离，乃少年之激切也。

又云：刘廙《谢恩》，喻切以至；陆机《自理》，情周而巧：笺之为善者也。

案：晋人之书，或质如《法书要录》阁帖所载诸王诸帖，及陆云与兄书。或文，如赵至《与嵇茂齐书》、辛旷《与皇甫谧书》、孙楚《为石仲容与孙皓书》。其辩论义理，如罗含《答孙安国书》、孙盛《与罗君章书》、戴逯《答周居王书》、王洽《与林法同书》、王谧答桓玄诸书、桓玄与慧远、王谧各书是。亦汉、魏所无。

《文心雕龙·杂文》篇曰：景纯《客傲》，情见而采蔚，庾敳《客咨》，意荣而文悴。

又云：自桓麟《七说》以下，左思《七讽》以上，枝附影从，十有余家。或文丽而义暌，或理粹而辞驳。

又云：自《连珠》以下，拟者间出。惟士衡运思，理新文敏，而裁章置句，广于旧篇。

案：晋代杂文传于今者，如夏侯湛《抵疑》，束景玄《居释》，王沈《释时论》，曹毗《对儒》，均为设论。又，王该《日烛》，体虽特创，亦设论之变体。自是以外，骚莫高于《九愍》，陆云作。七莫高于《七命》，张协作。《连珠》舍士衡所作外，传者鲜矣。

《文心雕龙·谐隐》篇曰：潘岳《丑妇》之属，束皙《卖饼》之类，尤而效之，盖以百数。魏、晋滑稽，盛相驱扇。

案：晋人之文，如张敏《头责子羽文》、陆云《嘲褚常侍》、鲁褒《钱神论》，亦均谐文之属。

《文心雕龙·史传》篇曰：后汉纪传，发源《东观》。袁、张所制，偏驳不伦。薛、谢之作，疏谬少信。若司马彪之详实，华峤之准当，则其冠也。袁谓袁弘，张谓张璠、张莹，谢谓谢承、谢沈，薛谓薛莹。

又云：魏代三雄，记传互出。《阳秋》、《魏略》之属，《江表》、《吴录》之伦，或激抗难征，或疏阔寡要。惟陈寿三志，文质辨洽。《阳秋》，谓习凿齿《汉晋阳秋》，非谓孔衍《汉魏春秋》及孙盛《魏氏春秋》也；《魏略》，谓鱼豢《魏略》；《江表传》，虞溥撰；《吴录》，张勃撰。

又云：晋代之书，繁乎著作。陆机肇始而未备，王韶续末而不终。干宝述《纪》，以审正得序，孙盛《阳秋》，以约举为能。《才略》篇："孙盛、干宝，文盛为史。"与此互见云。

又云：邓粲《晋纪》，始立条例。又撮略汉、魏，宪章殷、周。及安国即孙盛。立例，乃邓氏之规。

案：彦和此篇，于晋人所撰史传，舍推崇陈寿三志外，其属于后汉者，则崇司马彪、华峤之书，司马彪撰《续汉书》，起于世祖，终于孝献，为纪志传八十篇，见《晋书·彪传》。华峤作《后汉书》，为帝纪十二卷，皇后纪二卷，十典十卷，传七十卷，及三谱序传目录，凡九十七卷，见《晋书·峤传》。今惟彪书八志存。谓胜袁、弘，著《后汉纪》。谢、吴、谢承著《后汉书》百三十卷，晋谢沈作《后汉书》八十五卷及外传。薛、薛莹，撰《后汉纪》百卷。张张莹，撰《后汉南纪》五十五卷；张璠，撰《后汉纪》三十卷。诸作；晋袁山松亦撰《后汉书》。其属于晋代者，惟举陆、机，撰《晋纪》四卷，《史通》谓其直叙其事，竟不编年。干、宝，作《晋纪》二十卷，《晋书》谓其书简略，直而能婉。邓、粲，撰《晋纪》十一卷。孙、盛，撰《晋阳秋》三十二卷，《晋书》谓其词直理正。王宋、王韶之撰《晋安纪》十卷。五家，于王隐、隐撰《晋书》九十三卷。虞预、预撰《晋书》四十四卷。朱凤、凤撰《晋书》十四卷。曹嘉之嘉之作《晋纪》十卷。之书,则略而弗举;是犹论魏、吴各史,深抑《阳秋》、习凿齿撰《汉晋阳秋》四十七卷。《吴录》张勃作《吴录》三十卷。诸书也。晋环纪亦撰《吴纪》九卷。刘氏《史通》外篇谓:"中朝华峤、陈寿、陆机、束皙,江左王隐、虞预、干宝、孙盛,并史官之尤美,著作之茂撰。"亦与彦和之说互明。故《史通》一书,于晋人所作,惟推华峤、内篇谓:"班固、华峤,子长之流。"又谓:"创纪传者五家,推其所长,华氏居最。"干宝,《序例》篇谓:"令升先觉,远绍丘明,重立凡例,勒成《晋纪》,邓、孙以下,遂蹑其踪。"又谓:"干宝理切多功。"于王隐、何法盛、孙盛、习凿齿、邓粲均有微词。《书事》篇谓:"王隐、何法盛专访州闾细事,委巷琐言,聚而编之。"《采撰》篇谓:"盛述《阳秋》,以刍尧鄙说,列为竹帛正言。"《论赞》篇谓:"孙安国都无可采,习凿齿时有可观。"《序例》篇谓:"邓粲词烦寡要。"均其证也。盖汉、魏以降,史传一体,均由实趋华,而史才则有高下也。《史通·烦省》篇谓:"魏、晋以还,烦言弥甚。"《模拟》篇谓:"自魏以前,多效二史,从晋已降,喜学五经。"又谓:"编字不只,捶句必双。"均足为晋人史传定评。

《文心雕龙·诸子》篇:两汉以后,体势漫弱,虽明乎坦途,而类多依采。

案:晋人所撰子书,文体亦异。其以繁缛擅长者,则有葛洪《抱朴子·外篇》;其质实近于魏人者,则有傅玄《傅子》及袁准《正论》。自是以外,若陆云、著《陆云新书》。杨泉、著《物理论》。杜夷、著《幽求子》。华谭、孙绰、谭作《新论》。绰作《孙子》。苏彦,著有《苏子》。均著子书。然隋、唐以下,存者仅矣。

又案:晋人论文之作,以陆机之赋为最先,观其所举文体,惟举赋、诗、碑、诔、铭、箴、颂、论、奏、说，不及传、状之属，是即文、笔之分也。又，陆云《答兄平原书》，多论文之作，于文章得失，诠及细微；其于前哲，则伯喈、仲宣之作，多所诠评；其于时贤，则张华、成公绥、崔君苗之文，并多评核。二陆工文，于斯可验。自是以外，其论及文体正变及各体源流者，晋人撰作，亦多可采：如傅玄《七谟序》、《连珠序》，推论二体之起源，旁及汉、魏作者之得失，均见《艺文类聚》引。皇甫谧《三都赋序》、《文选》。左思《三都赋序》、《文选》。卫权《三都赋略解序》、刘逵《蜀都吴都赋注序》，并见《晋书·思传》。推论赋体之起源，与汉儒"铺陈"之训，宛为符合。又，郭象文《碑铭论》，今不传。其著为一书者，则有挚虞《文章流别论》二卷，今群书所引尚十余则，见严辑《全晋文》。于诗、赋、箴、铭、哀、词、颂、七、杂文之属，溯其起源，考其正变，以明古今各体之异同，于诸家撰作之得失，亦多评品，集古今论文之大成。又，李充《翰林论》五十四卷，今群书所引亦仅七则，见《全晋文》。大抵于各体之文，均举佳篇为式。彦和论文，多所依据，亦评论文学之专书。汇而观之，足知晋代名贤于文章各体研核至精，固非后世所能及也。

第五课　宋齐梁陈文学概略

中国文学,至两汉、魏、晋而大盛,然斯时文学,未尝别为一科,故史书亦无"文苑传"。故儒生学士,莫不工文。其以文学特立一科者,自刘宋始。考之史籍,则宋文帝时,于儒学、玄学、史学三馆外,别立文学馆,《宋书》本纪。使司徒参军谢元掌之。《南史·雷次宗传》。明帝立总明观,分儒、道、文、史、阴阳为五部,《宋书》本纪。此均文学别于众学之征也。故《南史》各传,恒以"文史"、"文义"并词,而"文章志"诸书,亦以当时为最盛。《文章志》始于挚虞,嗣则傅亮著《续文章志》,宋明帝撰《江左文章志》,沈约作《宋世文章志》,均见《隋书·经籍志》。今遗文时见群书所引。更即簿录之学言之:晋荀勖因魏《中经》区书目为四部,其丁部之中,诗、赋、图赞,仍与汲冢书并列;自齐王俭撰《七志》,始立"文翰"之名;梁阮孝绪撰《七录》,易称"文集",《七录序》云:"王以诗赋之名,不兼余制,故改为文翰。窃以顷世文词,总谓之集,变翰为集,于名尤显。故序'文集录'为内篇第四。"而"文集录"中,又区《楚辞》、别集、总集、杂文为四部,此亦文学别为一部之证也。

今将由宋迄陈文学,区为三期:一曰宋代,二曰齐、梁,三曰陈代。

甲　宋代文学

《文心雕龙·才略》篇:宋代逸才,辞翰鳞萃。

第五课　宋齐梁陈文学概略

《文心雕龙·通变》篇：宋初讹而新。

《宋书·谢灵运传论》：爰逮宋氏，颜、谢腾声。灵运之兴会飙举，延年之体裁明密，并方轨前秀，垂范后昆。

《文心雕龙·时序》篇：自宋武爱文，文帝彬雅，秉文之德。孝武多才，英采云构。自明帝以下，文理替矣。尔其缙绅之林，霞蔚而飙起：王、袁联宗以龙章，颜、谢重叶以凤采，何、范、张、沈之徒，亦不可胜数也。

《齐书·文学传论》曰：颜、谢并起，乃各擅奇；休、鲍后出，咸亦标世：朱蓝共妍，不相祖述。余见前课。

案：宋代文学之盛，实由在上者之提倡。《南史·临川王义庆传》谓："文帝好文章，自谓人莫能及。"《南史·孝武纪》谓："帝少读书，七行俱下，才藻甚美。"《齐书·王俭传》亦谓："宋武帝好文章，天下悉以文采相尚。"又《宋书·明帝纪》亦谓："帝爱文义，裴子野《雕虫论》谓：'帝才思朗捷。'撰江左以来《文章志》。"均其证也。《前废帝纪》亦谓："帝颇有文才，自造《孝武诔》及杂篇章，往往有辞采。"故一时宗室，自南平王休铄外，《宋书·铄传》："有文才，未弱冠，拟古三十余首，时人以为迹亚陆机。"若建平王弘、卢陵王爱真、江夏王义恭等，并爱文义。见《宋书》及《南史》本传。又据《宋书·临川王义庆传》谓："其爱好文义，才学之士，远近必至。袁淑文冠当时，引为卫军谘议；其余吴郡陆展、东海何长瑜、鲍照等，并有辞章之美，引为佐吏国臣。"其《始兴王濬传》亦谓："濬好文籍，与建平王弘、侍中王僧绰、中书郎蔡兴宗等，并以文义往复。"又《建平王景素弘之子。传》云："景素好文章，招集才义之士，以收名誉。"此均宋代文学兴盛之由也。

又案：晋、宋之际，若谢混、陶潜、汤惠休之诗，均自成派。至于宋代，其诗文尤为当时所重者，则为颜延之、谢灵运。《宋书·灵运传》云："文章之美，与颜延之为江左第一；纵横俊发，过于延之，深密则不如也；所著文章传于世。"又，《南史·延之传》云："字延年，文章冠绝当时。"又云："延之与谢灵运俱以辞采齐名，而迟速悬绝。延之尝问鲍照，己与灵运优劣。照曰：'谢五言如初发芙蓉，自然可爱；君诗若铺锦列绣，亦雕缋满眼。'斯时议者，以延之、灵运，自潘岳、陆机之后，文士莫及；江右称潘、陆，江左称颜、谢焉。"颜、谢而外，文人辈出，案：晋、宋之际，人才最盛。然当时人士，如孔淳之、臧寿、雷次宗、徐广，裴松之均通经史，宗少文、周续之、戴颙综达儒玄，不仅以文章著。以傅亮，《宋书·颜延之传》："傅亮自以文义一时莫及。"又《宋书》："傅亮，字季友，博涉经史，尤善文辞。武帝受命，表策文诰，皆亮辞也。"范晔，《宋书·范泰传》："好为文章，文集传于世。子晔，字蔚宗，善为文章，为《后汉书》；其《与甥侄书》，谓诸序论不减《过秦》，非但不愧班氏，赞无一字空设，奇变不穷。"袁淑，《宋书·淑传》："字阳源，文采遒逸，纵横有才辩，文集传于世。子觊，好学美才。"又《南史·临川王义庆传》亦谓："太尉袁淑，文冠当时。"谢瞻，《宋书·瞻传》："字宣远，六岁能属文，文章之美，与从叔混、族弟灵运相抗。"又，《谢密传》云："瞻等才词辩富。"谢惠连、《宋书·惠连传》："十岁能属文。灵运见其新文，每叹曰：'张华重生，不能易也。'文章并传于世。"谢庄，《宋书·庄传》："字希逸，七岁能属文。袁淑叹曰：'江东无我，卿当独步。'著文章四百余首行于世。"又，《殷淑仪传》谓："谢庄作哀策文奏之。帝流涕曰：'不谓当今复有此才。'都下传写，纸墨为之贵。"鲍照《南史·临川王义庆传》云："照字明远，文辞赡逸，尝为古乐府，文甚遒丽。元嘉中，为《河清颂》，其叙甚工。"《史通·人物》篇亦谓："鲍照文学宗府，驰名海内，方之汉代，褒、朔之流。"为尤工。谢庄、鲍照诗文，尤为后世所祖述，次则傅亮诸人。若陆展、何长瑜，《宋书·谢灵运传》："东海何长瑜，才亚惠连。"何承天，《南史·承天传》："所纂文及文集，并传于世。"何尚之、《宋书·尚之传》："爱尚文义，老而不休。"沈怀文，《宋书·

怀文传》:"少好玄理,善为文,集传于世。弟怀远,颇娴文笔。"王诞、《宋书·诞传》:"少有才藻。"王僧达、《宋书》本传云:"少好学,善属文。"王微、《宋书·微传》:"字景玄,少善属文,为文多古言,所著文集传于世。"张敷、《宋书·敷传》:"好读玄言,兼属文论。"王韶之、王淮之、《宋书·韶之传》:"博学有文辞。宋武帝使领西省事,凡诸诏,皆其词也。"又云:"宋庙歌词,韶之所制也。文集行于世。"又《王淮之传》云:"赡于文词。"殷淳、殷冲、殷淡、《宋书·淳传》:"爱好文义,未尝违舍。弟冲,有学义文辞。冲弟淡,大明世以文章见知。"江智深、《宋书》本传:"爱好文雅,辞采清赡。"颜竣、颜测、《南史·颜延之传》:"延之曰:'竣得臣笔,测得臣文。'"释慧琳、《南史·颜延之传》:"时沙门释慧琳,以才学为文帝所赏。"亦其次也。

又案:宋代臣僚,若谢晦、《宋书》本传称:"晦涉猎义文,时人以方杨德祖。"蔡兴宗、《宋书》本传:"文集传于世。"张永、《宋书》本传:"能为文章。"江湛、《宋书·湛传》:"爱文义。"孔琳之、《宋书·琳之传》:"少好文义。"萧惠开、《宋书》本传云:"涉猎文史。"袁粲、《宋书》本传:"有清才,著《妙德先生传》。"刘勔、《宋书》本传:"兼好文义。"亦有文学。自是而外,别有鲍令晖,工诗。荀伯子《宋书》本传:"少好学,文集传世。"孔宁之、《宋书·王华传》:"会稽孔宁之,为文帝参军,以文义见赏。"谢恂、《宋书·恂传》:"少与族兄庄齐名。"荀雍、羊璿之、《宋书·谢灵运传》:"与族弟惠连、东海何长瑜、颍川荀雍、太山羊璿之以文章赏会。长瑜才亚惠连,雍、璿之不及也。"苏宝、《南史·王僧达传》:"时有苏宝者,生本寒门,有文义之美。"王昙生、《宋书·王弘之传》:"子昙生好文义。"顾愿、《宋书·顾恺之传》:"弟子愿,好学有才词。"江邃之、《南史·江秉之传》:"宗人邃之,有文义,撰《文释》传于世。"袁炳、《齐书·王智深传》:"陈郡袁炳,有文学,为袁粲所知。"卞铄、《南史·文学传》:"铄为袁粲主簿,好诗赋。"吴迈远、《南史·文学传》:"迈远好为篇章。"王素《南史·素传》:"著《弦赋》自况。"诸人。又《南史·宋武穆裴皇后传》:"妇人吴郡韩兰英,有文辞,宋孝武时,献《中兴赋》。"附志于此。此可证宋代文学之盛矣。

乙 齐梁文学

《文心雕龙·时序》篇:暨皇齐驭宝,运集休明。太祖以圣武膺箓,高祖即武帝。以睿文纂业,文帝即文惠太子。以贰离含章,中宗即明帝。以上哲兴运,并文明自天,缉熙景祚。今圣历方兴,文思充被;海岳降神,才英秀发;驭飞龙于天衢,驾骐骥于万里;经典礼章,跨周轹汉;唐、虞之文,其鼎盛乎!

《南史·文学传序》云:自中原沸腾,五马南渡,缀文之士,无乏于时。降及梁朝,其流弥甚。盖由时主儒雅,笃好文章,故才秀之士,焕乎俱集。

《梁书·文学传序》曰:高祖旁求儒雅,文学之盛,焕乎俱集:其在位者,则沈约、江淹、任昉,并以文采妙绝当时;若彭城刘溉、吴兴邱迟、东海王僧孺、吴郡张率等,皆后来之秀也。又《隋书·文学传序》云:"太和、天保之间,洛阳、江左文学尤盛。于时作者江淹、任昉、沈约、温子昇、邢子才、魏伯起等,并学穷书囿,思极人文,英华秀发,波澜浩荡。"亦与此序互明。

《南史·梁武帝本纪论》曰:自江左以来,年逾二百,文物之盛,独美于兹。魏征《梁论》亦谓:"魏、晋以来,未有若斯之盛。"

《文心雕龙·明诗》篇:俪采百字之偶,争价一句之奇;情必极貌以写物,辞必穷力而追新:此近世之所竞也。江淹《杂拟诗》自序曰:"五言之兴,谅非变古。但关西邺下,既以罕同;河外江南,颇为异语。"亦齐、梁之诗与古不同之证。

《文心雕龙·通变》篇：今才颖之士，刻意学文，多略汉篇，师范宋集，虽古今备阅，亦近附而远疏矣。《情采》篇所云："后之作者，采滥忽真，远弃风雅，近师词赋，故体情之制日疏，逐文之篇愈甚。"亦兼晐魏、晋、宋及齐言。

《文心雕龙·指瑕》篇：近代词人，率多猜忌，至乃比语求蚩，反音取瑕。

《文心雕龙·总术》篇：凡精虑造文，各竞新丽，多欲练辞，莫肯研术。即《风骨》篇所谓"文术多门，明者弗授，学者弗师，习华随侈，流遁忘反"也。

《南齐书·张融传》：融为《门律自序》曰：中代之文，道体阙变，尺寸相资，弥缝旧物。又谓："文岂有常体，但以有体为常。"《南齐书·文学传论》：今之文章，作者虽众，总而为论，略有三体：一则启心闲绎，托辞华旷，虽存巧绮，终致迂回，宜登公宴，本非准的，而疎慢阐缓，膏肓之病，典正可采，酷不入情；此体之源，出灵运而成也。次则缉事比类，非对不发，博物可嘉，职成拘制；或全借古语，用申今情，崎岖牵引，直为偶说，唯睹事例，顿失精采；此则傅咸《五经》、应璩《指事》，虽不全似，可以类从。次则发唱惊挺，操调险急，雕藻淫艳，倾炫心魂，亦犹五色之有红紫，八音之有郑卫；斯鲍照之遗烈也。三体之外，请试妄谈：若夫委自天机，参之史传，应思悱来，勿先构聚，言尚易了，文憎过意，吐石含金，滋润婉切，杂以风谣，轻唇利吻，不雅不俗，独申胸怀；轮扁斫轮，言之未尽，文人谈士，罕或兼工；非唯识有不周，道实相妨，谈家所习，理胜其辞，就此求文，终然翳夺，故兼之者鲜矣。

梁简文帝《与湘东王书》：比见京师文体，懦钝殊常，竞学浮疎，争事阐缓；玄冬修夜，思所不得；既殊比兴，正背风骚。若夫六典三礼，所施则有地；吉凶嘉宾，用之则有所。未闻吟咏情性，反拟《内则》之篇；操笔写志，更摹《酒诰》之作；"迟迟春日"，翻学《归藏》；"湛湛江水",遂同《大传》。吾既拙于为文,不敢轻有掎撼。但以当世之作,历方古之才人,远则扬、马、曹、王,近则潘、陆、颜、谢,而观其遣辞用心,了不相似。若以今文为是,则古文为非;若以昔贤可称,则今体宜弃;俱为盉各,则未之敢许。又时有效谢康乐、裴鸿胪文者,亦颇有惑焉。何者?谢客吐言天拔,出于自然;时有不拘,是其糟粕。裴氏乃是良史之才,了无篇什之美。是为学谢,则不屈其精华,但得其冗长;师裴,则蔑绝其所长,惟得其所短。谢故巧不可阶,裴亦质不宜慕。故胸驰臆断之侣,好名忘实之类,方分肉于仁兽,逞郤克于邯郸,入鲍忘臭,效尤致祸。决羽谢生,岂三千之可及?伏膺裴氏,惧两唐之不传。故玉徽金铣,反为拙目所嗤;《巴人》、《下里》,更合郢中之听。《阳春》高而不和,妙声绝而不寻。竟不精讨锱铢,核量文质;有异巧心,终愧妍手。是以握瑜怀玉之士,瞻郑邦而知退;章甫翠履之人,望闽乡而叹息。诗既如此,笔又如之。徒以烟墨不言,受其驱染;纸札无情,任其摇曳。甚矣哉,文之横流,一至于此! 裴鸿胪即裴子野。

　　姚铉《唐文粹自序》曰:至于魏、晋,文风下衰;宋、齐以降,益以滋薄。然其间鼓曹、刘之气焰,耸潘、陆之风格,舒颜、谢之清丽,蔼何、刘之婉雅,虽风兴或缺,而篇翰可观。案:铉说简约,故附录于此。

　　案:齐、梁文学之盛,虽承晋、宋之绪余,亦由在上者之提倡。据《齐书·高帝纪》谓:"帝博学善属文。",《南史》本纪谓:"帝所著文诏,中书侍郎江淹撰次之。"故高帝诸子,若鄱阳王锵好文章,江夏王锋能属文,并见《齐书》、《南史》,非惟豫章王嶷工表启、武陵王晔工诗已也。《齐书·晔传》:"好文章,与诸王共作短句,诗学谢灵运体。"嗣则文惠太子、竟陵王子良、《南史·太子传》云:"文武士多所招集,虞炎、范岫、周颙、袁廓,并以学行才能应对左右。"《梁书·范岫传》云:"文惠在东宫,沈约之徒,以文才见引。"又,《齐书·子良传》云:"礼才好士,天下才学,皆游集焉。士子文章,及朝贵辞翰,皆发教撰录。所著内外文笔数十卷。"又,《梁书·武帝纪》谓:"齐竟陵王开西邸,招文学。帝与沈约、谢朓、王融、萧琛、范云、任昉、陆倕等并游,号曰八友。"沈约、范云各传并同。又,《南史·刘绘传》云:"永明末,都下人士,盛为文章谈义,皆凑竟陵西邸。"又,《王僧孺传》云:"子良开西邸,招文学,僧孺与虞羲、丘国宾、萧文琰、丘令楷、江洪、刘季孙,并以善辞藻游焉。"衡阳王钧、《南史·钧传》:"善属文,与琅邪王智深以文章相会,齐阳江淹亦游焉。"随王子隆,《齐书·子隆传》:"有文才。武帝以为'我家东阿'。文集行于世。"又《谢朓传》云:"为子隆镇西文学。子隆好辞赋,朓尤被赏。"均爱好文学,招集文士。又开国之初,王俭之伦,亦以文章提倡。详任昉《王文宪集序》及《齐书》各传。故宗室多才,《梁书·萧几传》:"年十岁,能属文,十五撰《杨公则诔》。子为,亦有文才。"又《齐书·萧颖胄传》云:"好文义。"均其证也。而庶姓之中,亦人文蔚起。梁承齐绪,武帝尤崇文学。《南史》本纪谓:"帝博学多通,及登宝位,躬制赞、序、诏、诰、铭、诔、箴、颂、笺、奏诸文百二十卷。"又《文学传序》云:"武帝每次所临幸,辄命群臣赋诗,其文之善者,赐以金帛。是以缙绅之士,咸知自励。"又《袁峻传》:"武帝雅好词赋,时献文章为南阙者相望焉。"《王筠传》亦云:"敕撰中书表奏三十卷,及所上赋颂,都为一集。"嗣则昭明太子、简文帝、元帝,并以文学著闻,《梁书·昭明太子传》:"每游宴祖道,赋诗至十数韵;或命作剧韵,皆属思便成。所著文集二十卷,又撰古今典诰文言为《正序》十卷,五言诗之善者为《文章英华》二十卷,《文选》三十卷。"又《南史·简文纪》谓:"帝六岁能文,及长,辞藻艳发,雅好赋诗。其自序云:'七岁有诗①,长而不倦。'所著文集一百卷行世。"又《元帝纪》谓:"帝天才英发,出言为论,军书羽檄,文章诏诰,点毫便就。著《词林》三卷,文集五十卷。世子

---

① 今《南史》作"七岁有诗癖",原文疑缺字。——校者注

方等有俊才,撰《三十国春秋》。"而昭明、简文,均以文章为天下倡,《梁书·昭明传》:"引纳才学之士,赏爱无倦,或与学士商榷古今,继以文章著述。于时名才并集,文学之盛,晋、宋以来所未有也。"又《王锡传》云:"武帝敕锡与张缵入宫与太子游宴,又敕陆倕、张率、谢举、王规、王筠、刘孝绰、到洽、张缅为学士十人。"《刘孝绰传》云:"昭明好士爱人,孝绰与殷芸、陆倕、王筠、到洽等同见礼。"此昭明重文之证。又《南史·简文纪》云:"及居监抚,弘纳文学之士。"《庾肩吾传》云:"简文开文德省置学士,肩吾子信、徐摛子陵、吴郡张长公、北地傅弘、东海鲍至等充其选。"此简文重文士之征。此即《南史·梁纪》所谓"文物之盛,独美于兹"也。《雕龙》所云:"唐、虞之文,其鼎盛乎。"亦与《南史》之说相合。故武帝诸子能文者,有豫章王综、《梁书·综传》:"有才学,善属文。"邵陵王纶、《梁书·纶传》:"博学,善属文,尤工尺牍。"武陵王纪;《梁书·纪传》:"有文才。"其诸孙能文者,有后梁主詧、《周书·詧传》:"好文义,所著文集十五卷。子世宗岿有文学,文集行世。后主琮,博学有文义。"南康王会理、建安县侯义理、并南康王绩子。《梁书·会理传》:"少好文史。弟义理,有文才,尝祭孔文举墓,并为立碑,制文甚美。"寻阳王大心、南郡王大连、乐良王大圜;并简文子。《梁书》大心、大连传并云:"能属文。"《周书·大圜传》:"有文集。"其宗室能文者,则有长沙王业、《梁书·业传》:"文集行于世。子孝俨,献《相风鸟》、《华光殿》、《景阳山》等颂,其文甚美。孙南安侯骏,工文章。"安成王秀、《南史·秀传》:"精意学术。子机,所著诗赋数千言,元帝集而序之。机弟推,好属文,深为简文所亲赏。"南平王伟、《梁书·伟传》:"制《性情》、《几神》等论。"鄱阳王范、《南史·范传》:"招集文才,率意题章,时有奇致。弟谘,十一能属文。"上黄侯晔,《南史·晔传》:"献《储德颂》。"而安成、南平二王,尤好文士。《南史·秀传》:"尤好人物,招刘孝标使撰《类苑》。当时高才游王门者:东海王僧孺、吴郡陆倕、彭城刘孝绰、河东裴子野。"又《伟传》云:"四方游士,当时知名者,莫不毕至。"任昉之流,亦为当时文士所归。《南史·陆倕传》云:"昉为中丞,预其宴者:殷芸、到溉、刘苞、刘孺、刘显、刘孝绰及陆倕而已,号曰龙门聚。"《南史·到溉传》:"任昉为御史中丞,后进皆宗之。时有彭城刘孝绰、刘苞、刘孺,吴郡陆倕、张率,陈郡殷芸,沛国刘显及溉、洽,车轨日至,号曰兰台聚。"《昉传》亦谓:"昉好交结,奖进士友。"此亦梁代文学兴盛之由也。

又案:宋、齐之际,亦中古文学兴盛之时。齐初,臣僚如褚渊、王僧虔《齐书·僧虔传》:"与袁淑、谢庄善,淑叹为文情鸿丽。"之流,虽精文学,又《齐书·崔元祖传》云:"善属文。"《沈文季传》云:"爱好文章。"亦其证。然集其大成者,惟王俭。《齐书·俭传》:"字仲宝,甚闲辞翰。大典将行,礼仪诏策,皆出于俭。"又云:"手笔典裁,为当时所重。文集行于世。"任昉有《王文宪集序》。自嗣而降,文士辈出,据《齐书》各传,如刘绘诸人,均以文义擅盛一时。周显诸人,尤精谈议,不仅以文学名。至若臧荣绪、沈骥士、陆澄、刘瓛、刘琎、明僧绍、刘虬、关康之诸人,兼通经业,所长不仅文章;然《齐书》瓛等各传,并云"有文集行世"。嗣则崔慰祖、贾希镜、祖冲之,亦不仅以文章名。其兼工诗文者,厥唯王融、《齐书·融传》:"字元长,博涉,有文才。武帝使为《曲水诗序》,当时称之。文辞捷速,有所造,援笔立就。"又云:"融文行于世。"又《南史·任昉传》:"王融有才俊,自谓无对。" 谢朓。《南史·朓传》:"字玄晖,文章清丽,长五言诗。沈约常云:'二百年来无此诗也。'敬皇后迁祔山陵,朓撰哀策文,齐世莫有及者。"锺氏《诗品》亦谓:"朓奇章秀句,往往惊遒,足使叔源失步,明远变色。"齐、梁之际,则沈约、范云、江淹、邱迟并工诗文,《南史·约传》:"字休文,善属文。时谢玄晖善为诗,任彦昇工于笔,约兼而有之,然不能过。著《文章志》三十卷,文集一百卷。"又《范云传》:"字彦龙,善属文,下笔辄成,有集三十卷。"又《江淹传》:"字文通,留情文章。齐高帝让九锡及诸章表,皆淹制也。少以文章显,晚节才思微退。凡所著述,自撰为前后集。"又《邱迟传》:"字希范,八岁属文,辞采丽逸,劝进梁王及殊礼,皆迟文也。帝作连珠诏,群臣继作者数十人,迟文最美。"又据锺嵘《诗品》谓:"休文五言最优,辞密于范,意浅于江。"又谓:"范云婉转清便,如流风回雪;邱迟点缀映媚,似落花依草。"任昉尤长载笔。《南史·昉传》:"字彦昇,八岁能属文。王俭每见其文,以为当时无辈。王融见其文,悦然自失。"又云:"昉尤长载笔,颇慕傅亮,才思无穷。当时王公表奏,莫不请焉,起草即成。沈约深所推挹。梁台建禅让文诰,多昉所具。所著文章数十万言,盛行于世。王僧孺谓过董生、杨子。"嗣则刘孝绰、《梁书·孝绰传》:"七岁能属文。王融深赏异之。任昉尤相赏好。梁武览其文,篇篇称赏,由是朝野改观。"又云:"孝绰辞藻,为后进所宗。时重其文,每作一篇,朝成暮遍,好事者咸传诵写,流闻河朔,亭苑挂壁,莫不题之。文集数十万言行于世。子谅,有文才。"刘峻、《梁书·峻传》:"字孝标,文藻秀出,为《山栖志》,文甚美。"裴子野、《梁书·子野传》:"字几原,善属文,武帝诸符檄皆令具草。"又云:"为文典而速,不尚靡丽,制多法古,与今文体异。当时或有诋诃者,及其末,翕然重之。文集二十卷行于世。"王筠、《梁书·筠传》:"字元礼,七岁能属文,十四为《芍药赋》,其辞甚美。又能用强韵,每公宴并作,辞必妍靡。沈约谓王志曰:'贤弟子文章之美,可谓后来独步。'自撰文章,以一官为一集,凡百卷,行于世。"陆倕、《南史·陆慧晓传》:"三子僚、任、倕,并有美名,时人谓之三陆。倕字佐公,善属文。武帝雅爱倕文,敕撰《新漏刻铭》、《石阙铭》。"其诗文均为当时所法。其尤以诗名者,则柳恽、吴均、《梁书·柳恽传》:"字文畅,著《述先颂》,文甚哀丽。少工篇什,王融见而嗟赏。和武帝《登景阳楼》篇,深见赏美,当时咸相称传。"又《吴均传》:"字叔庠,有俊才。沈约见均文,颇相称赏。柳恽为吴兴,召补主簿,日引与赋诗。均文体清拔,有古气,好事者或效之,谓为吴均体。著文集二十卷。"何逊《梁书·逊传》:"字仲言,八岁能赋诗。范云称为'含清浊,中古今'。梁元帝论之云:'诗多而能者沈约,少而能者谢朓,何逊。'文八卷。"是也。

又案:宋、齐之际,有丘灵鞠、檀超、丘巨源、《南史·文学传》:"丘灵鞠,善属文,宋时文名甚盛,著《江左文章录》,文集行世。""檀超,少好文学。""丘巨源,有笔翰。"张融、《齐书·融传》:"字思光,至交州作《海赋》,文辞诡激,独与众异。为《门律自序》曰:'吾文章之体,多为世人所惊。'又戒其子曰:'吾文体屡变,变而屡奇。'文集数十卷行世。"谢超宗,《南史》:"凤子超宗,有文辞。宋殷淑仪卒,作诔奏之,帝大嗟赏。齐撰郊庙歌,作者十人,超宗辞独见用。"孔珪、《齐书·珪传》:"好文咏。高帝使与江淹对掌辞笔。"卞彬,《南史·文学传》:"卞彬险拔有才,著《蚤》、《虱》等赋,文章传于闾巷。"顾欢,《南史·欢传》:"字景怡,六七岁作《黄雀赋》。善于著论,作《正名论》、《华夏论》。梁武帝诏欢诸子,撰欢文议三十卷。"均以文学擅名。若虞愿,《南史·愿传》:"撰《会稽记》,文翰数十篇。"苏侃,《南史·侃传》载所作《塞客吟》。江斆,《齐书》本传:"斆好文辞。"袁彖,《南史·彖传》:"善属文及谈玄。"刘祥,《南史·祥传》:"少好文学,著连珠十五首寄怀。"谢颢、谢㴉,《南史·谢庄传》:"子颢,守豫章,免官,诣齐高帝自占谢,言辞清丽。弟㴉,齐帝起禅灵寺,敕为碑文。"王僧佑,《南史》本传:"齐孝武时献《讲武赋》。"王摛,《南史·摛传》:"王俭示以隶事,操笔便成,文章既异,辞亦华美。"檀道鸾,《南史·檀超传》:"叔父道鸾,有文学。"亦其次也。齐则陆厥、《梁书·厥传》:"字韩卿,善文章,文集行于世。"虞炎、《齐书·陆厥传》:"会稽虞炎,永明中以文学与沈约俱为文惠太子所遇。"王智深、《齐书·智深传》:"字云才,少从谢超宗学属文,成《宋书》三十卷。"虞羲,《文选注》引《虞羲集序》:"羲字子阳,七岁能属文。"并以文著。若孔广、孔逭、《南史·文学传》:"会稽孔广、孔逭,皆才学知名。逭有才藻,制《东都赋》,于时才士称之。"诸葛勔、《南史·文学传》;"琅琊诸葛勔作《云中赋》。"袁嘏、高爽,《南史·文学传》:"又有陈郡袁嘏,自重其文。广陵高爽,博学多才,作《镂鱼赋》,其才甚工。"庾铣,《齐书·王智深传》:"颍川庾铣,善属文,见赏豫章王。"孔颛,《齐书·谢朓传》:"会稽孔颛,粗有才笔。"王斌、《南史·陆厥传》:"时有王斌者,初为道人,雅有才辩,善属文。"丘国宾、丘令楷、萧文琰、江洪,并见《南史·王僧孺传》。《吴均传》亦谓洪工属文。亦其次也。齐、梁之际,则王僧孺、《梁书·王僧孺传》:"工属文,多识古事。其文丽逸,多用新事,人所未见者,时重其富博。文集三十卷。"萧子恪、萧子范、萧子显、萧子云,《南史·子恪传》:"字景冲,十二和竟陵王《高松赋》,王俭见而奇之。颇属文,随弃其本,故不传文集。弟子范,字景则,南平王使制《千字文》,其词甚美,府中文笔,皆使具草。简文葬后,使制哀策,文理哀切。前后文集三十卷。子显,字景阳,工属文。著《鸿序赋》,沈约称为《幽通》之流,启撰《齐书》。武帝雅爱其才。尝为自序,略谓:'颇好辞藻,屡上歌颂,每有制作,特广思功,须其自来,不以力构。'文集二十卷,子云,字景乔,勤学有文藻,弱冠撰《晋书》。"陶弘景,《南史》:"陶弘景,字通明,著《学苑》等书。"案:今传弘景集二卷。江革,《梁书·革传》:"字休映,六岁解属文。王融、谢朓雅相敬重,竟陵王引为西邸学士。有集二十卷行世。"徐勉,《梁书·勉传》:"六岁率尔为文,见称耆宿。长好学,善属文。凡所作前后二集,十五卷。"范缜,《南史·缜传》:"字子真,作《伤暮诗》《神灭论》,文集十五卷。"周舍,《南史·舍传》:"字升逸,博学,精义理,文二十卷。"王巾,《文选》注引《姓氏英贤录》:"巾字简栖,为《头陀寺碑》,文词巧丽,为世所重。"柳恽,《梁书·恽传》:"字文通,工制文,尤晓音律。齐武帝称其属文遒丽。著《仁政传》及诸诗赋。"袁峻,《南史·峻传》:"字孝高,工文辞,拟扬雄《官箴》奏之,奉敕与陆倕各制《新阙铭》。"锺嵘,《南史·嵘传》:"字仲伟,与兄屺并好学。衡阳王令作《瑞室颂》,辞甚典丽。"又云:"嵘品古今诗。"刘勰,《南史·勰传》:"字彦和,撰《文心雕龙》五十篇,论古今文体。为文长于佛理,都下寺塔及名僧碑志,必请制文。"谢朏,《南史·朏传》:"字敬冲,谢庄子。十岁能属文。有文章行于世。"刘苞、刘孺、刘遵、《南史·刘苞传》:"字孟尝,少能属文,受诏咏《天泉池荷》及《采菱调》,下笔即成。"又《刘孺传》:"字孝稚,七岁能属文。沈约与赋诗,大为嗟赏。少好文章,性又敏速,受诏为《李赋》,文不加点。文集二十卷。弟遵,工属文,皇太子令称为辞章博赡,玄黄成采。"刘昭,《梁书·昭传》:"字宣卿,善属文,江淹早相称赏。集注《后汉》百八十卷,文集十卷。"周兴嗣,《梁书·兴嗣传》:"字思纂,善属文。天监初,献《休平赋》,文甚美。武帝敕与陆倕各制《光宅寺碑》,帝用兴嗣所制;自是《铜表铭》、《栅塘碣》、《北伐檄》、《次韵王羲之书千字》,并使兴嗣为文。文集十卷。"王籍,《南史·籍传》:"字文海,为诗慕谢灵运,至其合也,殆无愧色。湘东王集其文为十卷。"并工文章。案:齐、梁之际,若伏曼容、何佟之、贺玚、傅昭、何点、何胤、刘显、阮孝绪,均博于学术;张绪、张充、明山宾、庾洗,兼综儒玄,不仅以文学名,然其文亦均可观。若范岫、《南史·岫传》:"文集行世。"裴邃、《梁书·邃传》:"十岁能属文。"袁昂、《南史·昂传》:"有集三十卷。"谢几卿、《南史·谢超宗传》:"子几卿,博学有文采,文集行于世。"王泰、《南史·泰传》:"每预朝宴,刻烛赋诗,文不加点。"孔休源、《南史·休源传》:"与王融友善,为竟陵王西邸学士。凡奏议弹文,勒成十五卷。"王彬、《南史·彬传》:"好文章。齐武帝起旧宫,彬献赋,文辞典丽。"顾宪之、《南史》本传:"所著诗赋铭赞并《衡阳记》,数十篇。"沈颙、《南史》本传:"著文章数十篇。"诸葛璩、《南史·璩传》:"所著文章二十卷,门人刘瞰集而录之。"范述曾《南史·述曾传》:"著杂诗赋数十篇。"之流,亦其次也。梁则刘潜、《南史·潜传》:"字孝仪,工属文,敕制《雍州平等寺金像碑》,文甚弘丽。文集二十卷行世。弟孝威,大同中上《白雀颂》,甚美。"伏挺、《南史·挺传》:"长有才思,为五言诗,善效谢康乐体,任昉深加叹异。文集二十卷。"谢蔺、《南史·蔺传》:"字希如,献《甘露颂》,武帝嘉之,使制《萧楷德政碑》、《宣城王奉述中庸颂》。所制诗赋碑铭数十篇。"萧洽、《梁书·洽传》:"博涉,善属文。敕撰《当涂庙碑》,辞甚赡丽。文集二十卷行于世。"刘之遴、《梁书·之遴传》:"字思贞,八岁能属文,沈约、任昉异之。前后文集五十卷。"刘杳、《梁书·杳传》:"字士深,博综群书。沈约叹美其文。著《林庭赋》,王僧孺叹曰:'《郊居》以后,无复此作。'文集十五卷。"张率、《梁书·率传》:"字士简,十二能属文,日限为诗一篇。稍进,作赋颂,武帝谓兼马、枚工速。自少属文,《七略》及《艺文志》所载诗赋今无其文者,并补作之。所著《文衡》十五卷,集四十卷。"陆云公、《梁书·云公传》:"字士龙,有才思。制《太伯庙碑》,张缵叹为'今之蔡伯喈'。文集行世。"谢微、《梁书·微传》:"字玄度,善属文,于武德殿赋诗三十韵,二刻便成。又为临汝侯制《放生文》,亦见赏于世。文集二十卷。"萧琛、《梁书·琛传》:"字彦瑜,有才辩,撰诸文集数十万言。又二子密,博学有文词。"谢览、谢举、《梁书·览传》:"字景涤,与王暕为诗赠答,其文甚工。弟举,字言扬,年十四赠沈约诗,为约所赏。文集二十卷。"王规、《梁书·规传》:"字威明,献《太极新殿赋》,其词甚工。于文德殿赋诗五十字,援笔立奏,其文又美。文集二十卷。"到沆、到溉、到洽、《梁书·沆传》:"字茂瀣,善属文。武帝命为诗二百字,三刻便成,其文甚美。所著诗赋百余篇。溉字茂灌,善于应答,有集二十卷。洽字茂沿,有才学,谢朓深相赏好。梁武使与萧琛、任昉赋二十韵诗,以洽辞为工。奉敕撰《太学碑》。文集行世。"张缅、张缵、《梁书·缅传》:"字元长,抄《江左集》未及成。文集五卷。弟缵,字伯绪,好学,为湘州刺史,作《南征赋》。文集二十卷。"徐摛、《梁书·摛传》:"字士秀,属文好为新变,不拘旧体。为太子家令,文体既别,春坊尽学之。"徐悱、徐绲、《梁书·绲传》:"为湘东王参军,辩于辞令,文冠一府,特有轻艳之才,新声巧变,人多讽习。"又《徐勉传》云:"子悱,字敬业,聪敏能属文。悱妻刘孝绰妹,文尤清拔。"何思澄、《南史·思澄传》:"字元静,少工文,为《游庐山诗》,沈约大相称赏,自谓弗逮。傅昭请制《释奠诗》,辞文典丽。文集十五卷。"又云:"思澄与宗人逊及子朗,俱擅文名。子朗早有才思,尝为《败冢赋》,文甚工,行于世。"任孝恭、《南史·孝恭传》:"有才学,敕制《建陵寺刹下铭》,又启撰《武帝集序》,文并富丽,自是专掌公家笔翰。孝恭为文,敏速若不留思,每奏称善。文集行于世。"纪少瑜、《南史·少瑜传》:"字幼玚,十三能属文。王僧孺见而赏之曰:'此子才藻秀拔,方有高名。'"庾肩吾、《南史·肩吾传》:"字慎之,八岁能赋诗,辞采甚美。"刘珏、《南史》:"珏字仲宝,善辞翰,随湘东王在藩,当时文檄,皆其所为。"颜协、《南史·协传》:"字子和,文集二十卷,遇火湮灭。"鲍泉、《南史·泉传》:"字润岳,兼有文笔。元帝谓:'我文之外,无出卿者。'"蔡大宝,《周书·大宝传》:"善属文,文词赡速,督之章表书记教令册诏,并大宝专掌之。著文集三十卷。"并擅文词。梁代士人,无不工文,而文人亦均博学,故有文名为学所掩者,如贺琛、殷芸、严植之、崔灵思、沈峻、孔子祛、皇侃之流是也。然览其遗文,均有可观。又以《南史》各传考之,如《顾协传》:"文集十卷行于世。"《朱异传》:"文集百余篇。"《许懋传》:"有集十五卷。"《司马䌹传》:"庾肩吾集其文为十卷。"协等诸人,亦不仅以文章著。若萧子晖、萧滂、萧确、萧序恺、《南史》:"萧子云弟子晖,有文才。"又云:"子范子滂、确,并有文才。"又云:"子显子序恺,简文《与湘东王令》,称为才子。"萧贲、《南史·萧同传》:"弟贲,有文才。"萧介、《梁书·介传》:"武帝置酒赋诗,介染翰便成,文不加点。"臧严、《南史·严传》:"幼作屯游赋七章,辞并典丽。文集十卷。"谢侨、《南史·侨传》:"集十卷。"王承、王训、《南史·承传》:"以文学相尚。弟训,文章为后进领袖。"庾仲容、《南史》本传:"文集二十卷行于世。"江蒨、《南史·蒨传》:"文集十五卷。"江禄、《南史·禄传》:"有文章。"刘毂、《南史·毂传》:"善辞翰。"刘沼、《南史·沼传》:"善属文。"刘霁、《南史·霁传》:"文集十卷。"刘歊、《南史·歊传》:"博学有文才,著《笃终论》。"陆罩、《南史·罩传》:"善属文,撰《简文帝集序》。"何佣、《南史·何逊传》:"从叔佣,亦以才著闻,著《拍张赋》。"虞骞、孔翁归、江避、《南史·何逊传》:"时有会稽虞骞,工为五言诗,名与逊埒。又有会稽孔翁归,工为诗。济阳江避,博学有思理。并有文集。"罗研、李膺、《梁书·研传》、《膺传》并云:"有才辩,以文达。"吴规、《梁书·张缵传》:"吴兴吴规,颇有才学,邵陵王深相礼遇。"王子云、费昶、《南史·何思澄传》:"太原王子云,江夏费昶,并为闾里才子。昶善乐府,又作鼓吹曲,武帝重之。子云尝为《自吊文》,甚美。"江子一、《南史·子一传》:"辞赋文章数十篇行于世。"刘慧斐、《南史》本传:"能属文。"庾曼倩、《南史·庾洗传》:"子曼倩,所著文章凡九十五章。"傅准,《梁书·傅昭传》:"子准,有文才。"江从简,《南史·江德藻传》:"弟从简,少有文情。"谢侨,《南史·侨传》:"集十卷。"鲍行卿,《南史·鲍泉传》:"时有鲍行卿,好韵语,上《王璧铭》,武帝发诏褒赏。集二十卷。"甄玄成、岑善方、傅准、萧欣、柳信言、范迪、沈君游,准,后梁臣。《周书》云:玄成善属文,有文集二十卷。善方善辞令,著文集十卷。准有文才,善词赋,文集二十卷。欣善属文,与柳信言俱为一代文宗,有集二十卷。迪善属文,有文集十卷。君游有词采,有文集十卷。亦其次也。齐、梁文学之盛,即此可窥。

丙　陈代文学

《陈书·文学传》云:后主雅尚文词,傍求学艺,焕乎俱集。每臣下表疏,及献上赋颂者,躬自省览;其有辞工,则神笔赏激,加其爵位。是以搢绅之徒,咸知自励矣。

《南史·文学传序》:至有陈受命,运接乱离,虽加奖励,而向时之风流息矣。岂金陵之数将终三百年乎?不然,何至是也?案:此说与《陈书》相反。今以《陈书》各纪传考之,则此说实非。盖陈之文学,虽不及梁代之盛,然风流固未尝歇绝也。

　　案:陈代开国之初,承梁季之乱,文学渐衰。然世祖以来,渐崇文学。据《南史·世祖纪》及《陈书·世祖纪论》,并谓崇尚儒术,爱悦文义。后主在东宫,汲引文士,如恐不及,《陈书·姚察传》:"补东宫学士。于时江总、顾野王、陆琼、陆瑜、褚玠、傅缚等,皆以才学之美,晨夕娱侍。"及践帝位,尤尚文章。《陈书·后主纪论》云:"待诏之徒,争趋金马;

稽古之秀,云集石渠。"是其证也。故后妃宗室,莫不竞为文词。《陈书·后主沈皇后传》:"涉猎经史。后主薨,自为哀词,文甚酸切。"《陈书》又谓:"后主以宫人有文学者为女学士。"又谓:"高宗子岳阳王叔慎,后主子吴兴王胤,皆能属文。是时,后主尤爱文章,叔慎与衡阳王伯信、新蔡王伯齐等,每属诏赋诗,恒被嗟赏。"又开国功臣如侯安都、孙玚、徐敬成,均结纳文士。《陈书·侯安都传》:"为五言诗颇清靡。招聚文士褚玠、马枢、阴铿、张正见、徐伯阳、刘珊、孙祖登,或命以诗赋,第其高下。"《孙玚传》"尝于山斋集玄儒之士。"《徐敬成传》:"结交文义之士。"而李爽之流,以文会友,极一时之选。故文学复昌,迄于亡国。《南史·徐伯阳传》:"太建初,与李爽、张正见、贺彻、阮卓、萧诠、王由礼、马枢、孙祖登、贺循、刘删等,为文会友,后有蔡凝、刘助、陈暄、孔范亦与焉,皆一时士也。游宴赋诗,动成卷轴。伯阳为其集序,盛传于世。"然斯时文士,首推徐陵,《陈书·陵传》:"字孝穆,摛子,八岁能属文,自有陈创业,文檄军书及禅授诏策,皆徐陵所制,而《九锡》尤美,为一代文宗。世祖、高宗之世,国家有大手笔,皆陵草之。其文颇变旧体,缉裁巧密,多有新意。每一文出手,好事者已传写成诵,遂被之华夷,家藏其本。存者三十卷。弟孝克,亦善属文,而文不逮。子义、俭,梁元帝叹赏其诗,以为徐氏复有文。俭弟份,九岁为《梦赋》,陵谓:'吾幼属文,亦不加此。'"沈炯,《陈书·炯传》:"字礼明,少有隽才,王僧辩羽檄军书,皆出于炯。上表江陵劝进,其文甚工,当时莫逮。为西魏所虏。魏人爱其文才,尝经行汉武通天台,为表奏陈思归之意,寻获东归。文帝重其文。有集二十卷行世。"《南史》亦曰:"沈炯才思之类,足以继踵前良。"次则顾野王、《陈书·野王传》:"字希冯,九岁能属文,尝制《日赋》朱异见而奇之,以笃学知之。著《玉篇》、《舆地志》等,及文集二十卷。"江总、《陈书·总传》:"字总持,笃学,有辞采。梁武览总诗,深降嗟赏。张缵等深相推重。"又云:"总能属文,于五言七言尤善,然伤于浮艳。文集三十卷行世。子溢,颇有文词。"傅縡、《陈书·縡传》:"字宜事,能属文。为文典丽,性又敏速,虽军国大事,下笔辄成,未尝起草,沉思者亦无以加。有集十卷。"姚察、《陈书·察传》:"字伯审,十二能属文。后主时,敕专知优册谥议等文笔。每有制述,多用新奇,人所未见,咸重富博。所撰寺塔及众僧文章,特为绮密,所著《汉书训纂》等,及文集二十卷行世。"陆琼、《陈书·琼传》:"字伯玉,云公子。六岁为五言诗,颇有词采;长善属文。后主即位,掌诏诰,有集二十卷。子从典,八岁拟沈约《回文砚铭》,便有佳致,十三为《柳赋》,其词甚美。"陆琰、陆瑜、《陈书·琰传》:"字温玉,琼从父弟。世祖使制《刀铭》,援笔即成。所制文笔多不存,后主求其遗文,撰成二卷。弟瑜,字干玉,美词藻。太建二年,命为《太子释奠诗序》,文甚赡丽。有集十卷。瑜从父兄玠,字润玉,能属文,有集十卷。从父弟琛,字洁玉,十八上《善政颂》,颇有词采。"并以文著。若沈不害、《陈书·不害传》:"字孝和,治经术,善属文,每制文操笔立成,曾无寻检。文集十四卷。"孔奂、《陈书·奂传》:"字休文,善属文。王僧辩为扬州,笺表书翰,皆出于奂。有集十五卷,弹文四卷。"徐伯阳、《陈书·伯阳传》:"字隐忍,年十五,以文笔称。侯安都令为谢表,文帝见而奇之。又为《辟雍颂》,甚见嘉赏。"毛喜、《陈书·喜传》:"字伯武,高宗为骠骑、府朝文翰,皆喜词也。有集十卷。"赵知礼、《陈书·知礼传》:"字齐旦,为文赡速,每占授军书,下笔便就。高祖上表元帝及与王僧辩论述军事,其文并知礼所制。"蔡景历、《陈书·景历传》:"字茂世,好学,善尺牍。高祖镇朱方,以书要之。景历对使答书,笔不停缀。将讨王僧辩,草檄立成,辞义感激。"又云:"景历属文,不尚雕磨,而长于叙事,应机敏速,为当时所称。有文集二十卷。子征,聪敏才赡。"刘师知、《陈书·师知传》:"工文笔,善仪体,屡掌诏诰。"杜之伟、《陈书·之伟传》:"字子大,幼有逸才。徐勉见其文,重其有笔力。"又云:"之伟为文,不尚浮华,而温雅博赡,所制多遗失,存者十七卷。"颜晃、《陈书·晃传》:"字元明,少有辞采,献《甘露颂》,词义该典。其表奏诏诰,下笔立成,便得事理,而雅有气质。有集十二卷。"江德藻、《陈书·德藻传》:"字德藻,善属文,著文笔十五卷。子椿,亦善属文。"庾持、《陈书·持传》:"字允德,尤善书记,以才艺闻。持善字书,每属词,好为奇字,文士亦以此讥之。有集十卷。"许亨、《陈书·亨传》:"字亨道,少为刘之遴所重。撰《齐书》、《梁史》。所制文笔六卷。"褚玠、《陈书·玠传》:"字温理,长能属文,词义典实,不好艳靡,所制章奏杂文二百余篇,皆切事理。"岑之敬、《陈书·之敬传》:"字思礼,以经业进。雅有词笔,有集十卷行世。"蔡凝、《陈书·凝传》:"有文辞。"何之元、《陈书·之元传》:"有才思。著《梁典》。"章华《陈书·傅缚传》:"吴兴章华,善属文。"之流,或工诗文,或精笔翰,亦甚选也。又梁代士大夫,多仕陈廷,以文学著,如萧允、《陈书·允传》:"经延陵季子庙,为诗叙意,辞理清典。"周弘正、《南史·弘正传》:"玄理为当时所宗。集二十卷。弟弘让、弘直。弘直幼聪敏,有集二十卷。"萧引、《陈书·引传》:"善属文。弟密,有文词。"张种、《南史·种传》:"有集十四卷。"王劢、《南史·劢传》:"从登北顾楼,赋诗,辞义清典。"沈众、《陈书·众传》:"沈约孙,有文才。梁武令为《竹赋》,手敕答曰:'文体翩翩,可谓无忝尔祖。'"袁枢、《陈书·枢传》:"有集十卷行世。"谢嘏、《陈书·嘏传》:"善属文,文集行世。"虞荔、虞寄《陈书·荔传》:"善属文。梁武使制《士林馆碑》。弟寄,大同中上《瑞雨颂》,梁武谓其典裁清拔。"是也。又案:梁、陈之际,若王通、谢岐、袁敬、袁泌、刘仲威、王质、萧乾、韦载、韦鼎、王固、萧济、沈君公,虽不以文名,亦均工文。若夫沈文阿、沈洙、王元规、郑灼、顾超之流博综经术,张讥、马枢兼善玄言,亦不仅以文名。其有尤工诗什者,自徐、沈外,则有阴铿、《南史·铿传》:"字子坚,尤善五言诗,为当时所重。世祖使赋《新成安乐宫诗》,援笔立就。有集三卷行世。"张正见、《陈书·正见传》:"字见赜,年十三献颂,梁简文深赞赏之。有集十四卷。其五言诗尤善,大行于世。"阮卓、《陈书·卓传》:"尤工五言诗。"谢贞《陈书·贞传》:"八岁为《春日闲居》五言诗,有'风定花犹落'句,王筠以为追步惠连。有集,值乱不存。"诸人。若夫孔范、刘暄之流,惟工藻艳,详下节。亦又不足数矣。

丁 总论

宋、齐、梁、陈文学之盛,既综述于前。试合当时各史传观之:自江左以来,其文学之士,大抵出于世族;而世族之中,父子兄弟各以能文擅名。如《南史》称刘孝绰兄弟及群从子侄,当时有七十人,并能属文,近古未之有;《孝绰传》。又王筠与诸儿论家门文集书谓:"史传所称,未有七叶之中,人人有集如吾门者。"《筠传》。此均实录之词。当时文学之盛,舍琅玡王氏及陈郡谢氏、吴郡张氏外,则有南兰陵萧氏、陈郡袁氏、东海王氏、彭城到氏、吴郡陆氏、彭城刘氏、东莞臧氏、会稽孔氏、庐江何氏、汝南周氏、新野庾氏、东海徐氏、济阳江氏,均见《南史》。惟当时之人,既出自世族,故其文学之成,必于早岁;详前节。且均文思敏速,或援笔立成,或文无加点,亦详前节。故梁武集文士作诗文,均限暑刻。又《南史·王僧孺传》称:"齐竟陵王,集学士为诗四韵,刻烛一寸。"亦其证也。若《徐勉传》:"下笔不休。"《朱异传》:"不暂停笔。"又当时诏诰书疏,词贵敏速之证。此亦秦、汉以来之特色。至当时文学得失,稽之史传及诸家各集,厥有四端。

一曰:矜言数典,以富博为长也。齐、梁文翰与东晋异,即诗什亦然。自宋代颜延之以下,侈言用事,锺氏《诗品》谓:"文符应资博古,驳奏宜穷往烈;至于吟咏情性,亦何贵乎用事?颜延之喜用古事,弥见拘束,于时化之。故大明、泰始中,文章殆同书抄。尔来作者,浸以成俗,遂句无虚韵,语无虚字,拘挛补衲,蠹文已甚。"学者浸以成俗。齐、梁之际,任昉用事,尤多慕者,转为穿凿。《南史·任昉传》云:"既以文才见知,时人云,任笔沈诗。昉闻,甚以为病。晚节转好作诗,用事过多,属辞不得流便。自尔都下之士慕之,转为穿凿。"《诗品》亦云:"任昉博物,动辄用事。是以诗不得奇。"盖南朝之诗,始则工言景物,继则惟以数典为工。观齐、梁人所存之诗,自离合诗、回文诗、建除诗以外,有四色诗、八音诗、数名诗、州郡名诗、药名诗、姓名诗、鸟兽名诗、树名诗、草名诗、宫殿名诗各体,又有大言、小言诸诗,此均惟工数典者也。因是各体文章,亦以用事为贵。如王僧孺,姚察等传,并云"多用新事,人所未见",是其证。考之史传,《南史》称王俭尝使宾客隶事,《南史·王谌传》:"王俭尝集才学之士,总校虚实,类物隶之,谓之隶事,自此始也。俭尝使宾客隶事,多者赏之。摘后至,俭以所隶示之,操笔便成,文章既奥,辞亦华美,举坐击赏。"梁武集文士策经史事;《南史·刘峻传》云:"武帝每集文士策经史事,范云、沈约之徒,皆引短推长。峻忽请纸笔,疏十余事,坐客皆惊。"而类书一体,亦以梁代为盛,藩王宗室,以是相高,《南史·刘峻传》:"安成王秀使撰《类苑》,凡一百二十卷。武帝即命诸学士撰《华林遍略》以高之。"《杜子伟传》:"补东宫学士,与刘陟等抄撰群书,各为题目。"《庾肩吾传》略同。《陆罩传》亦言:"简文撰《法宝联璧》,与群士抄掇区分。"均其证也。虽为博览之资,实亦作文之助;即《诗品》所谓"文章略同书抄",《齐书》所谓"缉事比类,非对不发,博物可嘉,职成拘制"也。《南史·萧子云传》谓:"梁初,郊庙乐词,皆沈约撰。子云启宜改之。武帝敕曰:'郊庙歌词,应须典诰大语,不得杂用子史文章浅言。'"此当时文章舛杂之征。又《萧贲传》:"湘东王为檄,贲读至'偃师南望,无复储胥露寒;河阳北临,或有穹庐毡帐',乃曰:'圣制此句,非无过,似如体目朝廷,非关序赋。'王闻大怒。"此又文多溢词,不关实义之证也。举斯二事,足审其余。故当时世主所崇,非惟据韵,兼重长篇,如梁武诏群臣赋诗,或限据韵,或限五百字,均见《南史》各传。诗什既然,文章亦尔。用是篇幅益恢,梁代文章,以篇逾千字为恒。偶词滋众,此必然之理也。

　　二曰:梁代宫体,别为新变也。宫体之名,虽始于梁;然侧艳之词,起源自昔。晋、宋乐府,如《桃叶歌》、《碧玉歌》、《白纻词》、《白铜鞮歌》,均以淫艳哀音,被于江左。迄于萧齐,流风益盛。《南史·袁廓之传》谓:"时何润亦称才子,为文惠太子作《杨叛儿歌》,辞甚侧丽。廓之谏曰:

夫《杨叛》者，既非典雅，而声甚哀。"亦其证。其以此体施于五言诗者，亦始晋、宋之间，后有鲍照，明远乐府，固妙绝一时，其五言诗亦多淫艳，特丽而能壮，与梁代之诗稍别。《齐书·文学传论》谓："次则发唱惊挺，操调险急。雕藻淫艳，倾炫心魂，斯鲍照之遗烈。"其确证也。前则惠休。绮丽之诗，自惠休始。《南史·颜延之传》云："延之每薄汤惠休诗，谓人曰：'惠休制作，委巷中歌谣耳，方当误后事。'"即据侧丽之诗言之。特至于梁代，其体尤昌。《南史·简文纪》谓："帝辞藻艳发，然伤于轻靡，时号宫体。"《南史·帝纪论》："宫体所传，且变朝野。"魏征《梁论》亦曰："太宗神采秀发，华而不实，体穷淫靡，义罕疏通，哀思之音，遂移风俗。"《徐摛传》亦谓："属文好为新变，文体既别，春坊尽学之，宫体之号，自斯而始。"盖当此之时，文士所作虽多艳词，如徐摛特有轻艳之才，新声巧变，人多讽习是。然尤以艳丽著者，实惟摛及庾肩吾，嗣则庾信、徐陵承其遗绪，而文体特为南北所崇。《周书·庾信传》谓："庾肩吾、徐摛、摛子陵及信，并为梁太子抄撰学士。既有盛才，文并绮丽，世号徐庾体。当时后进，竞相模范，每有一文，京都莫不传诵。"《隋书·文学传序》曰："自大同以后，徐陵、庾信分路扬镳，而其意浅而繁，其文匿而采。"又唐杜确《岑嘉州集序》曰："梁简文帝及庾肩吾之属，始为轻浮绮靡之辞，名曰宫体。自后沿袭，务为妖体。"均其证。此则大同以后文体之一变也。梁代娇艳之词，多施于词赋。至陈，则志铭书札，亦多哀思之音，绮靡之词。又据《陈书》、《南史》《后主纪》及《张贵妃》各传，谓帝荒酒色，奏伎作诗，以宫人有文学者为女学士，与狎客共赋新诗，采其尤艳丽者以为曲调，被以新声，其曲有《玉树后庭花》、《临春乐》等。《江总传》谓其尤工五七言诗，溺于浮靡，日与后主游宴后庭，多为艳诗，好事者相传讽玩，于今不绝。又《孔范传》云："文章赡丽，尤善五言诗，与江总等并为狎客。"《刘暄传》云："后主即位，与义阳王叔达、孔范、袁权、王瑳、陈褒、沈瓘、王仪等陪侍游宴，暄以俳优自居，文章谐谬，语言不节。"是陈季艳丽之词，尤较梁代为盛，即魏征《陈论》所谓"偏尚淫丽之文"也。

故初唐诗什,竞沿其体,历百年而不衰。

三曰:士崇讲论,而语悉成章也。自晋代人士均擅清言,用是言语、文章虽分二途,而出口成章,悉饶词藻。见前课。晋、宋之际,宗炳之伦,承其流风,亦以施于讲学。宋则谢灵运、瞻之属,并以才辩辞义相高,王惠精言清理。并见《宋书·王惠传》。齐承宋绪,华辩益昌。《齐书》称张绪言精理奥,见宗一时,吐纳风流,听者皆忘饥疲;《绪传》。又称周颙音辞辨丽,辞韵如流,太学诸生慕其风,争事华辨;《颙传》。又谓张融言辞辩捷,周颙弥为清绮,刘绘音采不赡,丽雅有风则。《绘传》。迄于梁代,世主尤崇讲学,国学诸生,惟以辨论儒玄为务,或发题申难,往复循环,具详《南史》各传。梁代讲论之风,被于朝野,具详戚衮、周弘正、张讥、顾越、马枢、岑之敬各传。用是讲论之词,自成条贯,及笔之于书,则为讲疏、口义、笔对,大抵辨析名理,既极精微,而属词有序,质而有文,为魏、晋以来所未有。当时人士,既习其风,故析理之文,议礼之作,迄于陈季,多有可观,则亦士崇讲论之效也。

四曰:谐隐之文,斯时益甚也。谐隐之文,亦起源古昔。宋代袁淑,所作益繁。惟宋、齐以降,作者益为轻薄,其风盖昌于刘宋之初。《南史·谢灵运传》:"何长瑜寄书宗人何勖,以韵语序陆展染发,轻薄少年遂演之,凡人士并有题目,皆加剧言苦句,其文流行。"是其证。嗣则卞铄、丘巨源、卞彬之徒,所作诗文,并多讥刺。《南史·文学传》:"卞铄为词赋,多讥刺世人。丘巨源作《秋胡诗》,有讥刺语。卞彬拟《枯鱼赋》喻意,又著《蚕》、《虱》、《蜗》、《虫》等赋,大有指斥。永明中,诸葛勋为国子生,作《云中赋》,指祭酒以下,皆有形似之目。"梁则世风益薄,士多嘲讽之文,《梁书·临川王弘传》:"豫章王综,以弘贪吝,作《钱愚论》,其文甚切。"又《南史·江德藻传》:"弟从简,作《采荷调》刺何敬容,为当时所赏。"又《何敬容传》:"萧琛子巡,颇有轻薄才,制《卦名离合诗》嘲

97

敬容。"而文体亦因之愈卑矣。孔稚珪《北山移文》、裴子野《雕虫论》亦属此派。

要而论之，南朝之文，当晋、宋之际，盖多隐秀之词，嗣则渐趋缛丽。齐、梁以降，虽多侈艳之作，然文词雅懿，文体清峻者，正自弗乏。斯时诗什，盖又由数典而趋琢句，然清丽秀逸，亦自可观。又当此之时，张融之文，务为诡激；裴子野之文，制多法古。盖张氏既以新奇为贵，裴氏欲挽靡丽之风，然朝野文人，鲜效其体；观简文《与湘东书》，以为裴氏之文不宜效法，此可验当时之风尚矣。至当时文格所以上变晋、宋而下启隋、唐者，厥有二因：一曰声律说之发明，二曰文笔之区别。今粗引史籍所言，诠次如下。

子　声律说之发明

《南史·陆厥传》曰：永明末，盛为文章。吴兴沈约、陈郡谢朓、琅玡王融以气类相推毂。汝南周颙善识声韵，为文皆用宫商；以平上去入为四声，以此制韵，有平头、上尾、蜂腰、鹤膝；五字之中，音韵悉异，两句之内，角徵不同，不可增减，世呼为永明体。

《周颙传》云：颙始著《四声切韵》行于时。

《陆厥传》又曰：时有王斌者，不知何许人，著《四声论》行于时。

《沈约传》曰：约撰《四声谱》，以为在昔词人，累千载而不悟，而独得胸襟，穷其妙旨，自谓入神之作，武帝雅不好焉。尝问周舍曰："何谓四声？"舍曰："'天子圣哲'是也。"然帝竟不遵用。又《南史·陆厥传》："约论四声，颇有铨辩，而诸赋亦往往与声韵乖。"

案：音韵之学，不自齐、梁始。封演《闻见记》谓："魏时有李登者，撰《声类》十卷，以五声命字。"《魏书·江式传》亦谓："晋吕静仿吕登之法作《韵集》五卷，宫、商、角、徵、羽各为一篇。"是宫羽之辨，严于魏、晋之间，特文拘声韵，始于永明耳。考其原因，盖江左人士，喜言双声，如《宋书·谢庄传》载庄答王玄谟：玄、护为双声，磝、碻为叠韵，以为捷速如此。又《王玄保传》："好为双声。"并其证。衣冠之族，多解音律。如《南史》："萧惠基解音律，尤好魏三祖曲及相和歌。"《颜师伯传》："颇解声乐。"又《齐书·齐临川王映传》及《南史》褚沄、谢𢘆、王冲各传，或云善声律，或云晓音乐，或云解音律、声律。是其证。故永明之际，周、沈之伦，文章皆用宫商，又以此秘为古人所未睹也。

《庾肩吾传》曰：齐永明中，王融、谢朓、沈约文章，始用四声，以为新变。至是转拘声韵，弥为丽靡。

又案：唐封演《闻见记》亦云："周颙好为韵语，因此切字皆有平上去入之异。永明中，沈约文辞精拔，盛解音律，遂撰《四声谱》。时王融、刘绘、范云之徒，慕而扇之。由是远近文学，转相祖述，而声韵之道大行。"

沈约《宋书·谢灵运传论》：夫五色相宣，八音协畅，由乎玄黄律吕，各适物宜。欲使宫羽相变，低昂舛节；若前有浮声，则后须切响；一简之内，音韵尽殊；两句之中，轻重悉异：妙达此旨，始可言文。至于先士茂制，讽高历赏：子建"函京"之作，仲宣"灞岸"之篇，子荆"零雨"之章，正长"朔风"之句，并直举胸情，非傍诗史，正以音律调韵，取高前式。自灵均以来，多历年代，虽文体稍精，而此秘未睹。至于高言妙句，音韵天成，皆暗与理合，匪由思至。张、蔡、曹、王，曾无先觉；潘、陆、颜、谢，去之弥远。世之知音者，有以得之，此言非谬；如曰不然，请待来哲。

陆厥《与沈约书》曰：范詹事自序："性别宫商，识清浊，特能适轻重，济艰难。古今文人，多不全了斯处；纵有会此者，不必从根本中来。"沈尚书亦云："自灵均以来，此秘未睹。或暗与理合，匪由思至。张、蔡、曹、王，曾无先觉；潘、陆、颜、谢，去之弥远。"大旨"欲使宫羽相变，低昂舛节；若前有浮声，则后须切响；一简之内，音韵尽殊；两句之中，轻重悉异。"辞既美矣，理又善焉。但观历代众贤，似不都暗此处，而云"此秘未睹"，近于诬乎？案：范云"不从根本中来"，尚书云"匪由思至"，斯可谓揣情谬于玄黄，摘句差其音律也。范又云"时有会此者"，尚书云"或暗与理合"，则美咏清讴，有辞章调韵者，虽有差谬，亦有会合。推此以往，可得而言。夫思有合离，前哲同所不免；文有开塞，即事不得无之。子建所以好人讥弹，士衡所以遗恨终篇，既曰"遗恨"，非尽美之作，理可诋诃。君子执其诋诃，便谓合理为暗，岂如指其合理，而寄诋诃为遗恨邪？自魏文属论，深以清浊为言；刘桢奏书，大明体势之致。岨峿妥怗之谈，操末续颠之说，兴玄黄于律吕，比五色之相宣，苟此秘未睹，兹论为何所指邪？故愚谓前英已早识宫徵，但未屈曲指的，若今论所申，至于掩瑕藏疾，合少谬多，则临淄所云"人之著述，不能无病"者也。非知之而不改，谓不改则不知，斯曹、陆又称"竭情多悔"，"不可力强"者也。今许以有病有悔为言，则必自知无悔无病之地；引其不了不合为暗，何独诬其一合一了之明乎？意者亦质文时异，古今好殊，将急在情物，而缓于章句。情物，文之所急，美恶犹且相半；章句,意之所缓,故合少而谬多;义兼于斯,必非不知,明矣。《长门》、《上林》,殆非一家之赋;《洛神》、《池雁》,便成二体之作。孟坚精正,《咏史》无亏于"东主";平子恢富,《羽猎》不累于"凭虚"。王粲《初征》,他文未能称是;杨修敏捷,《暑赋》弥日不献。率意寡尤,则事促乎一日;翳翳愈伏,而理赊于七步。一人之思,迟速天悬;一家之文,工拙壤隔;何独宫商律吕,必责其如一邪?论者乃可言"未穷其致",不得言"曾无先觉"也。《齐书·厥传》。

沈约《答陆厥书》:宫商之声有五,文字之别累万。以累万之繁,配五声之约,高下低昂,非思力所举。又非止若斯而已也。十字之文,颠倒相配,字不过十,巧历已不能尽,何况复过于此者乎?灵均以来,未经用之于怀抱,固无从得其仿佛矣。若斯之妙,而圣人不尚,何邪?此盖曲折声韵之巧,无当于训义,非圣哲立言之所急也。是以子云譬之"雕虫篆刻",云"壮夫不为"。自古辞人,岂不知宫羽之殊,商徵之别?虽知五音之异,而其中参差变动,所昧实多。故鄙意所谓"此秘未睹"者也。以此而推,则知前世文士,便未悟此处。若以文章之音韵,同弦管之声曲,则美恶妍蚩,不得顿相乖反。譬犹子野操曲,安得忽有阐缓失调之声?以《洛神》比陈思他赋,有似异手之作。故知天机启则律吕自调,六情滞则音律顿舛也。士衡虽云"炳若缛锦",宁有濯色江波,其中复有一片是卫文之服?此则陆生之言,即复不尽者矣。韵与不韵,复有精粗,轮扁不能言,老夫亦不尽辨此。同上。

《文心雕龙·声律》篇:夫音律所始,本于人声者也。声含宫商,肇自血气,先王因之以制乐歌。故知器写人声,声非学器者也。故言语者,文章神明,枢机吐纳,律吕唇吻而已。古之教歌,先揆以法,使疾呼中宫,徐呼中徵。夫商、徵响高,宫、羽声下;抗喉矫舌之差,攒唇激齿之异,廉肉相准,皎然可分。今操琴不调,必知改张,摘文乖张,而不识所调;响在彼弦,乃得克谐,声萌我心,更失和律,其故何哉?良由内听难为聪也。故外听之易,弦以手定;内听之难,声与心纷:可以数求,难以辞逐。凡声有飞沉,响有双叠:双声隔字而每舛,叠韵杂句而必睽;沉则响发而断,飞则声扬不还。并辘轳相往,逆鳞相比。迕其际会,则往蹇来连,其为疾病,亦文家之吃也。夫吃文为患,生于好诡,逐新趣异,故喉唇纠纷;将欲解结,务在刚断。左碍而寻右,末滞而讨前,则声转于吻,玲玲如振玉,辞靡于耳,累累如贯珠矣。是以声画妍蚩,寄在吟咏;吟咏滋味,流于字句,气力穷于和韵。异音相从谓之和,同声相应谓之韵;韵气一定,故余声易遣;和体抑扬,故遗响难契。属笔易巧,选和至难;缀文难精,而作韵甚易。虽纤毫曲变,非可缕言,然振其大纲,不出兹论。若夫宫商大和,譬诸吹籥;翻回取均,颇似调瑟。瑟资移柱,故有时而乖贰;籥含定管,故无往而不壹。陈思、潘岳,吹籥之调也;陆机、左思,瑟柱之和也:概举而推,可以类见。又诗人综韵,率多清切;《楚辞》辞楚,故讹韵实繁。及张华论韵,谓士衡多楚,《文赋》亦称知楚不易,可谓衔灵均之声余,失黄钟之正响也。凡切韵之动,势若转圜;讹音之作,甚于枘方;免乎枘方,则无大过矣。练才洞鉴,剖字钻响,识疎阔略,随音所遇,若长风之过籁,南郭之吹竽耳。古之佩玉,左宫右徵,以节其步,声不失序,音以律文,其可忘哉!

又案:《雕龙》本篇赞云:"标情务远,比音则近。吹律胸臆,调钟唇吻。声得盐梅,响滑榆槿。割弃支离,宫商难隐。"

锺嵘《诗品》下:昔曹、刘殆文章之圣,陆、谢为体贰之才,锐精研思,千百年中而不闻宫商之辨。四声之论,或谓前达偶然不见,岂其然乎?尝试言之曰:古诗颂皆被之金竹,故非调五音,无以谐会。若"置酒高堂上","明月照高楼",为韵之首。故三祖之词,文或不工,而韵入歌唱,此重声韵之义也,与世之言宫商者异矣。今既不被管弦,亦何取于声韵耶?齐有王元长者,尝谓余云:"宫商与二仪俱生,自古词人不知之,唯颜宪子乃云律吕音调,而其实大谬,唯见范晔、谢庄颇识之耳,常欲进《知音论》未就。"王元长创其首,谢朓、沈约扬其波。三贤或贵公子孙,幼有文辩,于是士流景慕,务为精密,襞积细微,转相凌架,故使文多拘忌,伤其真美。余谓:文制本须讽读,不可蹇碍。但令清浊通流,口吻调利,斯为足矣。至于平上去入,则余病未能,蜂腰鹤膝,闾里已具。

案:四声之说,盛于永明。其影响及于文学者,《南史》以为转拘声韵,而近人顾炎武《音论》又谓:"江左之文,自梁天监以前,多以去入二声同用,以后则绝不相通。"其说至确。然沈、周之说,所谓判低昂,审清浊者,非惟平侧之别已耳;于声韵之辨,盖亦至精。彦和谓"响有双叠","双声隔字而每舛,叠韵杂句而必睽",即沈氏所谓"一简之内,音韵尽殊",故彦和又云:"异音相从谓之和,同声相应谓之韵。"谓一句之内,不得两用同纽之字及同韵之字也。彦和谓"声有飞沉,沉则响发而断,飞则声扬不还",即沈氏所谓"前有浮声,后须切响,两句之中,轻重悉异",谓一句之内,不得纯用浊声之字、或清声之字也。至当时五言诗律,舍《南史》所举平头、上尾、蜂腰、鹤膝外,别有大韵、小韵、旁纽、正纽四端,是为八病。平头,谓第二字不与第七字同声;上尾,谓第五字不与第十字同声;蜂腰,谓第二字不与第五字同声;鹤膝,谓第五字不与第十五字同声；大韵，谓五言诗两句除韵而外，余九字不与韵犯；小韵，谓五言诗两句不得互用同韵之字；旁纽，谓五言诗两句不得两用同纽之字；正纽，谓一纽四声不得两句杂用。此即永明声律论之大略也。《南史》以为"弥为丽靡"，《诗品》以为"转伤真美"，斯固切当之论。然四声八病，虽近纤微，当时之人，亦未必悉相遵守。惟音律由疏而密，实本自然，非由强致。试即南朝之文审之，四六之体，粗备于范晔、谢庄，成于王融、谢朓，而王、谢亦复渐开律体。影响所及，迄于隋、唐，文则悉成四六，诗则别为近体，不可谓非声律论开其先也。又四六之体既成，则属对日工，篇幅益趋于恢广，此亦必然之理。试以齐、梁之文上较晋、宋，陈、隋之文上较齐、梁，其异同之迹，固可比较而知也。

丑 文笔之区别

《南史·范晔传》：晔《与诸甥侄书》曰：常谓情志所托，故当以义为主，以文传意。以意为主，则其旨必见；以文传意，则其词不流；然后抽其芬芳，振其金石耳。观古今文人，多不全了此处。年少中谢庄最有其分，手笔差易，于文不拘韵故也。吾思乃无定方，但多公家之言，少于事外远致，以此为恨，亦由无意于文名故也。《南史·颜延之传》：帝尝问以诸子才能，延之曰："竣得臣笔，测得臣文，𬱖得臣义。"又曰："长子竣为孝武造书檄。元凶劭召延之，示以檄文，问曰：'此笔谁造？'延之曰：'竣之笔也。'又问：'何以知之？'曰：'竣笔体，臣不容不识。'"

梁元帝《金楼子·立言》篇云：夫子门徒，转相师受，通圣人之经者谓之儒。屈原、宋玉、枚乘、长卿之徒,止于辞赋,则谓之文。今之儒,博穷子史,但能识其事,不能通其理者,谓之学。至如不便为诗如阎纂,善为章奏如伯松,若此之流,泛谓之笔;吟咏风谣,流连哀思者谓之文。

又云:笔,退则非谓成篇,进则不云取义,神其巧惠,案:惠、慧古通。笔端而已。至如文者,惟须绮縠纷披,宫徵靡曼,唇吻遒会,情灵摇荡。而古之文笔,今之文笔,其源又异。

《文心雕龙·序志》篇:若乃论文取笔,则囿别区分。案:《雕龙》他篇区别文笔者,如《时序》篇云:"庾以笔才逾亲,温以文思益厚。"《才略》篇云:"孔融气盛于为笔,祢衡思锐于为文。"并文笔分言之证。又《风骨》篇云:"若风骨乏采,则鸷集翰林;采乏风骨,则雉窜文囿;惟藻耀之高翔,固文笔之鸣凤也。"《章句》篇云:"是以搜句忌于颠倒,裁章贵于顺序,其固情趣之指归,文笔之同致也。"亦文笔并词之证。

《文心雕龙·总术》篇:今之常言,有文有笔,以为无韵者笔也,有韵者文也。夫文以足言,理兼诗书,别目两名,自近代耳。颜延年以为:笔之为体,言之文也;经典则言而非笔,传记则笔而非言。请夺彼矛,还攻其盾矣。何者?《易》之《文言》,岂非言文?若笔不言文,不得云经典非笔矣。将以立论,未见其论立也。予以为发口为言,属笔曰翰,常道曰经,述经曰传。经传之体,出言入笔,笔为言使,可强可弱。分经以典奥为不刊,非以言笔为优劣也。又本篇赞曰:"文场笔苑,有术有门。"亦分言文笔。

案:自《晋书》张翰、曹毗、成公绥各传,均以文笔并词,或云诗赋杂笔。自是以降,如《宋书·沈怀文传》:"弟怀远,颇闲文笔。"《齐书·晋安王子懋传》:"世祖敕子懋曰:'文章诗笔,乃是佳事。'"又《竟陵王传》:"所著内外文笔数十卷,虽无文采,多是劝戒。"《梁书·鲍泉传》:"兼有文笔。"《陈书·陆琰传》:"所制文笔多不存。"《陈书·姚察传》:"每制文笔,后主敕便索本。后主所制文笔甚多,别写一本付察。"《虞寄传》:"所制文笔,遭乱多散失。"《刘师知传》:"工文笔。"《江德藻传》:"著文笔十五卷。"《许亨传》:"所制文笔六卷。"均文笔分言之证。其有诗笔分言者,如《南史·刘孝绰传》:"弟孝仪、孝威,工属文诗。孝绰尝云:'三笔六诗。'三即孝仪。六谓孝威。"《沈约传》谓:"谢玄晖善为诗,任彦昇工于笔,约兼而有之,然不能过。"《任昉传》谓:"时人云:'任笔沈诗。'昉闻,甚以为病。"又《庾肩吾传》:"简文《与湘东王书》云'诗既若此,笔亦如之。'"又云:"谢朓、沈约之诗,任昉、陆倕之笔,斯文章之冠冕,述作之楷模。"并其证也。亦或析言词笔,如《陈书·岑之敬传》"雅有辞笔"是也。《谢朓传》亦云:"孔颛粗有才笔。"至文笔区别,盖汉、魏以来,均以有藻韵者为文,无藻韵者为笔。东晋以还,说乃稍别:据梁元《金楼子》,惟以吟咏风谣,流连哀思者为文;据范晔《与甥侄书》及《雕龙》所引时论,则又有韵为文,无韵为笔。今以宋、齐、梁、陈各史传证之:据《宋书·傅亮传》谓:"武帝登庸之始,文笔皆是参军滕演。北征广固,悉委长史王诞。自此之后,至于受命,表册文诰,皆亮词也。"又据《齐书·孔珪传》云:"为齐高帝骠骑记室,与江淹对掌辞笔。"又据《齐书·谢朓传》谓:"明帝辅政,掌霸府文笔,又掌中书诏诰。"《梁书·任昉传》谓:"武帝克建邺,以为骠骑记室,专主文翰。每制书草,沈约辄求同署。尝被急召,昉出而约在。是后文笔,约参制焉。"又《任昉传》:"昉尤长载笔,当时王公表奏,莫不请焉。

梁台建,禅让文诰,多昉所具。"《南史·萧子范传》谓:"南平王府中,文笔皆令具草。"《陈书·姚察传》亦云:"又敕专知优册谥议等文笔。"其文笔、辞笔并言,并与沈怀文各传相合。自是以外,或云手笔,史传所载,有仅言手笔者,如《齐书·邱灵鞠传》:"敕知东宫手笔。"《王俭传》:"手笔典裁,为当时所重。"《陈书·姚察传》:"后主称姚察手笔,典裁精当。"是也。有云大手笔者,《南史·陆琼传》谓:"陈文帝讨周迪等,都宫符及诸大手笔,并中敕付琼。"《徐陵传》:"国家有大手笔,必令陵草之。"是也。或云笔翰。《南史·任孝恭传》:"专掌公家笔翰。"《丘巨源传》:"有笔翰。太祖使于中书省撰符檄。巨源与袁粲书谓:'朝廷洪笔,何故假手凡贱?又有羽檄之难,必须笔杰。'"等说,是其证。合以颜延之各传,知当时所谓笔者,非徒全任质素,亦非偶语为文,单语为笔也。盖当时世俗之文,有质直序事,悉无浮藻者,如今本《文选》任昉《弹刘整文》所引刘寅妻范氏诣台诉词是也,亦有以语为文,无复偶词者,如齐世祖《敕晋安王子懋》诸文是也。如刘瓛《与张融王思远书》,亦质直不华。齐、梁之文类此者,正复弗乏。然史传诸云"文笔"、"词笔",以及所云"长于载笔"、"工于为笔"者,笔之为体,统该符、檄、笺、奏、表、启、书、札诸作言,其弹事议对之属,亦属于史笔,册亦然。凡文之偶而弗韵者,皆晋、宋以来所谓笔类也。故当时人士于尺牍、书记之属,词有专工;今以史传考之,所云尺牍,如《宋书·刘穆之传》:"与朱龄石并便尺牍。"《臧质传》:"尺牍便敏。"《梁书·徐勉传》:"既闲尺牍。"《邵陵王纶传》:"尤工尺牍。"《陈书·蔡景历传》:"善尺牍。"是也。所云书记,如《陈书·陈详传》:"善书记。"《庾持传》:"尤善书记,以才艺闻。"是也。自是以外,或云书疏,如《陈书·陆山才传》:"周文育出镇南豫州,不知书疏,乃以山才为长史。"是也。或云书翰,如《齐书·王晏传》:"齐高帝时,军旅书翰皆见委。"《陈书·孙场传》:"尤便书翰。"是也。而刀笔、刁笔之名见于史传者,如《南史·虞玩之传》:"少闲刀笔。"《王球传》

谓:"彭城王义康,专以政事为本,刀笔干练者多被意遇。"《吴喜传》:"齐明帝以喜刀笔吏,不当为将。"是也。斯时所云刀笔,盖官府文书成于吏手者。笔札、笔札之名见于史传者,如《南史·宗夬传》:"齐郁林为南郡王,使管书记,以笔札贞正见许。"又《沈庆之传》云:"庆之谓颜竣曰:'君但当知笔札之事。'"皆其证也。笔记,如《齐书·丘巨源传》:"巨源与袁粲书:'笔记贱伎,非杀活所待'"是也。又《文心雕龙·才略》篇云:"路粹、杨修,颇怀笔记之工。"又云:"温太真之笔记,循理而清通。"亦笔记之名见于齐、梁著作者。笔奏《雕龙·才略》篇:"长虞笔奏,世执刚中。"之名,或详于史册,或杂见群书;又王僧孺、徐勉、孔奂诸人,其弹事之文,各与集别;《南史·王僧孺传》:"文集三十卷;两台弹事不入集,别为五卷。"又《徐勉传》云:"左丞弹事五卷,所著前后二集五十卷,又为人章表集十卷。"《孔奂传》云:"有集十五卷,弹文集。"此均弹文别于文集之证。又《南史·孔休源传》云:"凡奏议弹文,勒成十五卷。"亦其证也。又案:《南史·刘瑀传》云:"刘瑀为御史中丞,弹萧惠开、王僧达,朝士莫不畏其笔端。"此亦弹事之体,南朝称笔之证也。均足为文、笔区分之证。更即《雕龙》篇次言之,由第六迄于第十五,以《明诗》、《乐府》、《诠赋》、《颂赞》、《祝盟》、《铭箴》、《诔碑》、《哀吊》、《杂文》、《谐讔》诸篇相次,是均有韵之文也;由第十六迄于第二十五,以《史传》、《诸子》、《论说》、《诏策》、《檄移》、《封禅》、篇中所举扬雄《剧秦美新》,为无韵之文;相如《封禅文》惟颂有韵;班氏《典引》,亦不尽叶韵;又东汉《封禅仪记》,则记事之体也。《章表》、《奏启》、《议对》、《书记》诸篇相次,是均无韵之笔也:此非《雕龙》隐区文笔二体之验乎?《雕龙·章表》篇,以左雄奏议,胡广章奏,并当时之笔杰。又《才略》篇云:"庾元规之表奏,靡密而闲畅;温太真之笔记,循理而清通,亦笔端之良工也。"又《史传》篇云:"秉笔荷担,莫此之劳。"《论说》篇云:"不专缓颊,亦在刀笔。"《书记》篇云:"然才冠鸿笔,多疏尺牍。"《事类》篇云:"事美而制于刀笔。"据上诸证,是古今无韵之文,彦和并目为笔。盖晋、宋以降,惟以有韵为文,较之士衡《文赋》,并列表及论说者又复不同。故当时无韵之文,亦矜尚藻采,迄于唐代不衰。

或者曰:彦和既区文笔为二体,何所著之书,总以《文心》为名?不知当时世论,虽区分文笔,然笔不该文,文可该笔;故对言则笔与文别,散言则笔亦称文。据《陈书·虞寄传》载衡阳王出阁,文帝敕寄兼掌书记,谓"屈卿游藩,非止以文翰相烦,乃令以师表相事。"又《梁书·裴子野传》谓子野为《移魏文》,武帝称曰:"其文甚壮。"是奏记檄移之属,当时亦得称文。故史书所记,于无韵之作,亦或统称"文章"。观于王俭《七志》,于集部总称"文翰",阮孝绪《七录》,则称"文集"。而昭明《文选》其所选录,不限有韵之词。此均文可该笔之证也。

又案:昭明《文选》,惟以沉思翰藻为宗,故赞论序述之属,亦兼采辑。然所收之文,虽不以有韵为限,实以有藻采者为范围,盖以无藻韵者不得称文也。

梁昭明太子《文选序》:自姬、汉以来;眇焉悠邈,时更七代,数逾千祀。词人才子,则名溢于缥囊;飞文染翰,则卷盈乎缃帙。自非略其芜秽,集其清英,盖欲兼功,太半难矣。若夫姬公之籍,孔父之书,与日月俱悬,鬼神争奥,孝敬之准式,人伦之师友,岂可重以芟夷,加之剪截?老、庄之作,管、孟之流,盖以立意为宗,不以能文为本,今之所撰,又以略诸。若贤人之美辞,忠臣之抗直,谋夫之话,辨士之端,冰释泉涌,金相玉振。所谓坐狙丘,议稷下,仲连之却秦军,食其之下齐国,留侯之发八难,曲逆之吐六奇,盖乃事美一时,语流千载,概见坟籍,旁出子史。若斯之流,又亦繁博,虽传之简牍,而事异篇章,今之所集,亦所不取。至于记事之史,系年之书,所以褒贬是非,纪别异同,方之篇翰,亦已不同。若其赞论之综缉辞采,序述之错比文华,事出于沉思,义归乎翰藻,故与夫篇什,杂而集之。远自周室,迄于圣代,都为三十卷,名曰《文选》云耳。

案:昭明此序,别篇章于经、史、子书而外,所以明文学别为一部,乃后世选文家之准的也。要而论之,一代之文,必有宗尚。故历代文人所作,各有专长。试即宋、齐、梁、陈四代言之:自晋末裴松之奏禁立碑,《宋书·松之传》云:"义熙初,松之以世立私碑,有乖事实,上表陈之:以为诸欲立碑者,宜悉令言上。为朝议所许,然后听。庶可以防遏无征,显章茂实。由是普断。"而志铭之文代之而起,《文选注》及封演《闻见记》引齐王俭议谓:"墓志起于宋元嘉中,颜延之为王球石志,素族无铭策,故以纪行。"又谓:"储妃既有哀策,不烦石志。"然宋、齐以降,臣僚并有墓志,或由太子诸王撰立。据《南史·裴子野传》谓:"湘东王为之墓志铭,陈于藏内。邵陵王又立墓志,埋于羡道。羡道列志自此始。"是当时志铭不止一石也。然敕立、奏立之碑,时仍弗乏,当时奏立之碑有二:一为墓碑,如梁刘贤等陈徐勉行状请刊石纪德,降诏立碑于墓是也;一为碑颂、碑记,如寿阳百姓为刘勔立碑记,南豫州人请为夏侯亶立碑是也。寺塔碑铭作者尤众。又晋、宋而降,颇事虚文,让表谢笺,必资名笔;朝野文人,尤精树论,驳诘之词既盛,辨答之说益繁,如《夷夏论》、《神灭论》及张融《门律》诸文,驳者既众,答者益繁,故篇章充积。故数体之文,亦以南朝为盛。自斯而外,若箴、铭、颂、赞、哀、诔、骚、七、设论、连珠各体,虽稍有通变,然鲜有出辙。其有文体舛讹,异于前作者,亦肇始齐、梁之世,如行状易为偶文,如《文选》所载任昉《齐竟陵王行状》是。祭文不为韵语,齐、梁以前,祭文均为韵语,此正体也。若王僧孺《祭禹庙文》、任孝恭《祭杂坟文》均偶而弗韵,北朝则魏孝文《祭恒岳文》、薛道衡《祭江文》、《祭淮文》并承其体,非祭文之正式也。嗣则志铭之作,无异诔文,铭以述德,诔以表哀,体本稍别。陈代志铭,词多哀艳,如后主等所撰是也。赋体益恢,杂以四六,此则文体之变也。

汉魏六朝专家文研究

汉魏六朝文学研究

一、绪论

自两汉以迄唐初,文学断代,可分六期:

一、两汉　此期可重分为东西两期;东汉复可分为建安及建安以前两期。

二、魏　此期可专治建安七子之文,亦可专治王弼、何晏之文。

三、晋宋　此期可合为一,亦可分而为二。

四、齐梁

五、梁陈　梁武帝大同以前与齐同,大同以后与陈同,故可分隶两期。

六、隋及初唐　初唐风格,与隋不异,故可合为一期。此六期中专门名家甚多,其选择标准,或以某家文章传于今者独多;或以某家文章于文学流变上关系綦巨。其在两汉,则司马迁《史记》及班固《汉书》而外,蔡中郎邕。曹子建植。均有专集传世,可供研诵。魏代王辅嗣弼。何平叔晏。两家之文,传于今者独少,而校练名理,实为晋宋先声。亦可选修,藉觇异采。降及晋世,潘岳陆机特秀。士衡文备各体,示法甚多;安仁锋发韵流,哀诔钟美。二子而外,两晋文集,流传盖寡。爰逮宋氏,颜延之。谢灵运。腾声。次则沈约《宋书》,叙论擅奇;范晔《后汉》,独轶前作。傅亮、任昉,书记翩翩;徐陵、庾信,竞逐艳藻。斯并当代之逸才,后昆之楷式也。隋迄初唐,习尚未改。扇徐、庾之余韵,标四杰王勃、杨炯、卢照邻、骆宾王。

115

之新声；虽亦绮错纷披，而江左之气骨犹在。尝谓五代以前文多相同，五代以后，乖违乃甚。故治中古文学者非特可效四杰，即苏颋、张说、韩昌黎、李义山之流，亦未尝不可研览。然自汉迄唐，可提出研究者甚多，而治一家者固不能不旁及，如任、沈可合观，徐、庾可合观，又研究陆士衡可溯及蔡中郎之类。治一代者亦不能不遍观。治一家宜撷其特长，如蔡中郎之碑铭，迥非并时文人所及。治一代贵得其会通。各期之间变迁甚多，同在一代每有相同之点。抉择去取，要须以各人之体性才略为断耳。此期之参考书，以严可均所辑《全上古三代秦汉三国六朝文》省称"全文"。最便学者。此书于隋以前文，裒集略备，除史传序赞外，百遗二三。且断代为书，览诵甚易。故凡专治一代者固不可少此书，即治未有专集之各家者，亦应以此书为本。

文章之用有三：一在辩理，一在论事，一在叙事。文章之体亦有三：一为诗赋以外之韵文，碑铭、箴颂、赞诔是也；一为析理议事之文，论说、辨议是也；一为据事直书之文，记传、行状是也。三类之外又有所谓"序"者，实即赞之一种。盖古文序、赞不分，《后汉书》之论即为《前汉书》之赞，论、赞之用，并与序同。孔子赞《易》，乃著《系辞》，是作序有韵，亦非无本。自隋以降，序与记传无别。据事直书，已失涵蓄之旨。唐宋而后，更于序中发抒议论，则又混入论说。其体裁讹变，正与后代混碑铭于传状，且复参加议论者，同一不足为训，此研究专家文体所以断自五代以前也。然六朝以上文体亦有讹误者；如《文选》中王子渊《圣主得贤臣颂》，据《汉书·王褒传》考之，本为"对"体，与东方朔《化民有道对》之类相同，自来未有无韵而可称颂者。后世因《文选》之误，而谓颂可无韵，诚不免展转传讹矣。

文章之体既明，然后各就性之所近先决定所欲研究之文体，次择定擅长此体之专家,取法得宜,进益必速,故不可不慎也。大抵析理议礼之文应以魏、晋以迄齐、梁为法。若嵇康持论,辨极精微;贺循订制,疑难立解:魏晋以来之议礼文字杜佑《通典》所收者甚多。并能陵轹前代、垂范将来。论事之文应以两汉之敷畅为法,而魏晋之局面廓张,亦堪楷式。叙事之文包括纪传、行状而言。应以《史》《汉》为宗,范晔、沈约盖其次选。诸史而外,则《水经注》《洛阳伽蓝记》之类固可旁及,即唐宋八家亦不可偏废,此就文章之用言也。若以文体而论,则箴、铭、颂、赞,蔡中郎、陆士衡并臻上选,欲求辞旨文雅,亦可参效任昉、沈约、徐陵、庾信。至于兼长碑铭、箴颂、赞诔、说、辨议诸体者,惟曹子建、陆士衡二人。任彦昇则短于碑铭、箴颂、赞诔,庾子山则短于论说、辨议。天赋所限,不可强求。且一类之中,亦有轻重:士衡笔壮,故长于碑铭;安仁情深,故善为哀诔。要宜各就性之所近,专攻一家。"用志不分,乃凝于神。"汪容甫中。为清代名家,而绎其所取法者,亦只《三国志》《后汉书》、沈约、任昉四家而已。

词例亦为专门之学,若能应用俞樾《古书疑义举例》之法,推之于汉魏六朝文学,则于当时用字造句之例,必有创获,亦巨业也。

二、各家总论

　　《史记》及前、后《汉书》今并存在,研究司马迁、班固、范晔三家者,可资探讨。《汉书》太初以前之纪传,多与《史记》相同,然同叙一事用字之繁简各异。例如《汉书·陈胜列传》删削《史记·陈涉世家》之处甚多,而"言皆精炼,事甚赅密"。宜究其删削之故,以悟叙事之法。《史记》一书,班固谓其"据《左氏》、《国语》,采《世本》、《战国策》,述《楚汉春秋》",亦可以此法参究之。就字句论,《汉书》省,而《史记》繁。衡以刘知几所谓"叙事之工者,以简要为主",则二书之优劣判矣。由此可悟,凡作纪传之文,但就行状本事,晦者明之,繁者简之而已。又自魏、晋以来作《后汉书》者甚多。范晔之书,不过因前人成业,重加纂订。然以《汉学堂丛书》子史钩沉中所辑诸家《后汉书》佚文,及汪文台所辑七家《后汉书》,与之相较,其不同处,一在用字之简繁,一在行文之简繁。故同叙一事,而得失自见。亦犹参较《左传》事实,而后《春秋》之笔削可见;参较裴松之《三国志注》,而后陈寿之笔削可见也。推此可知,记事之文,第一,应看其繁简得法;第二,应看其文简事赅;第三,应看其用字传事之妥贴。后世史书所以不及前四史者,即由其"章句不节,言词莫限";而《新唐书》及《新五代史》所以差胜旧作者,即以其知尚简之义而已。

　　三家之文,风格不同,而皆有独到处。《史记》以空灵胜,《汉书》以详实胜,《后汉书》以精雅胜。子长行文之妙,在于文意蕴藉,传神言外,如《封禅》、《平准》两书,据事铺叙,不著贬词,而用数字提空,抑扬自见,此最宜注意处。明归熙甫以降,论文多推崇《史记》者,盖以此也。《汉书》用笔茂密,故提空处少,而平实处多。至于《后汉书》记事,无一段不雅,此可以蔚宗以前各家之书推较而知也。

司马迁之文以《史记》为其菁华,此外流传殆鲜。班固之文,于《汉书》外,篇章甚多。范晔之文,于《后汉书》外,惟本传尚存数篇,而《后汉书》之传论、序、赞实其得意之作。举其佳构:则《江革传序》、《党锢传序》、《左雄传论》,皆可研诵。尤以《党锢传序》,夹叙夹议,叙事即在议论之中,议论又即在叙事之中,且能"抽其芬芳,振其金石",字句声律、并臻佳妙。导齐、梁之先路,树后世之楷模也,宜蔚宗自诩为"天下之奇作"矣。以上合论司马迁、班固、范晔三家。

汉文气味,最为难学,只能浸润自得,未可模拟而致。至于蔡中郎所为碑铭,序文以气举词,变调多方;铭词气韵光彩,音节和雅,如《杨公碑》等音节均甚和雅。在东汉文人中尤为杰出,固不仅文字渊懿,融铸经诰已也。且如《杨公碑》、《陈太丘碑》等,各有数篇,而体裁结构,各不相同,于此可悟一题数作之法。又碑铭叙事与记传殊,若以《后汉书》杨秉、杨赐、郭泰、陈实等本传与蔡中郎所作碑铭相较,则传实碑虚,作法迥异。于此可悟作碑与修史不同。清李申耆《养一斋文集》,虽杂不成家,而有数篇模拟伯喈,略得梗概,可参阅之。以上论蔡邕。

研究汉人之文,每难确指其得失,及其渊源所自,而研究陆士衡文则观其与弟士龙论文书,即可了然其文章之得失,及其取法蔡邕,兼采曹植、王粲之迹。大抵陆文之特色,一在炼句,一在提空。今人评骘士衡之得失,每推崇其炼句布采,不知陆文最精彩处,实在长篇大文中能有提空之语。盖平实之文易于板滞,陆文最平实而能生动者,即由有警策语为之提空也。如《豪士赋序》、《吊魏武帝文序》之类。故研究陆文应由平实入手,而参以提空之法,否则虽酷肖士衡,亦只得其下乘而已。又长篇之文最易散漫,研究陆文者,宜看其首尾贯串及段落分明处,至炼句布采,犹其余事也。其记事之文传于今者甚少。以上论陆机。

嵇叔夜文,今有专集传世。集中虽亦有赋箴等体,而以论为最多,亦以论为最胜,诚属前无古人,后无来者,研究嵇文者自当专攻乎此。观其《养生论》、《声无哀乐论》等篇,持论连贯,条理秩然,非特文自彼作,意亦由其自创。其独到之处一在条理分明,二在用心细密,三在首尾相应。果能得其胎息,则文无往而不达,理虽深而可显。然自魏、晋以降,推顾欢《夷夏论》,张融《门律》之类,尚能承其矩矱,后世不善持论,每以理与文为二事,故说理之文遂成语录。迩者哲学昌明,思想解放,傥能绍嵇生之绝绪,开说理之新涂,实文士之胜业也。以上论嵇康。

傅季友与任彦昇实为一派。任出于傅,《梁书》已有明文。案《南史·任昉传》云:"王俭每见昉文,必三复殷勤,以为当时无辈,曰:'自傅季友以来,始复见于任子。'"又云"昉尤长载笔,颇慕傅亮,才思无穷"。二子之文有韵者甚少。其无韵之文最足取法者,在无不达之辞,无不尽之意,行文固近四六,而词令婉转轻重得宜。黄祖称祢衡之文云"此正如祖意,如祖心中所欲言",傅、任之作,亦克当此。且其文章隐秀,用典入化,故能活而不滞,毫无痕迹,潜气内转,句句贯通:此所谓用典而不用于典者也。今人但称其典雅平实,实不足以尽之。大抵研究此类文章首重气韵,浸润既久自可得其风姿。至其词令隽妙,盖得力于《左传》《国语》，宜探其渊源，以究其修辞之术。案傅、任所作均以教令书札为多，惟以用典入化，造句自然，故迥非其他应酬文字所能及耳。清汪中《述学》颇得傅、任隐秀之致，宜参阅之。以上论傅亮、任昉。

六朝文之传于今者，以沈休文为最多，而《宋书》实其大宗也。《宋书》为《三国志》以下最古之史，叙事论断，并有可观。其纪传叙论亦能夹叙夹议，各有警策。蔚宗而后，此实称最。至其辨理之文，如《难神灭论》等。源出嵇康，在齐、梁之时，固足成家，而以参用藻采，不免浮泛，故与其法沈，无宁宗嵇。其表启作法，与任昉同，特不及彦昇之自然耳。以上论沈约。

庾子山文虽逊于前述诸家，然亦有可研究者，大抵六朝时人，皆能作四六文，工对仗，善用典；而徐陵、庾信所以超出流俗者，情文相生，一也；次序谨严，二也；篇有劲气，三也。故普通四六，文尽意止，而徐、庾所作，有余不尽。且庾文虽富色泽，而劲气贯中，力足举词，条理完密，绝非敷衍成篇。如《哀江南赋》等长篇用典虽多，而劲气足以举之。以视当时普通文章，殆不可同日语矣。有清一代学徐、庾者，惟陈其年维崧。可望其肩背，宜参阅之。以上论庾信。

三、学文四忌

无论研究何家,皆有易犯之通病,举所宜忌约有四端:

第一,文章最忌奇僻。凡学为文章,宜自平正通达处入手,务求高古,反失本色。如明之前后七子,李梦阳、王弇洲辈,为文远拟典谟,近袭秦汉。斑驳陆离,虽炫惑于俗目,而钩章棘句,实乖违于正宗。宜极力戒除,以免流于奇僻。且临文用字,亦当相体而施。赋主敷采,不避丽言,奇字联翩,未为乖体;如《三都》、《两京》、《子虚》、《上林》诸篇古字甚多,降至木华《海赋》之类用典益为冷僻,然以并属辞赋,故尚未可厚非,若易为诔颂,则乖谬矣。符命封禅,贵扬王庥,诡言遁辞,可兼神怪。如司马相如《封禅》、扬雄《剧秦美新》、班固《典引》之类。自兹而外,无论无韵之论说奏启,有韵之赞、碑、颂、铭,傥用古字以鸣高,转令气滞而光晦,蔡、班、陆、范晔、诸家,未尝出此也。故扬雄手著《训纂》,邃于小学,虽《太玄》、《法言》窃拟经传,《甘泉》、《羽猎》侈陈僻词,而箴颂奏疏,鲜复类此,而初学为文,可以知所法矣。若必拟典谟以矜奇,用古字以立异,无异投毛血于殽核之内,缀皮叶于衣袂之中,即使臻极,亦祇前后七子之续而已!然奇僻者,非锤炼之谓也。试读蔡中郎、陆士衡、范蔚宗三家之文,何尝不千锤百炼,字斟句酌,而用字平易,清新相接,岂有艰涩费解之弊?是知锤炼与奇僻,未可混而言之。又《史记》一书,示法甚多。而其文调,不尽可袭。如因拟其成调,以致文义不通,则貌为高古,反贻画虎不成之诮,其弊亦与奇僻等耳。

第二,文章最忌驳杂。所谓驳杂,有文体驳杂、用典驳杂、字句驳杂之殊。大抵古人能成家,必有专主,无所专主,必致驳杂。故学为文章者,或主汉魏,或主六朝,或主唐宋,如能纯而不驳,皆克有所成就。若一篇之中忽而两汉,忽而六朝,纷然杂出,文不成体,有如僧衣百结,虽锦不珍,卫文大布,反为朴茂。此文体不可驳杂一也。数典用事,须称其文,前后杂出,即为乖体。故碑铭之类,体尚严重,镕经铸史,乃克堂皇,如参宋、明杂书,于文即为不称。此用典不可驳杂二也。专学六朝或唐宋之文者参用后世典故犹不为病。章有杂句,足为篇疵;句参杂字,适成句累。故用字宅句,亦贵单纯,必须翦裁驳杂,辞采始能调和。此字句不可驳杂三也。综兹三患,体纯为难,前人虽有融合各体自成一家者,然于各体之中,亦必有所侧重,否则难免流于驳杂矣。

第三,文章最忌浮泛。凡学为文章,无论有韵无韵,皆宜力避浮泛。浮泛者,文溢于意,词不切题之谓也。自汉、魏以迄晋、宋,文章虽有优劣,而绝少夸浮。及齐、梁竞尚藻采,浮词因以日滋,下逮李唐,益为加厉。试观《史记》及前、后《汉书》,纪传既不浮泛,论赞尤少盈辞。如《后汉书》中党锢、逸民、江革、左雄、王衍、仲长统诸序论,句各有意,绝无溢词。蔡伯喈、陆士衡辈,虽在长篇,亦能以文副意。如陆机《五等论》、《辨亡论》等篇幅虽长,而无敷衍文辞、不与题旨相应之句。故能华而不浮,后人为之,不能称是矣。齐、梁以降,则文章浮泛与否,因作家之造诣殊,若任昉、庾信,一代名家,其行文遣词,鲜溢题外;而湘东草檄,非关序贼,文多夸浮,贤者不免。《南史·萧贲传》湘东王为檄,贲读至"偃师南望,无复储胥露寒;河阳北临,或有穹庐毡帐",乃曰:"圣制此句非无过似,如体自朝廷非关序贼。"王大怒。此文多溢词之证。自郐以下,益可知矣。至于晚唐四六,远逊梁、陈,而李义山所以独轶群伦者,亦以其免于浮泛耳。是知名家与非名家之别,系于浮泛与不浮泛者至巨。然浮泛者,非驰骋之所谓也。语不离宗,驰骋无害;文溢于意,浮泛斯成。范蔚宗云:"常谓情志所托,故当以意为主,以文传意,以意为主,则其旨自见,以文传意,则其词不流。"妙达此旨,殆可免于浮泛之弊矣。

第四,文章最忌繁冗。文章与语言之异,即在能敛繁就简,以少传多,故初学为文,首宜戒除繁冗。试观《史记》、《汉书》,非特记事之文言简事赅,即论赞之类,亦并意繁词炼。如《史记·五帝本纪赞》及《孔子世家赞》皆寥寥数十字,而含意十余层,若尽举其意,衍为白话,再即白话译为文言,则文之繁芜,奚啻倍蓰?至于《汉书》字句,尤较《史记》精炼,凡《史记》中有可省者,《汉书》并为删削,试以《史记·项羽本纪》、《陈涉世家》与《汉书》项籍、陈胜两传对较,则可知其繁简之异矣。惟敛繁就简之术,非皆下笔自成,实由锤炼而致。如作记事之文,初稿但求尽赅事实,而后视全篇有无可删之章,每章有无可节之句,每句有无可省之字。必使篇无闲章,章无赘句,句无冗字,乃极简炼之能事。推之有韵或四六之文,亦当文简意赅,不贵词芜无当。试观蔡伯喈所作碑铭,凡两句可包者,绝不衍为四句,使齐、梁人为之,即不能如此,然文之有关开合者,删之则气促;词之堪作警策者,删之则气薄。既与冗赘不同,即当不予翦截。斯则神而明之存乎其人矣。至于嵇叔夜之《声无哀乐论》及《宅无吉凶摄生论》,析理绵密,立意深刻,陆士衡之《五等论》及《辨亡论》,或记典制因革,或溯历代乱源,皆因意富而篇长,不由词芜而文冗。使出沈休文、任彦昇手,篇幅尤当倍之。若此之类,盖与繁冗异致矣。

综此四端,胥为厉禁,初学为文,宜祥审之。

四、论谋篇之术

　　刘彦和云："夫人之立言,因字而生句,积句而成章,积章而成篇。篇之彪炳,章无疵也;章之明靡,句无玷也;句之清英,字不妄也。"此谓立言次第须先字句而后篇章,而临文构思,则宜先篇章而后字句。盖文章构成,须历命意、谋篇、用笔、选词、炼句五级。必先树意以定篇,始可安章而宅句。若术不素定,而委心逐辞,异端丛至,骈赘必多!故无论研究何家之文,首当探其谋篇之术。谋篇者,先定格局之谓也。以《史记》、《汉书》言之:《史记·萧曹列传》历叙生平,首尾完具;《孟荀列传》藉二子以叙当时之人;《管晏列传》但载其逸文逸事,凡见于二子之书者皆屏而不叙;至于《伯夷列传》几全为议论,事实更少。夫同为列传,而体变多方,设非先定篇法,岂能有若许格局?是知文章取材,实由谋篇而异,非因材料殊异,而后文章不同也。《汉书·王吉贡禹列传》以四皓事叙入篇中,与《史记·孟荀列传》之例正同,作史贯串之法,于此可见。又《五行志》记载京房、董仲舒之言,于其学术思想,可窥厓略,是读史非特有关叙事,抑且有裨考据矣。再就蔡中郎之文论之,其所为碑铭,往往一人数篇,而篇法各异。如《杨公碑》、《胡公碑》、《陈太丘碑》等皆然。如《陈太丘碑》共有三篇:一篇但发议论,不叙事实;两篇同叙事实,而一详生前,一详死后,使非谋篇在前,安能选材各异?世谓碑铭之文千篇一律,惟修辞有工拙者,岂其然乎?是知作文立法,

125

因意谋篇者其势顺,由篇生意者其势逆。名家作文,往往尽屏常言,自具杼柚,即由谋篇在先,故能驭词得体耳!陆士衡文可就《辨亡论》以考其谋篇之术。此论上下两篇,意思相连,而重要结论皆在下篇末段,盖必先定主旨篇法,而后将事实填入,此所谓先案后断法也。任彦昇所为章表,代笔甚多。然或因所代不同,而口气异致;或因一人数表,而前后殊途:并由谋篇在先,始能各不相犯。推此可知,六朝人所作章表贵在立言得体,而不在骈罗事实,不肯割爱,转为文累。即如《史记》之《管晏》、《伯夷》等传所以篇法奇特不落恒蹊,亦以其捐弃事实,肯于割爱而已。然文章亦有不能割爱者,如嵇叔夜之《声无哀乐论》等,弥纶群言,研精一理,必使心与理会,弥缝莫见其隙,辞共心密,敌人不知所乘。倘不考虑周详,难免授人以柄。自此而外,作碑铭者,如欲历数生平,宏纤毕备;论事理者,如欲胪陈往迹,小大不遗,必至繁芜冗长,生气奄奄:此并不知谋篇之术,而吝于割爱者也。至于庾子山文,亦知谋篇之法。如《哀江南赋》先叙其家世,而后由梁之太平,叙及梁之衰乱,层次分明,秩然不紊。必当先定格局,而后选词属文,始能篇幅甚长,而不伤于繁冗。故无论研究何家之文,均须就命意、谋篇、用笔、选词、炼句五项,依次求之。谋篇既定,段落即分。大抵文之有反正者,即以反正为段落;无反正者,即以次序为段落。如论说之类有反正两面,碑铭即无反正,颂不独无反正,且无比喻,匡衡、刘向之文以正面太少,故用比喻甚多。模拟古人之文,能研究其结构、段落、用笔者,始可得其气味;能了解其转折之妙者,文气自异凡庸。若徒致力于造句炼字之微,多见其舍本逐末而已矣。

五、论文章之转折与贯串

古人文章之转折最应研究,第在魏晋前后其法即不相同。大抵魏晋以后之文,凡两段相接处皆有转折之迹可寻,而汉人之文,不论有韵无韵,皆能转折自然,不著痕迹。试观蔡邕所作碑铭,序文头绪虽繁,而不分段落事迹自明;铭词通体四言,而不改句法,转折自具。例如《胡公碑》以"七被三事,再作特进"八字消纳胡广屡次之黜陟,《四部备要》据海原阁校刊本《蔡中郎集》卷四,页六,严可均辑《全后汉文》卷七十六,页四。《范史云碑》以"用行思忠,舍藏思固"八字赅括范丹一生之出处。本集卷二百十五,《全后汉文》卷七十七,页八。而各篇序文亦并能硬转直接,毫不着力。此固非伯喈所独擅,即普通汉碑亦莫不然。使后人为之,不用虚字则不能转折。如事之较后者必用"既而"、"然后",另起一段者必用"若夫"之类。不分段落则不能清晰未有能如汉人之一气呵成,转折自如者也。

《史记》、《汉书》之所以高出后代史官者,亦在善于转折。自《晋书》以下,欲于一传之内叙述数事,非加浮词则文义不接,非分段落则层次不明,故其转折之处颇着痕迹。其在《史记》、《汉书》则虽叙两事而文笔可相钩连,不分段落而界划不至漫灭:此其所以可贵也。例如《史记·封禅》、《河渠》二书,自三代叙至秦汉,历年甚久,引据之书亦非一类,《封禅书》参用群经及《管子·封禅》篇,《河渠书》用《禹贡》及杂书。而各能一炉并冶,自然融和。又如《五帝本纪》

及夏、殷、周《本纪》多用《尚书》，但或采《书序》古文说，或采当时博士说，或径袭原文，或以训诂字易本字，而俨然抄自一书，不嫌驳杂。又如，《赵世家》多用《左传》，但记程婴、公孙杵臼立赵后，及赵简子梦之帝所射熊罴事，即不见于《左传》、《国语》，而能贯成一气，如天衣无缝。此并《史记》善于转折处也。

《汉书》武帝以前之纪传十九与《史记》同，但其不见于《史记》者，转折亦自可法。如贾谊之《治安策》原散见于《贾子新书》，而前后次序与此迥异，经孟坚删并贯串、组织成篇，即能一脉相承，毫不牵强。又如《董仲舒传》对江都王语原见于《春秋繁露》"对胶西王越大夫不得为仁"篇，虽颠倒错综，繁简异致，而能前后融贯，不见斧凿痕迹。推此可知，《汉书》删节当时之文必甚多，特以原文散佚已久，而孟坚又精于转折，故难考见耳。

至于《后汉书》列传中所载各家奏议、论事之文，大都经范蔚宗润饰改删。试与袁宏《后汉纪》相较，则范氏或删改其字句，或颠倒其次序，草创润色前后不同，转折之法于焉可见。例如《蔡中郎集》有《与何进荐边让书》，本集卷八，《全后汉文》卷七十三。《后汉书》采入《文苑·边让传》，《后汉书》卷一百十下。但锤炼字句，裁约颇多，以其始终贯串，转折无迹，如不对照原作，即毫不觉其有所改删，此最堪后学玩味者也。

然自魏、晋以后，文章之转折，虽名手如陆士衡亦辄用虚字以明层次，降及庾信，迹象益显。其善用转笔者，范蔚宗外当推傅季友、任彦昇两家。两君所作章表、诏令之类，无不头绪清晰，层次谨严，但以其潜气内转，殊难划明何处为一段何处转进一层，盖不仅用典入化，即章段亦入化矣。至于其他六朝人之文章，如颜延年《曲水诗序》、陆佐公《新刻漏铭》之类，段落皆甚显明，即不能称

五、论文章之转折与贯串

是，凡作排偶文章，于转折处之两联往往以上联结前，下联启后。此虽非转折之上乘，但勉强差可。若每段必加虚字，或一篇分成数段，如作寿序分为幼年中年晚年之类。不能贯成一气，则品斯下矣。清代常州骈文甚为发达，而每篇常用数字分段，此即才力不足之征。即用虚字过多，亦为古人所无。盖文章固应有段落，而篇篇皆可划出即不甚佳。如《史记》、《汉书》前后相接之处如藕断丝连，若绝若续。后人所划之段落未必尽然。他如蔡中郎、傅季友、任彦昇各家文章之段落亦皆不易截然划分者也。

文章贯串之法甚难。所谓贯串者，例如，《汉书·地理志》载某县有某官，《百官公卿表》即略之。盖此官以地为主，既见于《地理志》，后人即可藉知汉代官制有此一职矣。又如《史记·五帝本纪》中，帝尧后半之事迹多与帝舜前半之事迹相同；《齐世家》后半与《田敬仲世家》前半，及《晋世家》后半与韩、魏、赵三《世家》前半亦多关涉，但均能错综递见，绝不重犯。又同一事迹，或表详而世家、列传略，或传详而纪略，或纪详而传略，亦均参互照应以成章法，此记事文之通例也。大抵文章有一篇自成章法者，有合一书而成章法者，零杂篇章自应各具起讫，既合若干篇以成一书即应全书相为终始。此非特《史》、《汉》为然，即《后汉书》亦然。例如，《后汉书·党锢列传》既有专篇，则相关各人之本传即甚简略，实则篇章之作法亦不能外是：一篇之应互有详略，亦犹两传之互有详略不相重复也。

六、论文章之音节

古人文章中之音节,甚应研究。《文心雕龙·声律》篇即专论此事。或谓四声之说肇自齐、梁,故唐以后之四六文及律诗乃有声律可言,至古诗与汉魏之文则无须讲声律。不知所谓音节既异四声,亦非八病。凡古之名家,自蔡伯喈以至建安七子、陆士衡、任彦昇、傅季友、庾子山诸人之文,诵之于口无不清浊通流,唇吻调利。即不尚偶韵之记事文亦莫不如是,例如《史记》叙事每得言外之神,尝有词在于此而意见于彼之处,以其文中抑扬顿挫甚多,故可涵咏而得其意味。此《平准》、《封禅》两书,《货殖》、《游侠》、《伯夷》诸传所以可诵也。至于谱录簿籍之文,如《史记》三代世表、十二诸侯年表,及《汉书·地理志》、《艺文志》之类,皆无音节可诵。除此之外,《史记》固十之八九可诵,即《汉书》之《食货志》、《郊祀志》亦并音节通流,毫不窒碍。其纪、传后赞与《两都赋》后之《明堂诗》、《灵台诗》尤为雅畅和谐,为孟坚文中音节之最佳者。蔡中郎有韵之文所以高出当时即以其音节和雅耳。东汉一代之文皆能镕铸经诰,惟余子仅采用经书之字句组成,而伯喈则能涵咏《诗》、《书》之音节,而摹拟其声调,不讲平仄而自然和雅,此其所以异于普通汉碑也。至于建安七子之文愈讲音节。刘彦和云:"洎夫建安,雅好慷慨。"以其文多悲壮也。例如陈琳《为袁绍檄豫州文》,壮有骨鲠,克举其词。大凡文气盛者,音节自然悲壮;文气渊懿静穆者,音节自然和雅:此

六、论文章之音节

盖相辅而行,不期然而然者。阮嗣宗之文气最盛,故其声调最高,亦自然而致也。自魏、晋以迄唐世,文章渐趋四六,其不能成诵者盖寡。文章所以不能成诵,厥有二因:一由用字不妥贴。为文选字甚难,尽有文义甚通,而与音节相乖,以致声调不谐者。一由用字过于艰深。用字冷僻,则音节易滞。倘有意求深,即使辞句古奥,而音节难免艰涩。清代常州董祐诚、继诚兄弟之文,以古书及冷字僻典堆砌成篇,而诵之不成音节,此与壁垒坚固、空气不通奚异?文之音节本由文气而生,与调平仄讲对仗无关。有作汉、魏之文而音节甚佳,亦有作以下之四六文而不能成诵者,要皆以文气疏朗与否为判,《庄子》云"阆谷生风",此之谓也。普通汉碑以用经书堆砌成篇,不如蔡中郎文有疏朗之气,故音节遂远逊之。范蔚宗文甚疏朗,且解音律。其《自序》云:"性别宫商,识清浊。"沈约诸人多祖述其说。故其文之音节尤可研究。例如《后汉书·六夷传序》、《党锢传序》、《逸民传序》、《宦者传序》诸篇,几无一句音节不谐,而其诸赞,诵之于口适与四言诗无异。大抵碑、颂、诔、赞各体,皆宜参以魏、晋四言诗之音节,倘能涵泳陶靖节《荣木》、《停云》诸篇而施诸碑、铭、颂、赞,则其音节必无窒碍之病矣。

文之音节既由疏朗而生,不可砌实,而陆士衡文甚为平实,而气仍是疏朗,绝不至一隙不通,故其文之抑扬顿挫甚为调利。且非特辞赋能情文相生、音节和谐,即《辨亡》、《五等》诸论亦无不可诵。非必徐、庾以降之四六文始有音节也。汉之乐府《孔雀东南飞》、《古诗十九首》,及歌谣等皆可诵之于口。惟专以字句堆砌者亦不能成诵,例如史游《急就篇》之七字韵语,及《柏梁台诗》之"枇杷菊栗桃李梅"等皆此类也。

大凡文之音节皆生于空。清代汪容甫之文篇篇可诵,绎其所法,亦不过任昉、陈寿数家而已。又陈维崧之文取法虽低,而有音节。至乾隆以后之常州骈文,如董祐诚兄弟所用亦为三代以上之书,而堆砌成篇毫无潜气内转之妙,非特不成音节,文亦甚晦,绝无辉煌之象。孔撝轩虽喜用典,而音节流利,即由其文章有空处耳。唐代李义山用典甚轻,音节和谐,故为一代名家。然非谓用典过多音节即不调谐也。如庾子山等哀艳之文用典最多,而音节甚谐,其情文相生之致可涵泳得之,虽篇幅长而绝无堆砌之迹。又如任彦昇之文何尝不用典?而文气疏朗,绝无迹象,由其能化也。故知堆砌与运用不同,用典以我为主,能使之入化;堆砌则为其所囿,而滞涩不灵。犹之锦衣缀以敝补,坚实芜秽,毫无警策洁净之气,凡文章无洁净之气必至沉而且晦:沉则无声,晦则无光,光晦而声沉,无论何文亦至艰涩矣。

　　文章最忌一篇只用一调而不变化。六朝以上大致文调前后错综,不相重犯。即同为四言而上两句绝不与下一句相重,此由音节既异,文气亦殊也。试观察伯喈、陆士衡之文,虽篇篇极长而每段绝无相犯之调。盖汉人之调虽少而每篇辄数易之。自魏、晋以下,则每篇皆有新调。如吴质之书札及陆士衡之《五等论》,即其例也。降及六朝,文调益为新颖,夫变调之法不在前后字数不同,而在句中用字之地位,调若相犯,颠倒字序即可避免。故四言之文不应句句皆对,奇偶相成,则犯调自鲜。如句句对仗即不免陷于堆砌矣,然自庾子山后知此法者盖寡。子山能情文相生且自知变化,尚不为病。后世无其特长,而学其对仗,长篇犯调,精彩全无。使人观之,不谓为修饰不洁,即谓为音节不佳,结体全无,皆不知变调之过也。

七、论文章有生死之别

文章有生死之别，不可不知。有活跃之气者为生，无活跃之气为死。文章之最有生气者，莫过于前三史。《史记》记事最为生动，后人观之犹身历其境。如《项羽本纪》中叙巨鹿之战及鸿门之会、垓下之败，《史记》卷七。皆句句活跃。《周昌列传》叙谏废太子，其活跃情形，溢于纸上。《史记》卷九十六。又《刺客列传》叙荆轲刺秦王一段，亦须眉毕观。《史记》卷八十六。更就《汉书》而论，如记霍光废昌邑王一事，前叙太后所著之衣服，继叙宣读诏书，而将太后之言插于其中，当时之情态，即栩栩欲生。《汉书》卷八十六。至于《后汉书》中郅恽、卷五十九。范滂、卷九十七。第五伦、卷七十一。宋均、卷七十一。王霸卷五十。诸传，叙述生动，亦与《史》、《汉》相同。大抵记事文之生死皆系于用笔：善用笔者，工于摹写神情，故笔姿活跃；不善用笔者，文章板滞，毫无生动之气，与抄书无异。夫文章之所以能生动，或由于笔姿天然超脱，或由于记事善于传神。如画蝴蝶然，工于画者既肖其形，复能传其栩栩欲活之神；不工于画者徒能得其形似而已。今欲研究前三史，宜看其文章之生动外皆在于描写之能传神也。《元史》固亦有纪、传、表、志，而但就当时之公牍官书抄写而成，记事疏漏，文章直同账簿，以视《史》、《汉》，若天渊悬殊，此由于记事文有生死之别也。

至于其他各体亦莫不然。试就蔡伯喈、陆士衡、任彦昇诸家研究之，皆可见其文章生动之致。凡文章有劲气，能贯串，有警策而文采杰出即《文心雕龙·隐秀》篇之所谓"秀"。者乃能生动，否则为死。盖文有劲气，犹花有条干。即陆士衡《文赋》所谓"理扶质以立干，文垂条而结繁"。条干既立，则枝叶扶疏；劲气贯中，则风骨自显。如无劲气贯串全篇，则文章散漫，犹如落树之花，纵有佳句，亦不足为此篇出色也。蔡中郎文无论有韵无韵皆有劲气。陆士衡文则每篇皆有数句警策，将精神提起，使一篇之板者皆活。如围棋然，方其布子，全局若滞，而一着得气，通盘皆活。又文章之轻重浓淡互为表里，用笔重者易于浓，用笔轻者易于淡，此为一定之理。陆士衡用笔最重，故文章极浓；蔡中郎用笔在轻重之间，故其文浓淡适中；任彦昇用笔最轻，故文章亦淡。惟所谓浓淡与用典无关。任非不用典之淡，陆亦非全用典之浓。其文境之浓淡盖就用笔之轻重而分。任文能于极淡处传神，故有生气。犹之远眺山景，可望而不可及，实即刘彦和之所谓秀也。每篇有特出之处谓之"秀"，有含蕴不发者谓之"隐"。学任之淡秀可有生气，学蔡、陆之风格劲气亦可有生气，此殆文章刚柔之异耳。陆、蔡近刚，彦昇近柔，刚者以风格劲气为上，柔以隐秀为胜。凡偏于刚而无劲气风格，偏于柔而不能隐秀者皆死也。庾子山所以能成家者，亦由其文有劲气而已。上文言记事之文以善传神者为生，而有韵及偶俪之文则以句句安定者为生。凡不安定之句，多由杂凑而成。篇中多杂凑之句，则亦不能成篇矣。故古人作文最重文思。文思不熟，虽深于文者亦难应手。文至不应手时，即不免于杂凑，此为文之大忌也。为文若能先求句句安定，则通篇必能恰到好处，绝无混含之语。又对于前人之书有可删节颠倒者，有不能增减移易者。如《史》、《汉》之中凡后人视为可合并者，其文固已合并。但如《史记·天官书》及《汉书·五行志》，文皆本于阅览之象，必须依据前人记载，不能增减一字，故其文甚繁，不以生动为尚。至于《史记·乐书》，本于《礼记·乐记》，而其次序词句经史公颠倒合并以传神之处甚多。唐人谓褚少孙多颠倒《史记》之次序，亦但就纪传及《乐书》之类而言，若《天官书》则绝不能移易也。总之，记事之文有数句传神之语，文章前后即活；有韵及四六之文，中间有劲气，文章前后即活。反之，一篇自首至尾奄奄无生气，文虽四平八稳，而辞采晦，音节沉，毫无活跃之气，即所谓死也。设陆士衡《吊魏武帝文》《文选》卷六十。及袁彦伯《三国名臣序赞》《文选》卷四十七。去其中间警策之数段，则全篇无生气。故文有警策，则可提起全篇之神，而辞义自显，音节自高。是知文章之生气与劲气警策互相维系。生气又谓之精彩，言有生气有辞彩也，有生气有风格谓之警策，有风格有生气兼有辞彩始能谓之高华。为文而不能具是三者，不得语于上乘也。

八、《史》、《汉》之句读

研究《史记》、《汉书》者,不可不明其句读。《史记》之句读可依《索隐》、《集解》各家之说断之,《汉书》之句读可依颜师古注辨之。刘攽、宋祁之驳正亦多可从。所以必须辨明句读者,以句读明而后意思可明也。且《史》、《汉》每句并不苟言,如句读不清,而文章精神全失。盖文章本有驰骤及顿挫两种,《史》、《汉》中二者皆不废。文章有顿挫而无驰骤则失之弱,有驰骤而无顿挫则失之滑。欲明其文中驰骤顿挫之处,则非明其句读不可。《史记》有一字句,亦有一句多至二十余字者。至于《后汉书》为刘宋时人手笔,句读较为易求,其余各家之句读则以有韵及四六之文为多,亦无须研究。惟研究《史》、《汉》者若不明其句读,即不足以见其章法也。

九、蔡邕精雅与陆机清新

研究蔡伯喈与陆士衡之文,应寻古人对于蔡、陆之评论。陆士龙《与兄平原书》每评论士衡文章之得失,就其所论推其所未论,可资隅反之处颇多。其中有云:"往人论文,先辞而后情,尚洁而不取悦泽。尝忆兄道张公父子论文,实欲自得。今日便宗其言。兄文章之高远绝异,不可复称言。然犹皆欲微多,但清新相接,不为病耳。"《全晋文》卷一百二,页四。今观士衡文之作法大致不出"清新相接"四字。"清"者,毫无蒙混之迹也;"新"者,惟陈言之务去也。士衡之文,用笔甚重,辞采甚浓,且多长篇。使他人为之,稍不检点,即不免蒙混或人云亦云。蒙混则不清,有陈言则不新,既不清新,遂致芜杂冗长。陆之长文皆能清新相接,绝不蒙混陈腐,故可免去此弊。他如嵇叔夜之长论所以独步当时者亦只意思新颖,字句不蒙混而已。故研究陆士衡者应以清新相接为本。

至于蔡中郎之文亦绝无繁冗之弊,《文心雕龙·才略》篇云"蔡邕精雅",实为定评。研治蔡文者应自此入手。精者,谓其文律纯粹而细致也;雅者,谓其音节调适而和谐也。今观其文,将普通汉碑中过于常用之句,不确切之词,及辞采不称,或音节不谐者,无不刮垢磨光,使之洁净。故虽气味相同,而文律音节有别。凡欲研究蔡文者,应观其奏章若者较常人为细,其碑颂若者较常人为洁,音节若者较常人为和,则于彦和所称"精雅"当可体味得之。

惟研究一家之文,有探及里面者,有但察其表面者。蔡、陆之文就表面观之甚易摹拟,而嵇叔夜《声无哀乐论》之类《全三国文》卷四十九,页一。甚难摹拟。实则不然。如摹拟蔡、陆者只得其貌而遗其神,即使毕肖,亦形似而非神似。况研究一家之文本应注重其神情,不可拘于句法。如仅将经书中之四字句组合运用而成篇,则学蔡岂不大易? 不知伯喈之文每篇皆有转变。如《杨公碑》、《胡公碑》、《陈太丘碑》等各篇有各篇之作法,不独字句不同,即音调亦有变化。绝非凑足四言便可谓为成功也。陆士衡文亦有特能传神之处。学陆文者应先得其警策,警策既得,然后从事于炼句布采。如徒摹拟其字句,而遗其神韵,亦徒得其表而遗其里耳。至于嵇叔夜之长论表面若甚难学,实则摹拟各家者取术不同。盖嵇叔夜开论理之先,以能自创新意为尚。篇中反正相间,主宾互应,无论何种之理,皆能曲畅旁达。善学嵇者宜先构思,新意既得,然后谋篇布势,再定遣词之法,或全用比喻,或专就正题立言。务期意翻新而出奇,理无微而不达。苟能如此,则叔夜之精华已得,奚必摹拟其句调? 试观六朝论理之文,绝无抄袭叔夜之词句者,惟分肌擘理,构思精密之处得之于嵇而已。

　　无论研究何家,皆以摹拟其神情为上,而以摹拟其字句者为下。且蔡、陆之文尚有字句声调可拟,而任彦昇、傅季友之文全无形迹可学,即使酷摹其句调,亦难勉肖于丝毫。此由任、傅以传神胜,其佳处超乎字句以外。如仅趋步其字句则犹人仅有体魄而无灵魂。故凡学任、傅之文者,应得其传神之妙,不可但拟其用典。如汪容甫文无一联一句摹拟任彦昇之词藻,而善能得其传神三昧,斯可贵也。又如摹拟徐陵、庾信之文者,亦应得其情文相生之处,而不可斤斤于字句。清代陈其年之文仅于言情处间肖徐、庾,此外但能拟其典故而已。

十、论各家文章与经子之关系

欲撢各家文学之渊源,仍须推本于经。汉人之文,能融化经书以为己用。如蔡伯喈之碑铭无不化实为空,运实于空,实叙处亦以形容词出,与后人徒恃"峥嵘"、"崔巍"等连词者迥异。此盖得诸《诗》、《书》,如《尧典》首二段虚实合用,表象之辞甚多。汉人有韵之文皆用此法,而伯喈尤为擅长。故研究蔡文者,必知其句中之虚实,乃能得其法门。且六朝以后,形容词用法甚严,状拟君王之词绝不能施诸臣民。汉文用实典甚少,故可不分地位。如"克岐克嶷"原称后稷聪明,见《诗经·大疋·生民》篇。而断章取义,则无妨用之童稚。又汉人用表象之词比附事实,故可繁可简,六朝人用史书之典比附事实,故不得不繁,此其大较也。班固之文亦多出自《诗》、《书》、《春秋》。故其文无一句不浓厚,其气无一篇不渊懿。《周礼》之文未尝不古质也,然以视《诗》、《书》之朴厚则有间矣。曹子建之文大致亦近中郎,惟浓厚细密间或过之。又研究陆士衡者必先熟读《国语》,盖《国语》之文虽重规叠矩而不觉其繁,句句在虚实之间而各有所指。文气聚而凝,选词安而雅,陆文得其法度遂能据以成家。如《辨亡》、《五等》二论,《文选》卷五十三及五十四。每段重叠至十余句,而句各有义,绝不相犯。斯并善于体味《国语》所致。研究陆文者应于此等处入手。又文章之巧拙,与言语之辩讷无殊。要须娴于词令,其术始工。词令之玲珑宛转以《左传》为最,而善于运用《左传》之词令者则以任昉称首。彦昇之文虽无因袭左氏字句之迹,而能化其词令以为己有。且疏密轻重各如其人之所欲言,口气毕肖,时势悉合,凡所表达无不恰到好处,是真能得左氏之神似者也。

研究各家不独应推本于经,亦应穷源于子。盖一时代有一时代流行之学说,而流行之学说影响于文学者至巨。战国之时,诸子争鸣,九流歧出,蔚为极盛。周秦以后,各家互为消长,而文运之升降系焉。约而论之,西汉初年,儒家与道、法、纵横并立。其时文学,儒家而外,如邹阳、朱买臣、严助等之雄辩,则纵横家之流也;贾谊《新书》取法韩非,则法家之流也;《史记》之文,兼取三家,其气厚含蓄之处,固与董仲舒《春秋繁露》为近,而其深入之笔法则得之法家,采《国策》之文,则为纵横家,故与纯粹儒家之文不同。

自武帝以迄建安,儒术独尊,故儒家之文亦独盛。如班固《汉书》不独表志纪序取法经说,即传赞亦莫不尔。就其文论,气厚而浓密,渊茂而含蕴,字里行间饶有余味,纯系儒家风格,与法家迥殊。盖法家之文,发泄无余,乏言外之意,说理固其所长,但古质而无渊懿之光;儒家之说理虽不能尽,而朴厚中自有渊懿之光。若孟坚则能备具儒家之特色者也。蔡伯喈之文亦纯为儒家,其碑铭颂赞固多采用经说,即论事之文亦取法《春秋繁露》,而文章之重规叠矩,则又胎息于荀子《礼论》、《乐论》。故虽明白显露,而文章自然含蕴不尽,文能含蕴则气自厚矣。研究班、蔡之文者,能含蕴不尽,即为有得。又班、蔡之文并渊懿而有光,与古质不同。李斯刻石虽古质而不渊懿,韩昌黎《平淮西碑》摹拟秦刻石,益古质而无光矣。

建安以后,群雄分立,游说风行。魏祖提倡名法,趋重深刻,故法家纵横又渐被于文学,与儒家复成鼎足之势。儒家则东汉之遗韵,法家纵横则当时之新变也。七子之中,曹子建可代表儒家,其作法与班、蔡相同,气厚而有光,惟不免杂以慨叹耳。王仲宣介乎儒、法之间,其文大都渊懿,惟议论之文推析尽致,渐开校练名理之风,已与两汉之儒家异贯。盖论理之文,"迹坚求通,钩深取极",《文心雕龙·论说》篇语。意尚新奇,文必深刻,如剥芭蕉,层脱层现,如转螺旋,节节逼深。不可为肤里脉外之言及铺张门面之语,故非参以名、法家言不可,仲宣即开此派之端者也。至于三国奏章皆属法家之文,斩截了当,以质实为主。王弼、何晏之文,所以变成道家,即由法家循名责实之观念进而为探索高深哲理耳。陈琳、阮瑀并以骈词为主,盖受纵横家之影响而下开阮嗣宗一派。故研究建安文学者,学子建应本于儒;学仲宣溯诸法;学阮、陈应求之纵横,最近亦当推迹邹阳;而嵇叔夜之长论,则非参合道、法二家之学说不为功。大抵儒家之文能"衍",法家之文能"推"。中国文学之最深刻者,莫过法家。如韩非《解老》、《喻老》及《说难》,层层辩驳逐渐深入,实议论文之上乘。建安以后,名、法盛行,故法家之文亦极发达。如王弼《易略例》、《易注》之作法皆出于《解老》、《喻老》。至嵇叔夜将文体益加恢宏,其面貌虽与韩非全殊,而其神髓仍与法家无异。综上所述。可知三国之文学最为复杂也。

降及西晋,法家道家亦颇发达,而陆士衡仍守儒家矩矱,多"衍"而少"推",一以伯喈、子建为宗。

是故就人而论,太史公书最为复杂;就时代而论,建安最为复杂。若以儒、法二家之文相较,则学儒家之文积气甚难。此惟可意会,不能言传。多读西汉初年之篇章,详味其衍及含蓄,久之自能有光。学法家之文,应先研究其文章分多面,句各有意,字不虚设,章无盈辞,且能屏弃陈义,孚甲新思,考虑周详,面面完到。自兹入手,庶能得所楷式矣。

十一、论文章有主观客观之别

文章有主观客观之别，今试就各家之文以说明之。夫文学所以表达心之所见，虽为艺术而颇与哲学有关。古人之学说，各有独到之处，故其发为文学，或缘题生意，以题为主，以己为客；或言在文先，以己为主，以题为客。于是唯心、唯物遂区以别焉。《史记》虽为记事之书，而一切人物皆由己意发挥。如《游侠》、《刺客》二传，所以反映当时之人不如郭解、荆轲；《货殖列传》，所以针对《平准书》，以见取民之法犹甚于贸易。与纪表之惟存古制并无深意者迥不相同。至于《封禅书》所以与《礼书》分立者，一以抒己意，一以存古制而已。此外如世家首泰伯，列传首伯夷，而列传之题或以姓标，或以名标，或以字标，或以官标，虽并记事实而各有进退。可知《史记》之文主观固不减于客观也。后世文学所以不及《史记》者，以其题在意先，就题为文，属于唯物的文学；《史记》则意在题先，借题发挥，属于唯心的文学。唯心能归纳，唯物只能演绎。《史记》八书，皆先定主意。而后借古今事实以行文。以视《汉书》八志，体裁虽同，而作法则殊。盖《汉书》为存一代之掌故，以记事渊茂，叙述得法为主。故记五行即就五行立言，记天文即依天文为说。《史记》欲借事立言，以发挥意见为主。如《礼书》本于荀卿《礼论》，《乐书》出自《礼记·乐记》，明其对于礼、乐之意见，与荀子《礼记》相同也。《汉书》以下，客观益多，降及六朝，史自史而我自我,等于官书,毫无主观之致矣。

　　各体文学,亦有主观、客观之殊。如《三都》、《两京》同属客观之赋,而《思玄》、《幽通》则以发挥己意为归。屈原《离骚》,体属唯心,而荀卿《蚕赋》,则宜隶唯物。溯源竟流,亦犹王粲《登楼》与蔡邕《短人》之异耳。吊文哀词贵抒己悲,墓志碑铭重在死者,主客异致,心物攸分。蔡中郎擅长碑铭,故客观之文学多。至于唐宋八家之文,作墓志而附加己意,未免乖体。议论之文亦非尽主观,如顾欢《夷夏论》等,专以实在之事理为主,不悉以己意为凭,殆属客观文学。惟道家者流,历论古今成败,以证己心之观念,则纯为主观文学。太史公之学说出于黄老,故能以心驭事,非如后世之心为事役也。两汉之时,儒家盛行,学术统一,除《太史公书》兼采儒、道、纵横外,其余各家皆内观少而外观多,舍唯心而趋唯物。降至正始,嵇、阮倡为道家之文,校练名理,辨析玄微,唯心之风,又复转炽。如阮嗣宗《乐论》非述乐之沿革,《易论》亦异《易》之注疏,惟以己意贯串,故与堆积事实者不同。又如嵇叔夜之《养生论》,句句出于己心;《声无哀乐论》亦能发前人所未发。以此上较东汉之文,如刘梁《辨和同》之敷衍成篇,班彪《王命论》之但就史实判断者,显然主观与客观不侔矣。陆士衡亦长于唯物文学,与蔡中郎相近,而平实盖犹过之。观其《文赋》专写为文之甘苦,其诗亦无一句不实。若《五等论》之类,就题为文,丝毫不遗,殆与《三都》、《两京》之作法相同,亦由归纳之处少而演绎之处多耳。潘安仁之诔文,纯表心中之哀思,以空灵胜,情文相生,非客观所能有,故能独步当时,见称后代也。由上所论,可知文章各体虽非尽属主观,而如情文相生之哀吊,校练名理之论辨,援事抒意之传记,固应以唯心为尚也。

十二、神似与形似

　　近人论文,谓摹拟一代或一家之文,不主形似,但求神似。此实虚无缥缈,似是而非之论。盖形体不全,神将奚附?必须形似乃能羼然不辨,此固非工候未至者所能赞一词也。夫杼柚篇章,岂为易事?章法句法既宜讲求,转折贯串犹须注意。逮至色泽匀称,声律词谐,然后乃能略得形似。形似既具,精神自生。学班、蔡之文者,不独应留意句法章法,且须善于转折。李申耆有拟东汉碑铭各篇,规模略具矣。凡模拟古人文学,须从短篇及单纯之意思入手,而徐进于长篇及复杂之意思。至镕各家为一炉之语,殆空谈耳。清代汪容甫作碑铭杂用《国语》、《国策》、《史记》、《汉书》诸体,而参之以唐宋之文,遂至骈散皆不可辨,此镕合之弊也。又文章之美,全由性情。嵇康、阮籍固不相同,与王弼、何晏尤不相类。故模拟古人之文须先沟通其性情之相近者,若不可沟通,则无妨恝置。王半山、黄山谷学杜俱能得其一体,故能流传于后。若明前七子之诗虽不甚劣,而其文章则挦扯《庄》、《荀》、《史记》之调而沟通之,所以不足道也。《七启》亦是摹拟之作,然而不为病者,以其规模仍旧,而字句翻新耳。学陆士衡之文,仅知炼句尚不可,必须炼柔句为刚句,劲如枝之不可折,斯可矣。

十三、文质与显晦

文学之性质，有相反者二事，而不可一有一偏无焉。兹述之如下：

（一）文与质最相反者也。东汉一代文质适中，赋、诗、论、说、颂、赞、碑、铭各体，皆文质相半。惟张平子、班孟坚，文略胜质；蔡中郎之碑铭则有华有质，章奏亦得其中。建安以后，文风丕变，有文胜质者，有质胜文者。辞赋高华，较东汉为胜；章奏质朴，较东汉为差。《东观汉纪》及袁宏《后汉纪》所载东汉诸人之章奏，皆文质适中，即考据议礼之文亦有华彩可观，非如建安、三国之重名实而求深刻也。西晋之时，陆士衡之表疏，如《谢平原内史表》等，文彩彬蔚，与辞赋无殊。其余各体亦皆文质相参。嗣宗高华，亦未舍质。故知后世惊彩绝艳之文，格实不高，与宋人语录相较，一浅一深，其弊则同耳。欲求文质得中，必博观东汉之文，以蔡中郎诸人为法，乃可成家。观《晋》、《隋》两书之《礼志》及杜佑《通典》诸议礼文字，虽主考据而并有文彩；《颜氏家训》各篇亦质而有文，与后世之质朴者相去远甚。故文质得中，乃文之上乘也。

（二）文章有显有晦，各有所偏。扬子云《太玄经》及《剧秦美新》等固有艰深之字句，而《十二州箴》及《赵充国颂》等篇，则文从字顺，毫不冷僻。可见古人作文固非尽隐晦难知者。又文之通病显则易浅，深则易晦。锤炼之极则艰深之文生。然陆士衡之文虽极力锤炼,而声调甚佳,风韵饶多,华而不涩。西晋普通之文俱极隽妙,而绝不浅俗。若清之董祐诚故意堆积故实,则深而流于晦;袁子才务期人尽可晓,则显而流于浅,均未得其中也。古人之文,深而流于艰涩者,除樊宗师之《绛守居园记》外,绝不多见。盖文章音调,必须浅深合度,文质适宜,然后乃能气味隽永,风韵天成。潘安仁、任彦昇之文所以风韵盎然者,正以其篇篇皆在文质之间耳。

十四、文章变化与文体迁讹

　　凡文章各体皆有变化,但与变易旧体不同。就篇法而论:如纪传体之先后,本应以事实为序,然因事之重轻间或用倒叙法。《史记》各传,通例皆用顺叙,而《卫青霍去病列传》即两人插叙,年月次序丝毫不紊。《汉书》各传,皆传前论后,而《王吉贡禹列传》则先叙商山四皓,发为议论。又《扬雄传》内只引其自序,实在事迹反叙于论内。变化虽繁,要并与传体无悖。蔡中郎之《杨炳碑》,尽用《尚书》成句,虽与普通各篇不同,而虚实并存,亦不乖碑体,此皆在本体内之变化,而非以他体作本体之文。绝无以传为碑或以碑为传者。降及六朝唐世,仍循此例,未尝乖忤。此篇法变化无关文体者也。就句法而论:古人之变化亦甚多。试即对偶一端而言,有上句用两人名,下句用一人名者;有上句用地名,下句用人名者;亦有上下两句同用一意者。此种词例甚多,无非求句法新颖,不与前人雷同而已。两汉之文如蔡中郎诸人之声调,乍视似不悬殊,若写为声律谱以较,则其句法词例无虑百余种。建安文学所以超轶当时者,亦以其诗文之声调句法为两汉所未有。如吴质《与陈思王书》,即其例也。故学一家之文,不必字摹句拟,而当有所变化。文章中之最难者,厥为风韵、神理、气味,善能趋步前人者,必于此三者得其神似,乃尽摹拟之能事,若徒拘句法,品斯下矣。凡一代之名家,无不具此三者;而各家之间又复不同。如陆士衡与潘安仁各有气味,自成风韵,异曲同工,不能强合。至于文章之神理,尤为难能可贵,即谢康乐所谓"道以神理超"也。如潘安仁、任彦昇之文皆有神理,但或从情文相生而出,或从极淡之处而出,或从隐秀之处而出。凡学古人之文,必须寻绎其神理与风韵,若面貌毕肖,而神理风韵毫无,不足与言拟古矣。陆士衡于碑铭一体,心摹神追蔡中郎,其篇幅虽长,偶句虽多,而文章之转折,句法之简练,以及篇章之结构,皆能具体而微。谢康乐之文颇似潘安仁,而其论体则摹拟嵇叔夜。虽体裁无嵇之大,而作法得嵇之工夫甚深。间有数篇,置之嵇文中亦不辨真赝。又六朝人之学潘安仁而能得其风韵者,则惟谢庄、谢玄晖二人。颜延年之文,亦可以为士衡之体贰,不独炼句似陆,即风韵亦酷肖之。陆之风韵在"提"与"警",延年得其一隅,故能俨然近真,惟其诗尚不及陆之显耳。江文通之文,得力于《楚辞·九歌》者甚深。其体裁句法未必篇篇皆肖,而神理风韵殆能心慕神追。可知摹拟一家之文,必得其神理风韵,乃能得其骨髓。句法无妨变化,而气味实质不宜相远。研览六朝人学两汉三国西晋之文,即可为后世摹拟一家之模范矣。

　　至于文章之体裁,本有公式,不能变化。如叙记本以叙述事实为主,若加空论即为失体。《水经注》及《洛阳伽蓝记》华彩虽多,而与词赋之体不同。议论之文与叙记相差尤远。盖论说以发明己意为主,或驳时人,或辨古说,与叙记就事直书之体迥殊。所谓变化者,非谓改叙记为论说或侪叙记为词赋也。世有最可奇异之文体,而世人习焉不察者,则杜牧《阿房宫赋》,及苏轼之前、后《赤壁赋》是也。此二篇非骚非赋,非论非记,全乖文体,难资楷模。准此而推,则唐以后文章之讹变失体者,殆可知矣。又六朝人所作传状,皆以四六为之。清代文人亦有此弊。不知《史》、《汉》之传,体裁已备，作传状者，即宜以此为正宗。如将传状易为四六，即为失体。陈思王《魏文帝诔》于篇末略陈哀思，于体未为大违，而刘彦和《文心雕龙》犹讥其乖甚。唐以后之作诔者，尽弃事实，专叙自己，甚至作墓志铭，亦但叙自己之友谊而不及死者之生平，其违体之甚，彦和将谓之何耶？又作碑铭之序不从叙事入手，但发议论，寄感慨，亦为不合。盖论说当以自己为主，祭文吊文亦可发挥自己之交谊，至于碑志序文全以死者为主，不能以自己为主。苟违其例，则非文章之变化，乃改文体，违公式，而逾各体之界限也。文章既立各体之名，即各有其界说，各有其范围。句法可以变化，而文体不能迁讹，倘逾其界畔，以采他体，犹之于一字本义及引伸以外曲为之解，其免于穿凿附会者几希矣。

十五、汉魏六朝之写实文学

今之论者辄谓六朝文学只能空写而不能写实。抑知汉魏六朝各家之文学皆能写实，其流于空写者乃唐宋文学之弊，不得据以概汉魏六朝也。

中国古代之文体，本有数种，如《诗经》虽有赋、比、兴，而其中复有虚比。《周礼》之记官制固用写实，而只举大纲，不及细目，故此二经之文体不尽为写实，然《仪礼》一书则可为写实之楷模。其记某礼也，自始至终，举凡宾主之仪节方位，以至升降次第，一步一言，无不详细记载，须眉毕现。如《乡饮酒礼》于宫室制度，揖让升降，乃至酒杯数目皆描写尽致，今观其文即可想见当日之情形，此张皋文所以据之作《仪礼图》也。

再就史书而论，《史》、《汉》之所以高出于后代者，即在其善于写实。故每记一事，则经过之曲折，纤细不遗；记战争则当日之策画了如指掌。例如《史记·留侯世家》中记郦食其劝立六国后事，于当时之情状尽能传出，卷五十五。《项羽本纪》、卷七。《信陵君列传》，卷七十七。不独写出本人之性情，即当时说话之声容情态亦跃然纸上，其传神之妙，何减画工？《汉书》前半多本《史记》，而武帝以后之记传，亦自具特长，不容与《史记》轩轾。即如《陈遵》、《原涉》两传，卷九十二。何减于郭解、朱家？《史记》卷一百二十四。《赵飞燕传》卷九十七下《外戚传》。虽似小说家言，而实系当时之实录。至其表现仁厚及暴虐者之神情,亦无不惟妙惟肖。如《朱云传》记廷折张禹事,卷六十七。迄今读之,犹生气勃勃,可知《史》、《汉》非以空写作文章者也。

　　《晋书》、《南、北史》喜记琐事,后人讥其近于小说,殊不尽然。试观《世说新语》所记当时之言语行动,方言与谐语并出,俱以传真为主,毫无文饰。《晋书》、《南、北史》多采自《世说》,固非如后世史官之以意为之。至其词令之隽妙,乃自两晋清谈流为风气者也。古时之高文典册,亦以写实者多,润色者少,非独小说为然,惟其中稍加文饰,亦所不免,如传状本以记事为主,用表象形容之词即为失体。然《史记·石奋传》"子孙胜冠者在侧,虽燕居必冠,申申如也";卷一百三。《汉书·朱云传》"蹑齐升堂抗首而请",并用《论语·乡党》文。实则汉人之衣冠亦未必与周制相同,用此两语,即近粉饰。但施之碑铭则甚调和,此殆沿用当时碑文未加修改,致乖史传之体耳。

　　唐以后之史书用虚写者甚多,非独不及《史记》、《汉书》,且远逊于《晋书》、《南、北史》。唐人所作之小说未尝不多,而《唐书》所以不及《晋书》、《南、北史》之采用《世说新语》者,则由文胜于质,不善写实而已。宋以后之史书,或偏于空写,或毫无神采,所据者非当时之官书,即当时之碑志。官书避免时忌,业经删裁;碑志仅记爵里生卒,亦不能传达声容言动,求其传神,殆不可能。今之谓中国文学不善写实者,责之唐宋以后固然,但不得据此以鄙薄隋唐以前之文学也。中国文学之敝,皆由唐宋以后始。例如流俗文章中于官名地名喜比附古人近似之名词以相替代,此皆自唐之启判,宋之四六开其端。即徐、庾之文尚不至此。清代应制之书启贺表染其流毒,喜用帮衬之名词,所用之字亦似通非通,民国以来普通之电报书札,亦与前清无别,此弊皆唐宋应酬干禄之文字肇之,汉魏六朝之文学固不可与此并论也。

由上所论,史传一类固应纯粹写实,而词赋诗歌则亦间有写实之体,如荀卿《箴赋》、《蚕赋》,刻画甚工;《荀子》卷十八《赋篇》。蔡邕《短人赋》本集外纪,《全后汉文》卷六十九,页四。亦惟妙惟肖,此词赋之能写实也。至于《左传》宣公二年引宋城者之讴,形容华元之弃甲,及汉代乐府《孔雀东南飞》记焦仲卿妻事,《古诗源》卷四。则并诗歌之能写实也,推若韩昌黎《石鼎联句》之类,刻画过于艰深,殆非写实之正宗耳。

碑铭、颂赞之文,盖出于《书经·尧典》之首段,与《礼经》之不可增减一字者不同,本以"拟其形容,象其物宜"为尚,而不重写实,秦汉碑铭全属此体。后人不知文字有实写与形容之别,亦不知有表象之法,故以典故代形容,典故穷后易以代词,此风自六朝已渐兆其端,唐宋始变本加厉。今人习而不察,因据唐、宋以后之文学以律陈、隋以上,殊未见其可也。

综之,汉魏六朝之文学,皆能实写,非然者即属"拟其形容,象其物宜"一类。又词中于荀卿《赋篇》一派外,又有司马长卿《长门赋》,描写心中之想像,王仲宣《登楼赋》,发抒羁旅之悲怀,虽非写实而亦善传神。中国文学中之有写实、传神二种,亦犹绘画中之有写生、写意两派,未可强为轩轾也。

十六、论研究文学不可为地理及时代之见所囿

《隋书·文学传序》论南北朝文体不同云："江左宫商发越，贵于清绮；河朔词义贞刚，重乎气质。气质则理胜其词，清绮则文过其意。理深者便于时用，文华者宜于咏歌。此南北词人之大较也。"《隋书》卷七十六。后代承之，亦有谓中国因南北地理不同，文体亦未可强同者。然就各家文集观之，即殊不然。《隋书》之说，非定论也。试以晋人而论，潘岳为北人，陆机为南人，何以陆质实，而潘清绮？后世学者亦各从其所好而已。若必谓南北不同，则亦只六朝时代为然。盖名理初兴，发源洛下，王、何、嵇、阮之流，各以辩论清谈成风，西晋承之，无由变易。及五胡乱华，中原文士相率南迁，于是魏晋以来之文化遂由北而南。其时南北之所以不同者，北方文句重浓，南方文句轻淡，自东晋以降，北如五胡十六国，南如晋、宋、齐，大抵皆然。揆厥所由，则以晋承清谈之风，出语甚隽。宋、齐踵继，余韵犹存，及齐、梁之际，宫体盛行，则又加以绮丽。沿流溯源，殆仍洛下玄风，逐渐演变，而非江南独有此派文学也。北方经五胡之乱，名理弗彰，文遂变为质实。元魏、北齐、北周大都如是。及庾信入周，乃始沟通。周、隋之际，南北又趋混一。准是以言，则南北固非判若鸿沟耳。上溯两汉，南北之分亦不甚严。《教官碑》为江南石刻，而作法与北碑无别。班孟坚、蔡中郎均超迈当

十六、论研究文学不可为地理及时代之见所囿

时,而学之者不问南朔。更就清代论之,胡天游本为浙人,而追摹燕、许,功候甚深;其他北人而擅长六朝文学者,尤不可胜数。倘能于古人文字精勤钻研,无论何人均不难趋步,士衡入洛,子山入周,南北易地,各能蔚成文风,然则,文学奚必有关地理哉?

一代杰出之文人,非特不为地理所限,且亦不为时代所限。盖文体变迁,以渐而然。于当代因袭旧体之际,倘能不落窠臼,独创新格,或于举世革新之后,而能力挽狂澜,笃守旧范者,必皆超轶流俗之士也。如祢正平之在东汉,远逊孔融、蔡邕,而其文变含蓄为驰骋,全异东汉作风,故能见重当时;又如曹魏章奏以质实为主,惟陈思王篇制高华,不偭旧规,亦能独迈侪辈,并其例也。故研究一家之文于本人之外,尚须作穷源竟流功夫。如研究阮嗣宗当溯源于陈琳、阮瑀,推而上之,更可考及祢衡。又如张平子文颇得宋玉之高华,在当时虽无影响,而能下启建安作风,不考平子无以知建安,亦犹不考琳、瑀无以知嗣宗耳。汉代章奏虽未必篇篇皆如刘向、匡衡,而规模大致不远。至如《赵充国》、《屯田颂》之句句切实者,在两汉殊不多觏,然至曹魏之际,其体遂昌。此亦当时不能盛行而为后代推崇之例。他如陆士衡《辨亡》、《五等》各长论,实由《六代论》、《运命论》开之;潘安仁清绮自然之文及下笔转圜之处,实由王仲宣开之;任彦昇下笔轻重及转折法度,实由傅季友开之。而欲知庾子山转移北方风气之故,尤不可不溯源于梁代宫体。盖徐陵、庾信之文体,实承《南史·简文帝传》所载徐摛、庾肩吾之家风。而为宫体导夫先路者,则永明时之王融也。今之谈宫体者,但知推本简文,而能溯及王融者殆鲜,斯何异于论清谈者,但知王弼、何晏,而不能溯源于孔融、王粲也哉?此穷源之说也。

晋、宋文人学陆士衡者甚多,而颜延年所得独多;学潘安仁者,

亦不一而足,而谢庄所得独多。延年诗文均摹士衡,《赭白马赋》尤酷肖。谢庄亦长哀诔,华丽虽逊安仁,而饶有情致。故研究陆、潘二家者,于本集外尚须涉览颜、谢之文,以究其相因之迹。傅季友、任彦昇之后颇少传人,惟汪容甫确能得其仿佛。陈其年摹拟庾子山虽不甚高,顾自唐代以来,鲜出其右,撷其佳作亦往往可以乱真。故研究傅、任、子山者,不可不以汪、陈为参镜。此竟流之说也。

今之研治汉魏六朝文学者,或寻源以竟流,或沿流而溯源,上下贯通,乃克参透一家之真相。真相既得,然后从而摹拟之,庶几置诸本集中可以不辨真赝矣。如江文通所拟古诗酷肖古人,斯乃摹拟功候之深者。

十七、论各家文章之得失应以当时人之批评为准

历代文章得失,后人评论每不及同时人评论之确切。良以汉魏六朝之文,五代后已多散佚,传于今者益加残缺。例如东汉文章,以蔡伯喈所传独多,而《艺文类聚》所引,宋人刻本《蔡中郎集》已未尽收。南北朝文以庾子山所传独多,而今之《庾开府集》亦非全豹。故据唐宋人之言以评论汉魏,每不及六朝人所见为的;据近人未言以评论六朝,亦不如唐宋人所见较确。盖去古愈近,所览之文愈多,其所评论亦当愈可信也。今若就明人王弇洲或清人胡天游之文以衡其得失,发为论评要当不中不远。若尚论古代则殆难言矣。二陆论文之书对于王、蔡辈颇为中肯,而于本身篇章亦能甘苦自知。凡研究伯喈、仲宣及二俊文学者皆宜精读。《汉书》谓《史记》质而不俚,盖指《陈涉世家》中,"涉之为王沉沉者"一类而言。蔡中郎自谓所为碑铭惟《郭有道碑》无愧色,则他篇不免形容溢美之处亦从可概见。余如建安七子文学,魏文《典论》及吴质、杨德祖辈均曾论及,《三国志·王粲传》及裴松之《注》亦堪参考。至于锺嵘《诗品》、刘勰《文心雕龙》,所见汉、魏、两晋之书就《隋志》存目覆按,实较后人为多,其所评论乃异后代管窥蠡测之谈,自属允当可信。譬如《史记》全书今已不传而惟存《伯夷列传》一篇,后人若但据此篇以评论《史记》列传之体,岂如当年曾见全书者所论为确耶?

十八、洁与整

研究各家之文,有必须知者二事:

第一须洁。文之光彩自洁而生。譬犹镜为尘蔽,光自不明;文杂芜秽,亦必黯淡,其理一也。欲求文洁,宜先谋句劲。造句从稳字入手,力屏浮滥漂滑,由稳定再加锤炼,则自然可得劲句。句劲文洁,光彩自彰。试观蔡中郎、班孟坚之文几无一句不劲,而亦几无一篇无光。潘安仁下笔虽轻,但仅免滞重,绝不漂滑;陆士衡长篇虽多,但劲句相承,不嫌繁冗,斯并知尚洁之义者也。

第二须整。整者层次清楚、段落分明之谓,非专指对偶而言也,汉魏之文对偶与后人不同,如《圣主得贤臣颂》、《解嘲》、《答客难》等篇,并非字句皆对,但其文非不整齐。即近代之文,无论何派何体亦未有次序零乱而可成家者,此贵整之义也。

然学为文章固须从洁净、整齐入手,而非谓毕此二事即克臻佳境也,即如造句之法,不限于劲,但能造劲句,已奠属文之基。纵有偏失,亦不过一隘字。桐城方望溪之文,句句洁净,后人虽张大义法之说,然其最初法门要由洁净而入。亦有文章树义甚高,但因不洁累及全篇者,清代不善学六朝文之作家往往蹈此。可知无论研习何体,尚洁均为第一要义。至于汉人文章之段落层次虽与后代不同,然如蔡中郎文仅只转折不着迹象而已,其节落提顿亦何尝不清晰显豁耶?又层次不乱固属整齐,无闲字闲句仍属整齐,故洁净亦为整齐一端,凡文气不盛者切不可用肥重字,否则,难免徒由字句堆成,毫无生气。《论语》所谓修饰润色,《老子》所谓损之又损,按诸为文,亦莫不然也。嵇康之文虽长,而不失于繁冗者,由其以意为主,以文传意耳。意思与辞采相辅而行,故读之不至昏睡。若无新意、徒衍长篇,鲜不令人掩卷愤愤者。总之,临文之际,对于字句务求雅驯,汰繁冗,屏浮词。凡多之无益,少之无损,除文气盛者间可以气骋词外,要宜加以翦截,力从捐省。由兹致力,庶可句劲文洁,篇章整齐矣。

十九、论记事文之夹叙夹议及
　　传赞碑铭之繁简有当

　　中国文学之特长,有评论与记事相混者,即所谓夹叙夹议也。如《史记·魏其武安侯列传》,通篇记事,并无评论,而是非曲直即存于记事之中。余如《封禅》、《平准》两书,句句叙事,亦即句句评论。故夹叙夹议之文以《史记》最为擅长。《汉书》、《食货》、《郊祀》两志及《王莽》诸传,并为孟坚聚精会神之作,观其叙议相参,实堪与史迁伯仲。至于史传以外之文,如应劭《风俗通》之类,事实评论亦互相关联,未有舍记事而专为评论者。唐宋以降,盛行议论之文,徒骋空言,不顾事实,求其能如《史记》于记事中自见是非曲直者盖寡。明清而还,斯体益昌。论史但求翻新,议政惟骛高远,文变迁腐,意并空疏:其弊皆由评论与事实不相比附也。夫记事与评论之不宜分判,殆犹形影之不能相离。倘能融合二者,相因相成,则既免词费,且增含蓄,较诸反复申明,犹可包孕无遗,岂非行文之能事乎?试观蔡伯喈所作碑文,但形容事实,不加赞美,而其揄扬已溢于事实之表,赞美与事实融合无间,故文章绝妙。降及六朝,此法渐致乖失。如庾子山《哀江南赋》借古物以比附事实,固甚恰当,但于叙事之际不著功罪,及订论功罪,复赘他语,此汉人所未有也。至于后代四六,先用典故比附事实,事实之后更加赞美,则词费文繁,去古益远矣。东汉章奏议论之文,率皆平平叙记,而是非

十九、论记事文之夹叙夹议及传赞碑铭之繁简有当

曲直自可了然,虽无后人反复申明、慷慨激昂之致,而得失利害溢于言表,斯并得力于夹叙夹议功夫耳。

如上所云,事实与评论既不可分,而纪传之外别有论赞,碑文之末复加铭词者,其故问耶?不知论赞铭词旨在总括文意,而与文之繁简无关。古代笔纸缺乏,钞写匪易,口传心受,必须约其文词且须整齐有韵,始便记诵。若累牍连篇,殆非尽人所能晓喻。故论赞即贯串纪传之大意,铭词乃综括碑文之事实,非于碑传本事之外别有增益也。唐宋论文者,以为铭之叙事乃补碑文所未足,不可与碑相犯。此由见《史记·乐毅传赞》全异本文,遂谓赞非总括大意,乃补传之不足;由此引申,更谓铭补碑缺,亦须另增新事耳。不知赞之本义,原与序同。序以总括书之大纲,赞以约述传之事实。汉人赞、序不分,《离骚经序》亦或作赞。孔子赞《易》,乃作《系辞》,欲撮举《易》之大意而总括之也。《史记》中如《乐毅传赞》者,仅寥寥数篇,并非正格。至于《蔡中郎集》如《胡广碑》等皆一人数篇,而其铭词绝无奇峰突起、不与碑文附丽者。他如《隶释》、《隶续》及《两汉金石记》、《金石萃编》等所载汉碑,亦莫不皆然。盖碑详铭约,约碑之详以为铭,广铭之约即为碑;亦犹史书约纪传而为论赞,恢扩论赞仍成纪传也。唐韩愈《平淮西碑》亦总括事实于铭词者。

又汉人石刻,铭后往往附有乱词。此体开自楚辞、汉赋,所以结束全文也。用乱者,一则以意义未尽,一则以意义虽尽而须数语作结始为完足。降及三国六朝,此体久废。今若为碑铭,似宜恢复乱词,以为全篇事迹或哀思之结穴焉。

总之古人为文,繁简义各有当。揆厥所由,《史记》、《汉书》开示法门甚多,兹不暇一一列举矣。

二十、轻滑与謇涩

中国文学受人攻击之点有二：

一曰粉饰。古代文学于写实以外原有表象形容一格，然与后世之粉饰迥异。大抵后人既不能实写，又不善形容，乃以似是而非之旁衬名词来相涂附，此种风气启自六朝，盛于唐代，宋四六及清人普通文字多属此类。其流弊所及，非独四六为然，作散文者亦摇笔即来，日趋套滥。返观汉魏，无此格也。夫语言为事实之表象，礼俗既异，语词自殊。今乃贺人生日必曰悬弧令辰，友朋饯行必曰东门祖道。坐不席地，岂有危坐之仪；簪无所施，宁有抽簪之论。他如称道尹曰观察，称京师曰长安，号伶人为黎园，目妓女为教坊。凡兹冗滥之词，殆属更仆难数。倘使沿用成习，非特于文有累，且致文格不高！然风尚所被，不限庸流，即贤者亦所不免，盖其由来渐矣。此今日为文首宜屏弃者也。

二曰游戏笔墨。夫涉笔成趣，文士固可自娱，但不宜垂范后世。以其既不雅驯，且复华而不实也。尤西堂各体文字率用词曲笔墨，故皆含游戏气味。李笠翁、蒋心余辈尤而效之，益多嬉笑玩世之作。试观《烟霞万古楼文集》所录，其文何尝无才，但究非文章正格，故毫无价值可言。凡学为文章，与其推崇天才，勿宁信赖学力。庸流所奉为才子派者，实不足为楷式也。

今日研习各体文章，轻滑之作固不足道，而过于謇涩亦非所

二十、轻滑与謇涩

宜。謇涩之弊,大抵由于好高立异,不屑俯循常轨,每遇适可而止之处辄以深代浅,以难代易。逮养成习惯,不期而然,虽异轻滑,亦难引人兴趣,其弊一也;口吻謇碍,不能诵读,其弊二也;意欲明而文转晦,其弊三也;全用单字堆砌,毫无气脉贯注,死而不活,其弊四也。夫有韵之文宜用四言,施诸别体,即难免上述之弊。试观出土汉碑多用四字句,然与蔡中郎所作相较,则音节文气优劣立辨。故过求謇涩,亦为文之大戒也。七八年前,余刘先生自称。尝好为此体,为文力求艰深,遂致文气变坏。欲矫一时之弊,而贻害于后人者已非浅鲜。今观外间蹈此弊者不一而足,文求艰深,意反晦而不明,矫枉过正,殊有害而无益也。文之艰深平易各有所宜:扬子云之《太玄》固艰深,而《十二州箴》及《赵充国颂》何尝不平易?司马相如之《子虚》、《上林》固艰深,而《难蜀父老》、《谏羽猎疏》何尝不晓畅?刘子政文虽篇篇明白,然亦间有诘屈聱牙者。惟班孟坚、蔡伯喈之文几无一篇不和雅可诵,洵上乘也。故知文贵称情而施,不容一概相量。如韩昌黎之《石鼎联句》已觉艰深,若必如樊宗师之《绛守居园记》,则文章尚有何用?凡学为文章者,务求文质得中,深浅适当。炼句损之又损,摛藻惟经典是则,扫除陈言,归于雅驯,庶几诸弊可祛,而文人正轨矣。

二十一、论文章宜调称

文章最难与题目相称，但无论讲名理，抒性情，或显或隐，要须求其相称，始不乖体。譬如讲名理之文，若晋人"声无哀乐"、"言不尽意"等论，宜有明隽之气味，而所谓明隽者即于明白晓畅中饶有清空韵致也。倘有腐说，或过用华词，即为不称。又如深情文字，若吊祭、哀诔之类，应以缠绵往复为主，苟用庄重陈腐语，即为不称。序文之说经考据者固应庄重，而不可出以明隽或轻纤，但笔记、小说、文集诗词之序，若过于庄重，亦为不称。故知名理之文须明隽，碑铭须庄重，哀吊须缠绵，咏怀须宛转：相体而施，固非一成不变也。

文之含蓄或条畅，亦视题目而异：说理记事固应明白晓畅，若《离骚》之类即应有缠绵不尽之意。至于一篇之中，尤贵色泽调匀，前后相称。如蔡中郎文全用经书，其中若参有一二句王、何玄谈，或徐、庾宫体，立即杂不成文。又如扬子云之辞赋，虽造句艰深，而能通篇一律，即不嫌疵类。夫文因时代而异，亦犹人因面貌而殊。若一时代而有数派文字并存，殆亦承上启下之津渡而已。如曹魏初年，陈思王与陈群、王朗辈华质不同。陈思殆东汉之殿军，群、朗则魏晋之先导，其升沉消长之渐，固不可不察也。今日而欲摹拟魏、晋，或仿效齐、梁，其字句气味皆不可通假。文之造句本不甚难，所难者惟在字句与本篇意趣之相称。试观魏晋之文，每篇皆有

二十一、论文章宜调称

言外之意。如孙绰、袁宏之碑铭何尝仅在字句间尽文章之能事？于字里行间以外固别饶意趣。善学魏晋者，务宜由此入手。东汉之文皆能含蓄，如《鲁灵光殿赋》非纯由僻字堆成，且含有渊穆之光。善学东汉之文者亦必烛见及此。蔡中郎文每篇皆有渊穆之光，今日能得其气厚者已不多见，更何有于渊穆？此事骤看似易，相称实难，盖所谓有光者，非一二句为然，而须通篇一律也。若浅言之，则通篇须用一种笔法。用重笔者全篇须并重，笔姿疏朗者全篇须一致疏朗。然晋、宋文字有全用轻笔者，亦有重笔之中用轻笔提起者。如陆士衡文虽用重笔，而能化轻为重，故尤为难学。但能得其三昧，即不至有僧衣百衲之诮矣。清代各家文集中均难免不称之弊。如汪容甫之《自序》及《汉上琴台铭》，全篇固甚相称，余则一篇之中或学汉魏，或学六朝，或学唐宋以下，斑驳陆离，殊欠调和。降及洪北江、王湘绮辈，虽为一时所宗，而不称之弊尤多。可知文章求称之不易矣。今既分家研究，第一，须求文与题称，应辨说理与抒情之殊；第二，谋篇须称，不可以数句为一篇之累。又文之轻重悉在用笔，而与用典无关。俗谓用经说则重，用杂书则轻。然潘安仁《夏侯常侍诔》、《杨仲武诔》，用经虽多，而未减其轻。又如谢康乐及陶渊明诗亦颇用经，但一无损于清新，一弗伤于淡雅。两汉之文几无一篇不厚重者，但如刘子政辈何尝不用子史杂书？故善于用笔，则用经典可使轻，用《楚辞》、汉赋可使重，轻重能否铢两悉称，惟用笔是赖。然则，笔姿相称，亦作文第一要务也。

附录 论文杂记

序

　　西人分析字类,曰名词、代词,曰动词、静词、形容词,曰助词、联词、副词。名词、代词者,即中国所谓实字也。动词、静词、形容词者,即中国所谓半虚实字也。助词、联词、副词者,即中国所谓虚字也。予观孔子垂训,首重正名。而汉儒董仲舒亦曰:"名生于真,非其真无以为名。"盖实字用以名一切事务者,皆曰名词。字由事造,事由物起,故名词为文字之祖。中国小学书籍,亦多释名词。《尔雅》由《释亲》至《释畜》,以及刘熙《释名》,皆分析名词,字由类聚。是古人非不知名词之用也。至代词一类,皆以虚字代实字之用。吾观刘氏《助字辩略》,释"之"、"其"二字,训为指事物之称,且博引古籍,得数十条。是古人非不知代词之用也。《尔雅·释诂》三篇,大抵皆动词、静词。明人朱郁仪《骈雅》,则大抵皆静词、形容词。是形容词之用,先儒亦早知之。毛、郑释诗,多言状物。而江都汪氏之释"三"、"九"也,亦谓古人作文,多用形容之词,以示立义之奥曲。则静词、状词、形容词之用,古人亦无不知之矣。至助词、联词、副词,则上古之时,大抵由名词假借。其始也,由实字假为半虚实字:如"治"本水名,借为治国之治;"修"本段脯,借为修身之修；此由实字假为动词者。"薄"为林薄，借为厚薄之薄；"旧"为鸺鹠，借为新旧之旧此由实字借为静词、形容词者。是也。其继也，更由实字借为虚字：如"之"字、草出地也。"于"字、孝鸟也。"而"字、颊须也。"所"字、锯木声也。"则"字、等画物也。"苟"字、草也。"维"字、车盖系也。"云"字、山川气也。"不"字、鸟飞翔不下也。"必"字、弓檠也。"莫"字日且冥也。是也。其借假之例，约有二端：一为由义假借：如"而"为颊须，有下垂之义，故承上起下之字为"而"；"尽"为器中空，有穷尽之义，故凡物穷尽者皆为"尽"；"云"为山川气，故曰所出之语亦为"云"：其例一也。一为由声假借；本无其字，而读音与某实字音相近，因假借为之，如"于"字、"所"字是：此与今日土俗有音无字者相似，姑借同声之实字以寄其字形。其例二也。观此二例，则知虚字本无实义，故有一字数用者，亦有数字一用者，每随文法为转移。近世巨儒，如高邮王氏、雒山刘氏，于小学之中，发明词气学，因字类而兼及文法，则中国古人亦明助词、联词、副词之用矣。昔相如、子云之流，皆以博极字书之故，致为文日益工，此文法原于字类之证也。后世字类、文法，区为二派，而论文之书，大抵不根于小学，此作文所由无秩序也。

一

印度佛书，区分三类：一曰经，二曰论，三曰律。而中国古代书籍，亦大抵分此三类：一曰文言，藻绘成文，复杂以骈语韵文，以便记诵，如《易经》六十四卦及《书》、《诗》两经是也；是即佛书之经类。一曰语，或为记事之文，或为论难之文，用单行之语，而不杂以骈俪之词，如《春秋》、《论语》及诸子之书是也；是即佛书之论类。

一曰例，明法布令，语简事赅，以便民庶之遵行，如《周礼》、《仪礼》、《礼记》是也；是即佛书之律类。后世以降，排偶之文，皆经类也；单行之文，皆论类也；会典、律例诸书，皆律类也。故经、论、律三类，可以该古今文体之全。惜后人昧其渊源，不知文章之派别耳。

二

英儒斯宾塞耳有言："世界愈进化，则文字愈退化。"夫所谓退化者，乃由文趋质，由深趋浅耳。及观之中国文学，则上古之书，印刷未明，竹帛繁重，故力求简质，崇用文言。降及东周，文字渐繁；至于六朝，文与笔分；宋代以下，文词益浅，而儒家语录以兴；元代以来，复盛兴词曲：此皆语言文字合一之渐也。故小说之体，即由是而兴，而《水浒传》、《三国演义》诸书，已开俗语入文之渐。陋儒不察，以此为文字之日下也。然天演之例，莫不由简趋繁，何独于文学而不然？故世之讨论古今文字者，以为有浅深文质之殊，岂知此正进化之公理哉？故就文字之进化之公理言之，则中国自近代以来，必经俗语入文之一级。昔欧洲十六世纪，教育家达泰氏以本国语言用于文学，而国民教育以兴。盖文言合一，则识字者日益多。以通俗之文，推行书报，凡世之稍识字者，皆可家置一编，以助觉民之用。此诚近今中国之急务也。然古代文词，岂宜骤废？故近日文词，宜区二派：一修俗语，以启瀹齐民；一用古文，以保存国学，庶前贤矩范，赖以仅存。若夫矜夸奇博，取法扶桑，吾未见其为文也。

三

　　中国文学,至周末而臻极盛。庄、列之深远,苏、张之纵横,韩非之排奡,荀、吕之平易,皆为后世文章之祖。而屈、宋楚词,忧深思远,上承风雅之遗,下启词章之体,亦中国文章之祖也。惟文学臻于极盛,故周末诸子,卒以文词之美,得后世文士之保持,而流传勿失。中国秦、汉以下文学之士,不知诸子之精深,惟好其文词而已。故近人所选古文,多以诸子入选。则修词学乌可不讲哉?

四

　　上古之时,先有语言,后有文字。有声音,然后有点画;有谣谚,然后有诗歌。谣谚二体,皆为韵语。"谣"训"徒歌",《说文》"䚻"字下云:"徒歌也。"戴侗《六书故》引唐本《说文》:"声谣,徒歌也。"《尔雅·释乐》篇亦同。歌者永言之谓也。《汉书·艺文志》云:"咏其声谓之歌。""谚"训"传言",《说文》云:"谚,传言也。"言者直言之谓也。《文心雕龙》云:"谚,直言也。"盖古人作诗,循天籁之自然,有音无字,故起源亦甚古。观《列子》所载,有尧时谣,孟子之告齐王,首引夏谚,而《韩非子·六反》篇或引古谚,或引先圣谚,足征谣谚之作先于诗歌。"谚"字从"言","彦"声。"彦"训"美士"。《说文》云:"有文人之所言也。"是谚为彦士之文言,非若后世之谚为鄙言俗语也。鄙言俗语为"谚"字引伸之义。厥后诗歌继兴,始著文字于竹帛。然当此之时,歌谣而外,复有史篇,大抵皆为韵语。言志者为诗,记事者为史篇。史篇起源,始于仓圣。《周官》之制,太史之职,掌谕书名。而宣王之世,复有史籀作《史篇》,书虽失传,然以李斯《仓颉篇》、史游《急就篇》例之，大抵韵语偶文，便于记诵，举民生日用之字，悉列其中，盖史篇即古代之字典也。《内则》云："十岁学书记。"即史篇也。又孔子之论学诗也，亦曰"多识于鸟兽草木之名"，是诗歌亦不啻古人之文典也。盖古代之时，教曰"声教"，故记诵之学大行，而中国词章之体，亦从此而生，诗篇以降，有屈、宋《楚词》，为词赋家之鼻祖。然自吾观之，《离骚》、《九章》，音涉哀思，矢耿介，慕灵修，伤中路之夷犹，怨美人之迟暮，托哀吟于芳草，验吉占于灵茅，窈窕善怀，婵娟太息，诗歌比兴之遗也。《九歌》、《招魂》，指物类象，冠剑陆离，舆旌纷错，以及灵旗星盖，鳞屋龙堂，土伯神君，壶蜂雁䖵，辨名物之瑰奇，助文章之侈丽，史篇记载之遗也。是《楚词》一编，隐含二体。秦、汉之世，赋体渐兴，《荀子》已有《蚕赋》。溯其渊源，亦为《楚词》之别派：忧深虑远，《幽通》、《思元》，出于《骚经》者也；《甘泉》、《藉田》，愉容典则，出于《东皇》、《司命》者也；《洛神》、《长门》，其音哀思，出于《湘君》、《湘夫人》者也；《感旧》、《叹逝》，悲怨凄凉，出于《山鬼》、《国殇》者也；《西征》、《北征》，叙事记游，出于《涉江》、《远游》者也；《鹏鸟》、《鹦鹉》，生叹不辰，出于《怀沙》者也；《哀江南赋》，眷怀旧都，出于《哀郢》者也；推之《枯树》出于《橘颂》，《闲居》出于《卜居》，《七发》乃《九辨》之遗，《解嘲》即《渔父》之意：渊源所自，岂可诬乎？盖《骚》出于《诗》，故孟坚以赋为古诗之流。然相如、子云，作赋汉廷，指陈事物，殚见洽闻，非惟风雅之遗音，抑亦史篇之变体。观相如作《凡将篇》，子云作《训纂篇》，皆史篇之体，小学津梁也。足证古代文章家皆明字学。此古代文章之流别也，然知之者鲜矣。

五

箴、铭、碑、颂,皆文章之有韵者也,然发源则甚古。箴者,古人谏诲之词也。《书·盘庚》篇云:"无伏小人之攸箴。"《诗·庭燎序》云:"因以箴之。"《左传》载师旷之言曰:"百工诵箴谏。"《文心雕龙》之言曰:"夏、商二箴,余句颇存。"案《夏箴》见于《佚周书·文传》篇,《商箴》见《吕氏春秋·名类》篇,而《谨听》篇亦引《周箴》。案周辛甲为太史,官箴王缺,而《虞人》一篇,列诸《左传》。则箴体本于三代也。铭者,古人徼励之词也。《说文》云:"铭,名也。"铭始于黄帝,故《汉志》道家类列《黄帝铭》六篇,厥后禹铭笱簴,汤铭浴盘,武王闻丹书之言,为铭十六,见《大戴礼》。而周代公卿大夫,莫不勒铭于器,以示子孙。见金石书中所载。故臧武仲云:"夫铭,天子令德,诸侯言时计功,大夫称伐。"而《诗传》亦曰:"作器能铭,可以为大夫。"《考工记》亦曰:"嘉量有铭。"则铭体始于五帝矣。碑者,古人记功之文也。自无怀氏刻石泰山,为立碑记功之始。《文心雕龙》云:"碑者,埤也。上古帝王,始号封禅,树石碑岳,故名曰碑。"而《穆天子传》亦言穆王纪迹于弇山。则碑体亦始于五帝矣。古人记功之碑与丽牲之碑不同,见江都凌先生《小楼读书答问》。颂者,古人揄扬之词也。《庄子》有言:"黄帝张《咸池》之乐,有焱氏为颂。"而《史记·乐书》亦曰:"黄帝有《龙衮颂》。"而帝喾之世,盛墨为颂,以歌《九韶》。见《文心雕龙》。《诗》有六义,其六曰颂;《周颂》、《鲁颂》、《商颂》皆载《诗经》。则颂体亦始于五帝矣。推之志铭、如比干《铜盘铭》及孔子铭吴季札墓是。诔辞之作,如鲁庄诔县贲父、哀公诔孔子是。皆起于三代之前,而皆为有韵之文。足证上古之世,崇尚文言,故韵语之文,莫不起源于古昔。阮氏《文言说》所言,诚不诬也。

六

　　刘彦和作《文心雕龙》，叙杂文为一类。吾观杂文之体，约有三端：一曰答问，始于宋玉，《答楚王问》。盖纵横家之流亚也；厥后子云有《解嘲》之篇，孟坚有《宾戏》之答，而韩昌黎《进学解》，亦此体之正宗也。一曰七发，始于枚乘，盖《楚词·九歌》、《九辩》之流亚也；厥后曹子建作《七启》，张景阳作《七命》，浩瀚纵横，体仿《七发》，盖劝百风一，与赋无殊，而盛陈服食游观，亦近《招魂》、《大招》之作，柳子厚《晋问》篇，亦七类也。诚文体之别出者矣。一曰连珠，始于汉、魏，盖荀子演《成相》之流亚也；首用喻言，近于诗人之比兴，继陈往事，类于史传之赞辞，而俪语韵文，不沿奇语，亦俪体中之别成一派者也。三者而外，新体实繁：有所谓上梁文者矣；出于《诗·斯干》篇。有所谓祝寿文者矣。始于华封人之祝尧。而一二慧业文人，笔舌互用，多或累幅，少或数言，语近滑稽，言违典则，此则子云称为小技，而昌黎斥为俳优者也。古人谓"小言破道"，其此之谓乎。

七

　　西汉之时，总集、专集之名未立；隋、唐以上，诗集、文集之体未分。于何征之？观班《志》之叙艺文也，仅序诗赋为五种，而未及杂文；诚以古人不立文名，偶有撰著，皆出入《六经》、诸子之中，非《六经》、诸子而外，别有古文一体也。如论说之体，近人列为文体之一者也，然其体实出于儒家。九家之中，凡能推阐义理，成一家者，皆为论体；互相辩难者,皆为辩体。儒家之中,如《礼记·表记》、《中庸》各篇,皆论体也;《孟子》驳许行等章,皆辩体也。即道家、杂家、法家、墨家之中,亦隐含论、辩两体。宣口为说,发明经语大义亦为说。《汉志》于发明经义之文,即附于本经之下。又贾谊《过秦论》三篇,亦列于《新书》,而《汉志》杂家复有《荆轲论》五篇,皆论体之列于子者也。**书说之体,亦近人列为文体之一者也,然其体实出纵横家。**如苏子、张子、删通、邹阳、主父偃之文,皆文章中之书说类也,而《汉志》咸列之纵横家中。**推之奏议之体,《汉志》附列于《六经》。**如《尚书》类列议奏四十二篇,《礼》类列议奏三十八篇,《春秋》类列议奏三十九篇,奏事二十篇,《论语》类列议奏二十篇;而河间献王对上下三雍官列于儒家,博士贤臣对列于杂家,此又奏议类之附列诸子中者也。**敕令之体,《汉志》附列于儒家。**儒家之中,列《高祖传》十三篇,自注云:"高祖及大臣述古语及诏策也。"又列《孝文传》十一篇,自注云:"文帝所称及诏策。"此其确证。**又如传、记、箴、铭,亦文章之一体。然据班《志》观之,则传体近于《春秋》**,故太史公、冯商所著书列入《春秋》类也。**记体近于古礼**,如《周官经》、《古佚礼》、《大小戴礼》,皆记体之先声也。**箴体附于儒家**,儒家列杨雄三十八篇,有箴二篇,而刘向所序六十七篇内,有《列女传颂》,颂亦文也。**铭体附于道家**,道家列黄帝铭六箴,而杂家所列孔甲盘盂二十六篇,亦铭类也。是今人之所谓文者,皆探源于《六经》、诸子者也。故古人不立文名,亦不立集名。若诗赋诸体,则为古人有韵之文,源于古代之文言,故别于六艺九流之外;亦足证古人有韵之文,另为一体,不与他体相杂矣。至于东汉,文人撰作,以篇计,不以集名。观《后汉》各列传可见。后世所谓《张平子集》、《蔡中郎集》者,皆后人追称之词也。六朝以降,集名始兴,分总集、专集为二类。然考《隋书·经籍志》,则所列集名,大抵皆兼括诗文各体,且多俪词韵语之文。唐、宋以降,诗集文集,判为两途。而文之刊入集中者,不论其为有韵为无韵也,亦不论其为奇体为偶体也,而文章之体,至此大淆。惟仪征阮芸台先生编辑《揅经室集》,言集不言文,只曰《揅经室集》,不曰《揅经

173

室文集》,析为经、史、子、集四种,凡说经之文归第一集,记事之文归第二集,言理之文及杂文归第三集,有韵之文、骈体之文及古今体诗归第四集。谓非窥古人学术之流别者乎?然流俗昏迷,知此义者鲜矣。

八

《汉书·艺文志》叙诗赋为五种,而赋则析为四类:屈原以下二十家为一类,合屈原、唐勒、宋玉、赵幽王、庄夫子、贾谊、枚乘、司马相如、淮南王、孔臧、刘偃、吾丘寿王、蔡甲、兒宽、张子侨、刘德、刘向、王褒及淮南王群臣,合以武帝之赋,共三百六十一篇。陆贾以下二十一家为一类,合陆贾、枚皋、朱建、庄忽奇、严助、朱买臣、刘辟疆、司马迁、婴齐、臣说、臣吾、苏季、萧望之、徐明、李息、淮阳宪王、杨雄、冯商、杜参、张丰、朱宇之赋共二百七十四篇。荀卿以下二十五家为一类,合荀卿、广川王越、魏内史、东暆令延年、李忠、张偃、贾充、张仁、秦充、李步昌、谢多、周长孺、锜华、眭弘、别栩阳、臣昌市、臣议、王商、徐博、吕嘉、华龙、路恭之赋,以及秦时杂赋、长沙王群臣赋、李思《孝景皇帝颂》共一百三十六篇。客主赋以下十二家为一类,客主赋以下,皆无作者姓名。大抵撰纂前人旧作,汇为一编,犹近世坊间所行之撰赋也。共二百三十三篇。而班《志》于区分之意,不注一词。近代校雠家,亦鲜有讨论及此者。自吾观之,客主赋以下十二家,皆汉代之总集类也;此为总集之始。余则皆为分集。而分集之赋,复分三类:有写怀之赋,即所谓言深思远,以达一己之中情者也。有骋辞之赋,即所谓纵笔所如,以才藻擅长者也。有阐理之赋。即所谓分析事物,以形容其精微者也。写怀之赋,屈原以下二十家是也。屈原《离骚经》固为写怀之作,《九章》诸篇亦然。唐勒、宋玉皆屈原之徒,《九辨》、《大招》,取法《骚经》。贾谊思慕屈平,所作《吊屈平赋》及《鹏赋》,皆《离骚》之遗意也。相如《大人赋》,亦宋玉《高唐赋》之遗;而淮南所作《招隐士》,又纯乎《山鬼》之意者也。枚皋、刘向之作，亦取意讽谏。余不可考。**骋辞之赋，陆贾以下二十一家是也。**陆贾等之赋虽不存，然陆贾为说客，为纵横家之流，则其赋必为骋词之赋。《汉书》朱建与陆贾同传，亦辩士之流。枚皋、严助、朱买臣，皆工于言语者也；《汉志》列严助书于纵横家，此其证也。史迁、冯商，皆作史之才，则赋笔必近于纵横。杨雄《羽猎》、《长杨》诸赋，亦多富丽之词，亦近于骋词者也。**阐理之赋，荀卿以下二十五家是也。**观荀卿作《成相篇》，已近于赋体，而其考列往迹，阐明事理，已开后世之联珠。《蚕赋》诸篇，亦即小验大，析理至精，察理至明，故知其赋为阐理之赋也。余多不可考。惟眭弘为明经之人，所作之赋，亦必阐理之一派也。**写怀之赋，其源出于《诗经》。**《诗序》言："在心为志，发言为诗。"是诗者，即所以写心中之志者也。诗有风、赋、比、兴四体，而《楚词》亦具此四体，故《史记》言《楚词》兼具《国风》、《小雅》之长也。**骋词之赋，其源出于纵横家。**如纵横家所言，非徒善辩，且能备举各物之情况以眩其才。《七发》及《羽猎》等赋，其遗意也。章氏《文史通义》，叙诗赋之源流，已言其出于纵横家矣。**阐理之赋，其源出于儒、道两家。**老子《道德经》已有似赋之处矣。观班《志》之分析诗赋，后世之赋，《三都》、《两京》，骋辞赋也；《闲情》、《叹逝》，写怀赋也；《幽通》、《思玄》，析理赋也。**可以知诗歌之体，与赋不同，**不歌而诵为之赋，则诗歌皆可诵者矣。而骚体则同于赋体。至《文选》析赋、骚为二，则与班《志》之义迥殊矣，惟戴东原则称《楚词》为《屈原赋》，仍用班《志》之称，作有《屈原赋注》一书。**故特正之。**

九

由汉至魏，文章迁变，计有四端；西汉之时，箴、铭、赋、颂，源出于文；论、辩、书、疏，源出于语。观邹、邹阳。枚、枚乘。枚皋。杨、子云。马司马相如。之流，咸工作赋，沉思翰藻，不歌而诵；旁及箴、铭、骚、七，咸属有韵之文。若贾生作论，《过秦论》之类是。史迁报书，刘向、匡衡之献疏，虽记事记言，昭书简册，不欲操觚率尔，或加润饰之功，然大抵皆单行之语，不杂骈骊之词；或出语雄奇，如史迁、贾生之文是，出于《韩非子》者也。或行文平实，如晁错、刘向之文是，出于《吕氏春秋》者也。咸能抑扬顿挫，以期语意之简明。东京以降，论辩诸作，往往以单行之语，运排偶之词，载于《后汉书》之文，莫不如是。即专家之文集，亦莫不然。而奇偶相生，致文体迥殊于西汉。东汉之儒，凡能自成一家言者，如《论衡》、《潜夫论》、《申鉴》、《中论》之类，亦能取法于诸子，不杂排偶之词。《论衡》语意尤浅，其文在两汉中殆别成一体者也。建安之世，七子继兴，偶有撰著，悉以排偶易单行；如《加魏公九锡文》之类，其最著者也。即非有韵之文，如书启之类是也。亦用偶文之体，而华靡之作，遂开四六之先，而文体复殊于东汉。其变迁者一也。西汉之书，言词简直，故句法贵短，或以二字成一言，如《史记》各列传中是也。而形容事物，不爽锱铢。且能用俗语方言以形容其实事。东汉之文，句法较长，即研炼之词，亦以四字成一语。未有用两字即成一句者。魏代之文，则合二语成一意。或上句用四字，下句用六字，或上句用六字，下句用四字，或上句下句皆用四字，而上联咸与下联成对偶，诚以非此不能尽其意也，已开四六之体。由简趋繁，此文章进化之公例也。昭然不爽。其变迁者二也。西汉之时，虽属韵文，如骚赋之类。而对偶之法未严。西汉之文，或此段与彼段互为对偶之词，以成排比之体，或一句之中，以上半句对下半句，皆得谓之偶文，非拘于用同一之句法也，亦非拘拘于用一定之声律也。东汉之文，渐尚对偶。所谓字句之间互相对偶也。若魏代之体，则又以声色相矜，以藻绘相饰，靡曼纤冶，致失本真。魏、晋之文，虽多华靡，然尚有清气。至六朝以降，则又偏重词华矣。其迁变者三也。西汉文人，若杨、马之流，咸能洞明字学，故相如作《凡将篇》，而子云亦作《方言》。故选词遣字，亦能古训是式，所用古文奇字甚多，非明六书假借之用者，不能通其词也。非浅学所能窥。故必待后儒之训释也。东汉文人，既与儒林分列，文苑、儒林，范书已分二传。故文词古奥，远逊西京。此由学士未必工作文，而文人亦非真识字。**魏代之文，则又语意易明，无俟后儒之解释。**此由文章之中，奇字古文，用者甚少。其迁变者四也。要而论之，文虽小道，实与时代而迁变。故东京之文，殊于西京；魏代之文，复殊东汉。文章之体，在前人不能强同。若夫去古已远，犹欲择古人一家之文，以自矜效法，吾未见其可也。

一〇

中国三代之时，以文物为文，如《易经·贲卦》云："刚柔交错，天文也；文明以止，人文也。观乎天文，以察时变；观乎人文，以化成天下。"《明夷卦》云："内文明而外柔顺。"盖古之所谓文明者，即光融天下之谓也。**以华靡为文**，孔子曰："周监于二代，郁郁乎文哉，吾从周。"而《公羊传》复言："舍周之文，从殷之质。"盖以文为华靡，以质为俭朴。故中国古代皆尚质，不尚文，以为舍质用文，则民智日开，民心日漓，与背伪归真之说相背，故不尚华靡也。**而礼乐法制**，《论语》曰："文王既殁，文不在兹乎？天之将丧斯文也，后死者不得与于斯文也。天之未丧斯文也，匡人其如予何？"注以礼乐制度称之。又云："焕乎其有文章。"亦指帝尧之礼乐法度言也。**威仪文辞**，《诗·淇澳序》云："美武公之有文章也。"而《大雅·抑》篇亦武公所作，其词曰："慎尔出话，谨尔威仪。"则文章当指威仪文词言矣。观《左传》襄三十一年所载北宫文子与子太叔之论威仪，可见。又《论语》曰："夫子之文章，可得而闻。"文章者，亦即威仪之词也。**亦莫不称为文章。推之以典籍为文**，如《论语》言"文献不足故也"，《孟子》言"其文则史"是也。**以文字为文**，如《史记·太史公自序》言"《春秋》文成数万"，犹言字成数万也。又如许君字学之书，名曰《说文解字》，亦此例也。**以言辞为文**。如《左传》"言之无文，行之不远"，又"言非文词不为功"是也。**其以文为文章之文者**，即后世文苑、文人之文也。则始于孔子作《文言》。盖"文"训为"饰"，乃英华发外，秩然有章之谓也。故道之发现于外者为文,事之条理秩然者为文,而言词之有缘饰者,亦莫不称之为文。古人言文合一,故借为文章之文。后世以文章之文,遂足该文字之界说,失之甚矣。唐甄《潜书·非文》篇云:"古之善文者,根于心,矢于口,征于事,博于典,书于策简,采色焜耀。以此言道,道在襟带;以此述功,功在耳目;故可尚也。汉乃谓之文,失之半矣;唐以下尽失之。"其说甚精,惟未穷文字之训。夫文字之训,既专属于文章,则循名责实,惟韵语俪词之作,稍与缘饰之训相符。故汉魏六朝之世,悉以有韵偶行者为文,而昭明编辑《文选》,亦以沉思翰藻者为文。文章之界,至此而大明矣。降及唐代,以笔为文,如昌黎言"作为文章,其书满家",见《进学解》。梦得言"手持文柄,高视寰海"见刘禹锡《祭韩退之文》。是也。李习之论韩文云:"后进之士,有志于古文者,莫不视以为法。"是俨然以韩文为古文,而不复称之为笔矣。以诗为文,如杜诗"文章憎命达",杜诗之言文章者,大抵皆指诗言,如"文章千古事","已似爱文章","文章一小技,于道未为尊","文章日自负","文章实致身","文章开宅奥","名岂文章著","文章敢自诬",大抵皆指诗言。如"文章千古事"一首,下文皆系论诗之语,此工部以诗为文章之证也。若杜诗所言"海内文章伯","岂有文章惊海内","每言见许文章伯","文章有神交有道",似亦指诗而言。若"枚乘文章老","文章曹植波澜阔","庾信文章老更成","王杨卢骆当时体,轻薄为文哂未休",则文章当指骈文言。韩诗"李杜文章在"韩诗云:"李杜文章在,光焰万丈长。"《新唐书·杜甫传赞》亦云:"昌黎韩愈于文章重许可,诗独推李、杜,曰:'李杜文章在,光焰万丈长。'诚可信云。"则文章指诗歌而言,明矣。又昌黎《感春诗》有云:"近怜李杜无检束,烂漫长醉多文词。"则文词亦指诗歌言也。是也。夫诗为有韵之文,且多偶语,以诗为文,似未尽非;唐、宋以下,又别诗于古文之外。如人之有专集者,悉分文集与诗集为二,即诗文汇刻一集,亦必标其名曰"某某诗文集"若干卷,此诗别于文之确证也。若以笔为文,则与古代文字之训相背矣。而流俗每习焉不察,岂不谬哉?

一一

　　之唐人以笔为文,始于韩、柳。昌黎自述其作文也,谓沉潜秾郁,含英咀华,作为文章,上规姚、姒、《盘》、《诰》、《易》、《诗》、《春秋》、《左氏》,下逮《庄》、《骚》、太史、子云、相如,以闳中肆外。见《进学解》。而子厚亦有言,谓每为文章,本之《书》、《诗》、《礼》、《春秋》、《易》,参之《穀梁》以厉其气,参之《孟》、《荀》以畅其支,参之《庄》、《老》以肆其端,参之《国语》以博其趣,参之《离骚》以致其幽,参之太史以著其洁。此韩、柳为文之旨也。夫二子之文,气盛言宜,韩氏《答李生书》云:气盛则言之短长皆宜。此韩文之要旨。希踪子史。而韩门弟子有李翱、皇甫湜诸人,偶有所作,咸能易排偶为单行,易平易为奇古,李习之《答朱载书》云:"《六经》创意造言皆不相师。"又云:"天下之语文章有六说焉:其尚异者曰,文章词句奇险而已;其好理者曰,文章叙意苟通而已;溺于时者曰,文章必当对;病于时者曰,文章不当对;爱难者曰,宜深不当易;爱易者曰,宜通不当难。"观于此言,则当时文体之纷争,一在平奇,一在奇偶,一在浅深。此则韩、柳之作异于当时者也。复能务去陈言,辞必己出。韩氏《答李生书》云:"推陈言之务去。"《樊宗师墓铭》云:"惟古于辞必己出。"韩文与当时之文不同者以此。当时之士,以其异于韵语偶文之作也,唐代重诗赋,故以韵语偶文者为今文。遂群然目之为古文。以笔为文,至此始矣。唐代仍以韩文为笔。而昌黎之作,尤为学者所盛推。如梦得之称韩文也,谓"手持文柄,高视寰海,权衡低昂,瞻我所在",李习之称韩文也,谓"拨去其华,得其本根,包刘越赢,并武同殷,《六经》之风,绝而复新",皇甫持正之论韩文也,谓"抉经之心,执圣之权,尚友作者,跂邪觗异,以扶孔子,存皇之极。茹古涵今,无有端倪",又曰"姬氏以来,一人而已",李汉论韩文曰"周情孔思,千态万貌,卒泽于道德仁义,炳如也"。韩文为当时所推如此。宋代之初,有柳开者,文以昌黎为宗。张景《柳开行状》云:"为文章以韩为宗,当时韩之道独行于公,遂名肩愈,字绍先。韩之道大行于今,自公始也。"案开为宋初人。厥后苏舜钦、穆伯长、尹师鲁诸人,善治古文,效法昌黎,与欧阳修相唱和。修《书韩文后》云:"官于洛阳,而尹师鲁之徒皆在,遂相与为作古文,因出所藏《昌黎集》而补缀之,其后天下学者亦渐趋于古。"《苏子美集序》云:"天圣之间,子美独与兄才翁及穆参军为杂文,时人颇共非笑之。"穆修《柳集序》云:"予少嗜韩、柳二家之文。"皆其证也。而曾、王、三苏咸出欧阳之门,故每作一文,莫不法欧而宗韩。大抵王介甫多效法柳文,然集中所载论文之作,亦盛称昌黎。东坡亦然,至称为文起八代之衰。古文之体,至此大成。即两宋文人,亦以韩、欧为圭臬。试推其故,约有三端:一以六朝以来,文体益卑,以声色词华相矜尚,欲矫其弊,不得不用韩文;一以两宋鸿儒,喜言道学,而昌黎所言,适与相符,遂目为文能载道,既宗其道,复法其文;韩文如《原道》《原性》诸作,以及李习之《复性书》,皆宋儒所景仰,遂以闲圣道、辟异端之功,归之昌黎。实则昌黎言理之文,所见甚浅,何足谓之载道哉? 一以宋代以降,学者习于空疏,枵腹之徒,以韩、欧之文便于蹈虚也,遂群相效法:有此三因,而韩、欧之文,遂为后世古文之正宗矣。世有正名之圣人,知言之君子,其惟易古文之名为杂著乎。

一二

六朝以前,文集之名未立。《汉志》载颂赋诗一百家,皆不曰集。晋荀勖分书为四部,四曰丁部,不曰集也。宋王俭作《七志》,三曰文翰,亦不曰集也。文集之称,始于梁阮孝绪《七录》。《隋书·经籍志》以为别集之名,汉东京所创,则文集至东汉始有矣。及属文之士日多,后之君子,欲观其体势,以见性灵,乃汇萃成编,亦见《隋书·经籍志》。颜曰文集。且古人学术,各有专门,故发为文章,亦复旨无旁出,成一家言,与诸子同。试即唐、宋之文言之:韩、李之文,正谊明道,排斥异端,如韩愈《原道》、《原性》及《答李生书》等篇,李翱《复性书》,皆儒家之言;而韩文之中,无一篇不言儒术者。欧、曾继之,以文载道,儒家之文也。南宋诸儒文集,多阐发心性,讨论性天之作,亦儒家之文。子厚之文,善言事物之情,出以形容之词,如永州、柳州诸游记,咸能类万物之情,穷形尽相,而形容宛肖,无异写真。而知人论世,复能探原立论,核覈刻深,如《桐叶封弟辨》、《晋赵盾许世子义》、《晋命赵衰守原论》诸作,皆翻案之文也。宋儒论史,多诛心之论,皆原于此。名家之文也。明允之文,最喜论兵,如《上韩枢密书》等篇皆是,而论古人之用兵者尤多。谋深虑远,排兀雄奇,明允最喜阴谋,且能发古人之阴谋,故其为文亦多刻深之论,发人未发。兵家之文也。子瞻之文,以粲花之舌,运捭阖之词,往复卷舒,一如意中所欲出,而属词比事,翻空易奇,子瞻之文,说理多未确,惟工于博辩,层出不穷,皆能自圆其说,于苏、张之学殆有得也。纵横家之文也。陈同甫之文,亦以兵家兼纵横家者也。介甫之文,侈言法制,因时制宜,集中多论新法之文。而文辞奇峭,推阐入深,介甫之文最为峻削,而短作尤悍厉绝伦,且立论极严,如其为人。法家之文也。若夫邵雍之徒为阴阳家,王伯厚之徒为杂家,而叶水心之徒亦近于法家、兵家。立言不朽,此之谓与。近代以还,文儒辈出:望溪、姬传,文祖韩、欧,阐明义理,趋步宋儒,凡桐城古文家,无不治宋儒之学,以欺世盗名。惟海峰稍有思想。若方东树、方宗诚、曾国藩皆治宋学,复以能文鸣。此儒家之支派也。慎修、辅之,综核礼制,章疑别微,近儒治三礼者,如秦蕙田、凌廷堪、程瑶田之流,咸有文集,集中亦多论礼之作。考《汉志》言名家出于礼官,则言礼学者,必名家之支派也。若膺、伯申,考订六书,正名办物,近儒喜治考据,分戴、惠两大派,皆从《尔雅》、《说文》入手。而诸家文集,亦以说经考字之作为多。古人以字为名,名家综核名实,必以正名析词为首,故考据之文亦出名家。皆名家之支派也。叔子、昆绳,洞明兵法,推

附录 论文杂记

论古今之成败,叠陈九土之险夷,叔子、昆绳论兵之文,多见于集中,或论古事,或论形势,与老苏同。落笔千言,纵横奔肆,此兵家之支派也。子居之文,取法半山,亦喜论法制,而文章奇峭峻悍,尤与半山之文相同。安吴之文,洞陈时弊,兵农刑政,酌古准今,不讳功利之谈,爰立后王之法,如《安吴四种》是。魏源之文,亦有类安吴者。此法家之支派也。朝宗之文,词源横溢,明末陈卧子等之文皆然。简斋之作,逞博矜奇,若决江河,一泻千里,俞长城诸家之文亦然。若夫词章之家,亦侈陈事物,娴于文词,亦当溯源于纵横家。此纵横家之支派也。仲瞿、稚威虽多偶文,亦属纵横家也。雍斋、沈涛别字雍斋,著有《十经斋文集》。于庭之文,杂糅谶纬,靡丽瑰奇,凡治常州学派者,其文必杂以谶纬之词,故工于骈文,且以声色相矜。此阴阳家之支派也。若夫王锡阐、梅文鼎之集,亦多论天文历谱之文,然皆实用之学,与阴阳家不同。古人治历,所以授时也。王、梅之文,殆亦农家之支派欤。大绅、台山彭尺木亦然。之文,妙善玄言,析理精微,凡治佛学者,皆能发挥名理,而言语妙天下。此道家之支派也。维崧、瓯北之文,体杂俳优,涉笔成趣,凡文人之有小慧者,其文亦然。此小说家之支派也。旨归既别,夫岂强同?即古人所谓文章流别也。惟诗亦然。子建之诗,温柔敦厚,子建之诗,颇得风人之旨,故渊雅之音,非七子所能及。孔子之论《关雎》曰:"哀而不伤。"子夏之序《诗》亦曰:"发乎情,止乎礼义。"子建之诗有焉。近于儒家。渊明之诗,澹雅冲泊,近于道家。陶潜虽喜老、庄,然其诗则多出于《楚词》。若嵇康之诗,颇得道家之意。郭景纯之诗,亦有道家之意。康乐之诗,琢磨研炼,近于名家。凡六朝之诗,喜用炼句,以状事物之情,且工于刻画,如何逊、阴铿之诗皆是也。然康乐之诗,其滥觞也。太冲之诗,雄健英奇,如《咏史》诸诗皆是也。近于纵横家。鲍明远之诗亦然。若杨素之诗,则近于法家。盖在心为志,发言为诗,讽咏篇章,可以察前人之志矣。隋、唐以下,诗家专集,浩如渊海;然诗格既判,诗心亦殊。诗心者,即作诗者之思想智识也。少陵之诗,倦怀君父,希心稷、契,杜诗云:"许身亦何愚,窃比稷与契。"是为儒家之诗。杜诗云:"法自儒家有。"此少陵诗文出于儒家之确证。若夫朱紫阳之诗,亦儒家之诗也。太白之诗,超然飞腾,飞腾二字,见杜诗"前辈飞腾入"。不愧仙才,是为纵横家之诗。后世惟辛稼轩、陈同甫之词,慷慨激昂,近于纵横家。襄阳之诗,逸韵天成,出于陶渊明。子瞻之诗,清言霏屑,苏诗妙善玄言,得之老、庄,兼得之佛学,故能含至理于诗。是为道家之诗。后世惟范石湖之诗,多冲淡之作,合于道家焉。储、王之诗,储光羲及王维也。备陈穑事,追拟《豳风》,其诗中叙言田中风景,历历如绘,且多村神父老之谈,然寄怀旷佚,故诗中无一俗笔。是为农家之诗。陶诗亦多农家之意。山谷之诗,峻厉倔强,为西江之冠,大约西江派之诗,喜用瘦削之语,且出语深峻,有骨无肉,故后人拟之骨硬焉。王荆公之诗亦然。其悍厉峻削,出荆公上。是为法家之诗。古代法家之诗,有孔明《梁父吟》,而孔明之治蜀也,亦任法为治,则此诗已先表其志矣。由是言之,办章学术,诗与文同矣。要而论之,西汉之诗,治学之士,侈言灾异五行,故西汉之文,多阴阳家言。东汉之末,法学盛昌,故汉、魏之文,多法家言。西汉之文,无一篇不言及天象者。三国之文,若锺繇、陈群、诸葛亮之作,咸多审正名法之言,与西汉殊。六朝之士,崇尚老、庄,故六朝之文,多道家言。如葛洪、孙兴公、王逸少、支遁、陶渊明、陶弘景之文,皆喜言名理,以放达为高。齐、梁之文亦然。隋、唐以来,以诗赋为取士之具,故唐代之文,多小说家言。观《唐代丛书》可见矣。宋代之儒,以讲学相矜,故宋代之文,多儒家言。明末之时,学士大夫多抱雄才伟略,故明末之文,多纵横家言。近代之儒,溺于笺注训故之学,故近代之文,多名家言。此特举说经之文言之。虽集部之书,不克与子书齐列,然因集部之目录,以推论其派别源流,知集部出于子部,则后儒有作,必有反集为子者,是亦区别学术之一助也。会稽章氏、仁和谭氏稍知此义,惟语焉未精,择焉未详。故更即二家之言推论之,以明其凡例焉。

一三

三代文词，句简而语文。《书》言"辞尚体要"，《礼》言"辞无支叶"，《礼记》："天下无道，则词有支叶。"贵简之证也。《礼记》引孔子曰："夏道未渎词。"是孔子以殷、周之词为已渎也。孔子又曰："辞达而已矣。"荀子曰："乱世之征，文章匿采。"此亦就辞无体要者言也。韩昌黎亦曰："由周公而下其说长。"孔尚文言，孔子曰："其旨远，其词文。"又曰："言之无文，行之不远。"又曰："非文词不为功。"曾戒鄙词，曾子曰："出词气，斯远鄙倍矣。"尚文之证也。顾亭林曰："典谟爻象，此二帝三皇之言也。《论语》、《孝经》，此夫子之言也。文章在是，性与天道亦在是。故曰：有德者，必有言。"夫简近于质，文近于繁，而古代之文，独句简而语文者，其故何与？盖竹帛烦重，学术授受，咸凭口耳，非语文句简，则记忆良难。且三代之文，与后世殊：或意浮于言，有待后人之演绎，古人之文，一曰蕴藉，一曰奥曲。蕴藉者，凡说一事，或举其偏，不举其全，以俟智者之举一反三；如《庄子》"夔怜蚿"一节，止解夔、蚿、风之句是也。奥曲者，凡说一事，以一字代数字之用，以俟后人之注释；厥证甚多，观江都汪氏《释三九》中篇，可以知矣。且古人作文，必留不尽之意于言外。如郭象注《庄子》"工人无为于刻木"数语，柳子演为《梓人传》一篇。《毛传》"涟风行水成文"一语，眉山演为《仲兄文甫说》一篇，皆演绎之证也。或词无语助，词无语助，故其文整齐。非若后世之冗长：必待后人之注释。简而不繁，文而不质，此之故与。秦、汉以降，文与古殊，由简而繁，顾亭林曰："文以少而盛，以多而衰。以二汉言之，东都之文，多于西京，而文衰矣。春秋以降之文，多于《六经》，而文衰矣。"又云："二汉文人，所著绝少。今人著作，以多为富。夫多则必不能工，即工亦不能皆有用于世，其不传宜矣。"盖三代以下，多游戏之文，而文章不尽有用之文矣。文士日多，而作文者未必真能文之士矣。此文章所由日趋于繁也。至南宋而文愈繁；宋代奏疏，每至万余言，而行状、墓铭，亦有数万字者。如朱子作张浚行状，四万字犹以为少。而元人修《宋史》，李全一传亦六万余言，盖沿宋人撰著之旧也。由文而质，至南宋而文愈质。盖由简趋繁，由于骈文之废，故据事直书，不复简约其文词：骈文序一事，必简约其词而出之。散文行而此法亡矣。由文趋质，由于语录之兴，故以语为文，不求自别于流俗。语录一体始于唐，然但佛门弟子用之，即达摩不立文字之说也。宋儒作语录，即本于此。明儒亦然。然"常惺惺"、"浑然"等语，既非文言，又非俗语。顾亭林曰："今讲学先生，从语录入门者，多不善于修词。乃或反子贡之言而讥之曰：'夫子之言性道，可得而闻；夫子之文章，不可得而闻也。'"此虽文字必经之阶级，然君子之学，继往开来，舍文曷达？《孟子》曰："不成章不达。"若夫废修词之功，崇浅质之文，则文与道分，吕氏编《宋文鉴》，朱子谓其有时于文虽不佳，而事理可取者。盖宋儒之论文如此。安望其文载道哉？钱竹汀曰："君子之出词气必远鄙倍；语录行，则儒家有鄙倍之词矣。有德者必有言；语录行，则有德而不必有言矣。"姚姬传曰："唐世僧徒，不通文章，乃书其师语以俚俗，谓之语录。宋世儒者弟子效之，以弟子记先师，惧失其真，犹有取也。明世自著书者，乃亦效其词，此何取哉？"则崇尚文言，删除俚语，亦今日厘正文体之一端也。若夫以俚俗之文，著之报章，以启渝愚氓，亦为觉民之一助。惟既曰文词，则文体不得不法古文，否则不得称为文矣。

一四

古人诗赋，俱谓之文。阮芸台《咸秩无文解》云："古人称诗之入乐者曰文。"故子夏《诗大序》："声成文谓之音。"孟子曰："不以文害辞。"赵注曰："文，诗之文章也。"然诗赋之学，亦出行人之官。盖赋列六艺之一，乃古诗之流。古代之诗，虽不别标赋体，然凡作诗者，皆谓之赋诗，见《左传》隐三年、闵二年及文六年传。诵诗者亦谓之赋诗。见《左传》襄二十八年。《汉志》叙诗赋略，谓"古者诸侯卿大夫，交接邻国，以微言相感，当揖让之际，必称诗以喻其志，盖以别贤不肖而观盛衰，故孔子言：'不学诗，无以言。'"夫交接邻国，揖让喻志，咸为行人之专司。行人之术，流为纵横家。故《汉志》叙纵横家，引"诵诗三百，不能专对"之文，以为大戒，诚以出使四方，必当有得于诗教。则诗赋之学，实惟纵横家所独擅矣。试考之古籍，则周代之诗，非徒因行人而作，且多为行人所赓诵：有知行人之勤劳，而赋诗以慰恤者；见《诗·周南·卷耳》篇序及本篇郑笺。有奖行人之往来，而赋诗以褒美者；见《诗·小雅·四牡》篇序及本篇"四牡騑騑"句毛传，又见《小雅·皇皇者华》篇序及本篇"駪駪征夫"句毛传。或行人从政，而室家赋诗以劝行；见《诗·周南·殷其雷》序及本篇郑笺。或行人于役，而僚友赋诗以寄念；见《王风·君子于役》篇序及本篇正义。或行人困瘁，赋诗以抒其情；见《诗·小雅·北山》篇序及篇中"或不已于行"句，又见《绵蛮》篇序及本篇郑笺。或行人闵忧，赋诗以述其境；见《诗·王风·黍离》篇序及篇中"行迈靡靡"句毛传，又见《小雅·小明》篇"我征徂西"句孔疏。是古诗每因行人而作矣。又以《左氏传》证之：有行人相仪而赋诗者；见襄公二十六年传，国景子赋《蓼萧》，赋《辔之柔矣》，子展赋《缁衣》，又赋《将仲子兮》。有行人出聘而赋诗者；见襄公八年传，范宣子赋《摽有梅》。有行人乞援而赋诗者；见襄十六年传，鲁穆叔赋《圻父》，又赋《鸿雁》卒章。有行人莅盟而赋诗者；见襄二十七年传，楚莁罢赋《既醉》。有行人当宴会而赋诗者；见昭元年，穆叔赋《鹊巢》、《采蘩》，子皮赋《野有死麕》，赵孟赋《常棣》。有行人答饯送而赋诗者：见昭十六年传，子龂等赋《野有蔓草》诸篇饯韩起是。是古诗每为行人所诵矣。盖采风侯邦，本行人之旧典，见《前汉书·食货志》。故诗赋之根源，惟行人研寻最审。吴季札以行人观乐于鲁，亦其证也。所以赋诗当答者，行人无容缄默；《左氏》昭公十二年传云："宋华定来聘，公享之，为赋《蓼萧》，不知，又不答赋。叔孙昭子曰：'必亡。'"而赋诗不当答者，行人必为剖陈。《左氏》文四年传云："卫宁武子来聘，公与之宴，为赋《湛露》及《彤弓》，不辞，又不答赋。使行人私焉，对曰：'臣以为肄业及之也。昔诸侯朝正于王,王宴乐之,于是乎赋《湛露》。诸侯敌王所忾,以获其功,于是乎赐之彤弓一。今陪臣来继旧好,君辱贶之,其敢干大礼以自取戾?'"由是言之,行人承命以修好,苟非登高能赋者,难期专对之能矣。两汉以前,未有别集之目。《汉志》所载诗赋,首列屈原,而唐勒、宋玉次之,屈原赋二十五篇、唐勒赋四篇、宋玉赋十六篇。其学皆源于古诗,《汉志》言屈原作赋以讽,咸有恻隐古诗之义。而《史记·屈原传》亦言《离骚》兼《国风》及《小雅》之长。虽体格与三百篇渐异,见《文心雕龙·诠赋》篇。然屈原数人,皆长于辞令,有行人应对之才。《史记·屈原传》云:"娴于辞令,出则接遇宾客,应对诸侯。屈原既死之后,楚有宋玉、唐勒、景差之徒者,皆好词,而以赋见称,然皆祖屈原之从容词令。"其确证也。西汉诗赋,其见于《汉志》者,如陆贾、严助之流,陆贾赋三篇,严助赋二十五篇。并以辩论见称,受命出使。《史记·陆贾传》言贾有口辩,复使南越。《汉书·严助传》亦言上令助与大臣辨论,复言遣助以意旨谕瓯越。是诗赋虽别为一略,不与纵横同科,而夷考作者之生平,大抵曾任行人之职。东汉以后,诗赋咸以集名;《文献通考》引吴氏说,谓东京别集之名,本于刘歆之《略》;而辑略之名,则有本于《商颂》之《辑》。为行人者,以诗赋与邻境唱酬,亦莫不雍容华国。如费祎使吴,作《麦赋》,见《三国志·诸葛恪传》注。陈傅缚赠诗薛道衡,见《隋书·道衡传》。故昭明编辑《文选》,于行旅之诗,别立子目。如苏武等诸人之诗是。王西庄谓奉使之臣,宜于诗教,见《西沚集·少司农裘公使浙集序》。诚不诬也。又班《志》有言:"不歌而诵谓之赋。"案"登高能赋"之言,本于毛公《诗传》,在"君子九能"之内。夫九能均不外乎作文,故总名曰德音。而"登高能赋"与"使能造命"相次,其为行人之诗赋无疑。《鄘风·定之方中》毛传云:"故建邦能命龟,田能施命,作器能铭,使能造命,升高能赋,师旅能誓,山川能说,丧记能诔,祭祀能语,君子能此九者,可谓有德音,可以为大夫。"案:此乃后世文章之祖也。建邦能命龟,所以作卜筮之繇词也。田能施命,所以为国家作命令也。若夫作器能铭,为后世铭词之祖。使能造命,为后世国书之祖。

升高能赋,为后世诗赋之祖。师旅能誓,为后世军檄之祖。山川能说,为后世地志图说之祖。丧记能诔,祭祀能语,为后世哀诔祭文之祖。毛公此说,必周、秦以前古说。即此语观之,足证文章各体出于墨家、纵横家两派矣。《隋书·经籍志》集部总论亦引"登高能赋"之文,其说亦本毛传。则后世诗集,皆纵横家之派别矣,焉得谓集部与子部无关耶?若夫荀卿、贾谊、萧望之、刘向等,亦俱有赋,其列于《汉志》之中,此又以儒家而兼文士之才,非纵横一家之所能限矣。观《礼记·学记》篇有言:"宵雅肄三,官其始也。"推古人立法之旨,即望其能赋诗而为行人之官耳;故以古人奉使之诗,励其初学进修之志。《学记》郑君注云:"宵之言小也,谓《鹿鸣》、《四牡》、《皇皇者华》也。为始学者习之,所以劝之以官。"夫《四牡》、《皇皇者华》,均古人出使之诗也。而后世文章之士,赓诗作赋,亦多浮夸矜诩之词,《汉书·艺文志》云:"其后宋玉、唐勒,汉兴,枚乘、司马相如下及杨子云,竞为侈靡弘衍之词,没其风谕之义。是以杨子悔之曰:'诗人之赋丽以则,词人之赋丽以淫。'"又《颜氏家训·文章》篇云:"自古文人,多陷轻薄。原其所积文章之体,飚举兴会,发引性灵,使人矜伐,忽于持操,果于进取。"此则纵横家尚谖弃信之流弊也。亦见班《志》。欲考诗赋之流别者,盍溯源于纵横家哉!

一五

上古之时,六艺之中,诗、乐并列,而诗有入乐不入乐之分。诚以音乐之道,感人至深,故移风易俗,莫善于乐。及墨子作《非乐》篇,习俗相沿,降及秦、汉,《乐经》遂亡。然汉设乐府之官,而依永和声,犹不失前王之旨。及乐府之官废,而乐教尽沦。夫民谣里谚,皆有抑扬缓促之音;声有抑扬,则句有长短。乐教既废,而文人墨客,无复永言咏叹以寄其思,乃创为词调,以绍乐府之遗。夫词于四始之中,大旨近于比兴;而曲终奏雅,惩一劝百,亦承古赋之遗风。然感人至深,捷于影响。则词者,合诗教、乐教而自成一体者也。吾观《诗》篇三百,按其音律,多与后世长短句相符:如《召南·殷其雷》篇云:"殷其雷,在南山之阳。"此三五言调也。《小雅·鱼丽》篇云:"鱼丽于罶,鲿鲨。"此二四言调也。《齐风·还》篇云:"遭我乎峱之间兮,并驱从两肩兮。"此六七言调也。《召南·江有汜》篇云:"不我以,不我以。"此叠句韵也。《豳风·东山》篇曰:"我来自东,零雨其濛。鹳鸣于垤,妇叹于室。"此换韵调也。《召南·行露》篇曰:"厌浥行露。"其第二章曰:"谁谓雀无角。"此换头调也。大抵烦促相宣,短长互用,于后世倚声之法,已启其先。足证词曲之源,实为古诗之别派。至于六朝,乐章尽废,故词曲之体,亦始于六朝。梁武帝作《江南弄》,沈约作《六忆诗》,实为词曲之滥觞。唐人乐府,多采五七言绝句。然唐人之词,若《纥那曲》、《长相思》,皆五言绝句之变调也;《柳枝》、《竹枝》、《清平调引》、《小秦王》、《阳关曲》、《八拍蛮》、《浪淘沙》,皆七言绝句之变调也,《阿那曲》、《鸡叫子》,则又仄韵之七言绝句也;《瑞鹧鸪》者,则七言律诗也;《欸残红》者,则五言古诗也:此亦词为诗余之证。特古人诗调多近于词,而后世词调转出于诗。盖古代诗多入乐,与词相同,而后世之词,则又诗之按律者也。能按律,即能入乐。唐人词律,虽不及宋人之密;然李太白、温飞卿,其词曲皆被管弦,故最精词律。太白所作《清平调》,玄宗调笛倚歌,李龟年亦执板高歌,且谓生平得意之歌,无出于此。见《松窗录》。飞卿工于鼓琴吹笛,见《北梦琐言》。所作词曲,当时歌筵竞唱。见《云溪友议》。宰相令狐绹因宣宗爱唱《菩萨蛮》,令飞卿撰进,而宣宗君臣迭相唱和。见《北梦琐言》。则太白、飞卿,精于词律,彰彰明矣。盖词皆入乐,故古今之词人,必先通音律,默契其深,然后按律以填词,故所作之词,咸可播之于歌咏。后世之人，按谱填词，而音律之深，或茫然未解。则所谓词者，徒以供骚人墨客寄托之用耳。而词之外遂别有曲矣。岂知古代之词，出于古乐之派别哉！

一六

唐人之词多缘题生咏：如填《临江仙》之调者，皆咏水仙；填《女冠子》之调者，皆咏道情；填《河渎神》之调者，皆咏崇祠；填《巫山一段云》之调者，皆咏巫峡；以调为题，此固唐人之遗法也。故杨用修诸人，于词调起原，考之甚析。如《蝶恋花》取梁元帝"翻阶蛱蝶恋花情"，《满庭芳》取吴融"满庭芳草易黄昏"，《点绛唇》取江淹"明珠点绛唇"，《鹧鸪天》取郑嵎"家在鹧鸪天"，《惜余春》取太白赋语，《浣溪纱》取少陵诗意，《青玉案》取《四愁诗》语，《踏莎行》取韩翃诗语，《西江月》取卫万诗语，《菩萨蛮》西域妇髻也，《苏幕遮》西域妇帽也，《尉迟杯》以尉迟公饮酒必用大杯也，《兰陵王》以其入阵之勇也，《生查子》即张博望乘槎事也，《潇湘逢故人》柳恽句也，此皆升庵《词品》考证之语。而都元敬、沈天羽、胡元瑞诸人，于词调起原，尤多考证。诚以古人作词，以调为题，触景抒情，必合词名之本意。若宋人填词，则不复缘题生咏；如"流水孤村"、"晓风残月"等篇，皆与调名无与；而王晋卿《人月圆》词，语非咏月，谢无佚《渔家傲》曲，词异志和。是唐人以词调为题，然《菩萨蛮》词，唐人亦无一语与词名合者。而宋人不复以词调为题也。然宋人之词，如《黄莺儿》之咏莺，《双飞燕》之咏燕，《迎新春》之咏春，《月下笛》之咏笛，《暗香》、《疏影》之咏梅，《粉蝶儿》之咏蝶，如此之类，亦不可胜计，此皆宋人以调为题者也。盖唐人由词而制调，故词旨多与调名相符。宋人因调而填词，故词旨多与调名不合；而词牌之外，别有词题矣。此则宋词之异于唐词者也。五代之时，已有词题，不始于宋也。

一七

宋人之词,各自成家。少游之词,寄慨身世,一往情深,而怨悱不乱,悄乎得《小雅》之遗;东坡《水调歌头》数词亦然。向子諲《酒边词》、刘克庄《后村词》,眷恋旧君,伤时念乱,例以古诗,亦子建、少陵之亚:此儒家之词也。剑南之词,屏除纤艳,清真绝俗,逋峭沉郁,而出以平淡之词,例以古诗,亦元亮、右丞之匹,此道家之词也。耆卿词曲,密处能疏,晸处能平,状难状之景,达难达之情,例以古诗,间符康乐,此名家之词也。若耆卿之词,好为俳体,复词多嫨黩,则其病也。东坡之词,慨当以慷,间邻豪放;如《满庭芳》、《大江东去》、《江城子》诸词是。龙川之词,感愤淋漓,如《六洲歌头》、《水调歌头》、《木兰花慢》、《浣溪纱》数首,皆痛心君国,光复之词,溢于言表矣。眷怀君国;稼轩之词,才思横溢,悲壮苍凉,如《永遇乐》诸词。例之古诗,远法太冲,近师太白:此纵横家之词也。后世词人乐苏、辛词曲之豪纵,竞相效法,浮嚣粗犷,不复成词,此则不善学苏、辛者之失,非苏、辛之失也。由是言之,古代词人,莫不自辟涂辙,故所作之词,各自不同。岂若后世词人之依草附木,取古人一家之词,以自矜效法哉?

一八

小说家流,出于稗官。班《志》所列者十余家,今咸失传。惟孔安国《秘记》、《至理》篇引。董仲舒《李少君家录》、《论仙》篇引。陈仲弓《异闻记》,偶见引于葛洪《抱朴子》。六朝以降,作者日增。盖中国人民,喜言神怪,而庄言谠论,又非妇孺所能通,故假谈谐鬼怪之词,出以鄙俚,而劝惩之意,隐寓其中,亦感发人民之一助也。然

附录 论文杂记

古代小说家言，体近于史，为《春秋》家之支流，与乐教固无涉也。唐代士人始著传奇小说，用为科举之媒，如《幽怪录》、《传奇》是也。宋人《云麓漫钞》称其文备众体，足觇诗笔史才。《云麓漫钞》曰："唐之举人，先藉当世显人，以姓名达之主司，然后以所业投献，逾数日又投，谓之温卷，如《幽怪录》、《传奇》等是也。盖此等文备众体，可以见史才、诗笔、议论。至进士则多以诗为贽；今有唐诗数百种行于世者皆是也。"予按《诗》三百篇，如《六月》、《采芑》、《大明》、《笃公刘》、《江汉》诸作，皆为叙事之诗。而汉人乐府之诗，如《孔雀东南飞》数篇，咸杂叙闾里之事。叙事者，《春秋》家之支派也。乐府者，又乐教之支派也。是为《春秋》家与乐教合一之始。唐杜甫之诗，亦称诗史。此即金、元曲剧之滥觞也。盖传奇小说之体，既兴于中唐，而中唐以还，由诗生词，由词生曲，而曲剧之体以兴。故传奇小说者，曲剧之近源也；叙事乐府者，曲剧之远源也。乐府之诗，或由一解至数解，即套曲之始也。乐府之句，或由三字至七字，即长短句之始也。且乐府之中，如《孔雀东南飞》诸篇，非惟叙众人之事，亦且叙众人之言，此又曲剧描摹口吻之权舆也。特曲剧之用，声容相兼。声出于《雅》，"雅"训为"正"，乃声音之不失其正者也。容出于《颂》，"颂"、"容"互训，"颂"字从"公"得声，"容"字从"谷"得声，本属一音之转。又"颂"字从"页"，即象人身之形，与"夏"字同。《九夏》之乐，多属于舞，故《颂》亦属于舞，即古人所谓文舞、武舞二种也。乃用佾舞以节八音者也。见《左传》隐五年。曲剧之兴，实兼二体。元人以曲剧为进身之媒，犹之唐人以传奇小说为科举之媒也。明人袭宋、元八比之体，用以取士，律以曲剧，虽有有韵无韵之分，然实曲剧之变体也。如破题、小讲，犹曲剧之有引子也；提比、中比、后比，犹曲剧之有套数也；领题、出题、段落，犹曲剧之有宾白也；而描摹口角，以逼肖为能，尤与曲剧相符。乃习之既久，遂诩为代圣贤立言。然金、元曲剧之中,其推为正旦者,曷尝非忠臣、孝子、贞夫、义妇耶?故曲剧者,又八比之先导也。古人既以传奇曲剧为进身之媒,则后世以八比为取士之用者,曷足异乎?章世纯《治平要续·爵禄》篇曰:"中产以上之家,无不教子。六岁即延师,教以对偶,取青对白,取一对二,取山对水,取仄对平,牵此扯彼,使整齐可观,高下可诵。此何为也?积之则为表联判语也,演之则时文法也。"据此以观,足证八比之用,与曲剧同,故整齐可观,高下可诵也。故知八比之出于曲剧,即知八比之文皆俳优之文矣。乃近数百年之间,视八比为至尊,而视曲剧为至卑,谓非一代之功令使之然耶?昔王维奏《郁轮袍》以进身,颇为正直所鄙。明代以降,士人咸凭八比以进身,是趋天下之人而尽为王维也,噫!八比一体,当附入曲剧之后。

一九

近儒昆山顾氏、曲阜孔氏、金坛段氏咸据古诗求古韵。然古诗之中,咸有叶韵,即彼此两韵互相通用之谓也。唐人诗韵最宽,如昌黎《赠张籍》诗,以城、唐、江、庭、童、穷互押,则,庚、青、东、冬四韵之字咸可通叶矣。盖唐人应试用官韵,余则不拘,故一诗之中,往往数韵通叶也。而词韵亦弗严。如杜牧填《八六子》调,以深、沈、信、扃、整五字,合于一词之中是也。宋人作词亦多叶韵,试举其例,如姜夔《鬲溪梅令》用人、邻、阴、寻、云、盈为韵,则真、侵、文、庚四韵可通用矣。陆游《双头莲》用寄、骥、气、水、里、逝为韵,则寘、未、纸、屑四韵可通用矣。秦观《品令》用织、吃、日、不、惜为韵,则职、锡、质、物、陌五韵可通用矣。晁补之《梁州令》用浅、遍、脸、缓、愿、盏、远为韵,则铣、霰、俭、旱、愿、潸、阮七韵可通用矣。柳永《引驾行》用暮、举、睹、处、去、负为韵,则遇、语、麌、御、洧五韵可通用矣。苏轼《劝金船》用客、识、月、郤、节、插为韵,则陌、职、月、药、屑、洽六韵可通用矣。辛弃疾之《东坡引》用怨、面、雁、断、满为韵,则愿、霰、谏、翰、旱五韵可通用矣。方千里

《俱犯》用靓、定、静、迥为韵,则敬、径、梗、迥四韵可通用矣。吕渭老《握金钗》用趁、尽、粉、损为韵,则震、轸、吻、阮四韵可通用矣。以上所举数词,皆宋词之最工者也。余如赵德仁、王沂孙、林安世之词,用叶韵者甚多,不具引。即《花间》《樽前》诸集,其韵通叶亦宽。盖词以协律,当以口舌相调。见张玉田《词源》。毛西河谓词本无韵,立说虽偏,然词以口舌相调,苟能合自然之音律,则虽方言里语,亦可入词。如秦观《品令》之用"个"字,其词云:"掉又矓。天然个,品格于中压一。帘见下,时把鞋儿踢。语低低,笑咭咭。"盖用个字作语助,今高邮土人皆如此,秦氏用个字入词,即用高邮土地之方言也。此以方言俗语入词之证。柳永《迎春乐》之用"瞰"字,其词云:"近来憔悴人惊怪,为别相思瞰。"而刘过《竹香词》亦用瞰字。盖用瞰字作语助字,瞰亦土音也。与《温公诗话》所载陈亚《乞雨诗》"定应瞰作胡卢巴"借瞰字为晒字者不同。蒋捷《秋雨袒》之用"撅"字,其词曰:"黄云水铎秋筘喧,吹人双鬓如雪,愁多无赖处,漫碎把寒花轻撅。"而元曲《胡蝶梦》亦用撅字:音释云:撅,疽且切。盖撅字亦土音也。皆其证也。而黄山谷在戎州时所作乐府,以泸、戎之间读"笛"为"读",遂以"笛"韵叶"竹"字,见陆游《老学庵笔记》。亦方言里语可入词曲之征也。岂可以词韵一一绳之哉?且古人喜操土音,如郑诗用"且"字,狂童之狂也且。《楚词》用"些"字《招魂》篇。是也。秦、柳、黄、蒋之词,其用韵颇合古诗遗法。故西河谓词本无韵。然词调贵协,若徒执无韵之说,以致音韵失谐,则又词曲之大弊也。若万氏《词律》、蒋氏《词读》,拘墟于音韵之间,致以后人之词韵绳古人,岂知古人律之精,固在此不在彼乎?姜白石、张玉田以降,已鲜有以土音入词者。

二〇

诗与乐分,然后诗中有乐府。乐府将沦,乃生词曲。曲分南北,自昔然矣。然南剧之调,多本于词,如词调中之《捣练子》、《生查子》、《点绛唇》、《霜天晓角》、《卜算子》、《谒金门》、《忆秦娥》、《海棠春》、《秋蕊香》、《燕归梁》、《浪淘沙》、《鹧鸪天》、《虞美人》、《步蟾宫》、《鹊桥仙》、《夜行梅花引》、《唐多令》、《一剪梅》、《破阵子》、《行香子》、《青玉案》、《天仙子》、《传言玉女》、《风入松》、《祝英台近》、《满路恋芳春》、《满江红》、《烛影摇红》、《绛都春》、《念奴娇》、《高阳台》、《东风第一枝》、《真珠帘》、《齐天乐》、《二郎神》,皆南剧用为引子者也。词调中之《柳梢青》、《贺圣朝》、《醉东风》、《红林檎近》、《蓦山溪》、《声声慢》、《桂枝香》、《永遇乐》、《解连环》、《沁园春》、《贺新郎》,皆南剧用为慢词者也。而北剧之调,鲜本于词,惟词调之《青令儿》及《忆王孙》二调,北剧之中或偶用之。其故何哉？昔唐人祖孝孙有言："梁、陈旧乐,用吴、楚之音；周、齐旧乐,涉胡戎之技。"乐分南北,分析昭然；而所谓音杂胡戎者,皆北方之乐也。自是以后,胡角之音,渐输中国。如《黄鹄解》、《陇头水》、《出关》、《入关》、《出塞》、《入塞》、《折杨柳》、《黄单于》、《赤之杨》、《望行人》十曲是也。《通志》曰："古有胡角十曲,即胡乐。"而隋炀之世,复有《凉州》、《伊州》、《甘州》、《渭州》四曲,由西域输华,而四夷之乐,析为九部,如西凉、龟兹、天竺、康居之乐是。播为声歌。夷乐之兴,自此始矣。隋、唐以降,北方之乐,胡汉杂淆；惟南方之地,古乐稍存。唐、宋之词,虽失古音,然源出乐府,鲜杂夷乐之音。大抵东晋以降,北方北乐之音多流入江南,与南方之乐歌相杂,故与秦、汉之音不同。宋、元以降,南剧起于南方；南方为古乐仅存之地,以调之出于古乐府也,故其调亦多出于词。北剧起于北方；北方为胡乐盛行之地,故音杂胡乐,而其调鲜出于词。虽然,南剧之音,虽伤轻绮,糅杂吴音,然视北剧之吐音粗厉,声杂华夷者,岂不彼善于此乎？自夷礼输华以后,中国士民,非唯不能保存古礼也,并不知保存古乐。笛曰羌笛,骆宾王《荡子从军赋》云："羌笛横吹陇路风。"马融《长笛赋》云："此器起近代,出于羌中。"《通志》云："今横笛去嘴,其加嘴者,谓之义嘴。"笛注云："横笛,小篪也,出汉灵帝。好胡笛。"《宋书》云:"有胡篪出于胡吹,即谓出君也。"梁《胡吹歌》云:"下马吹横笛。"此歌本出北国,亦即此物。盖羌笛、横笛、胡篪,同实异名,其原皆出于胡吹。故《通志》又云:"今之篪又有胡吹,非雅乐也。"**笳曰胡笳**,胡笳见《晋书·刘琨传》。《通志》云:"杜挚有《笳赋》,云西戎所造。"晋先蚕注:"车驾住,吹小觚;发,吹大觚。"觚即笳也。又有胡笳。《汉书》筝笛录有其曲。又云:"角者,出于羌胡,以惊中国马。笳箫者,出于胡中,其声悲。"盖笳、角、笳箫,其物虽异,然为军中所吹则一也。**鼓曰羯鼓**,羯鼓催花,为唐玄宗事,见《唐代丛书》中。**而琵琶**,《通志》引传玄说,谓琵琶本出胡中。又云:"五弦琵琶,盖北国所出。"**箜篌**,《通志》曰:竖箜篌,胡乐也。汉灵帝好之。体小而长。**锦鸡鼓、虎拨思**,《野获编》云:"乐器中有四弦长项圆鼙者,俗名琥珀槌,京师及塞北人呼胡博词,又名浑不是,《元史》称火不思,本房中马上所弹者。正统年间,以虎拨思赐瓦剌,盖即此物。又有紧急鼓者,讹为锦鸡鼓,皆房乐也。"咸为房乐。夷声竞作,雅乐式微,声音感人,如响斯应,用夷变夏,此为滥觞,则音乐改良乌可缓哉?

二一

自唐人以律赋取士,而赋体日卑。昔《文心雕龙》之论赋也,谓六艺附庸,蔚成大国。吾观《诗》有六义,赋之为体,与比、兴殊。兴之为体,兴会所至,非即非离,词微旨远,假象于物,而或美或刺,皆见于兴中。比之为体,一正一喻,两相譬况,词决旨显,体物写志,而或美或刺,皆见于比中。故比、兴二体,皆构造虚词,特兴隐而比显,兴婉而比直耳。毛公释独标兴体,则以兴体难知,非解不明;若比、赋二体,读诗者皆可知之,无俟赘述也。若朱传则兼标三体,且误以兴为比。赋之为体,则指事类情,不涉虚象,语皆征实,辞必类物。故"赋"训为"铺",义取铺张。昔邵公言公卿献诗,师箴赋。毛传言登高能赋,可以为大夫。赋也者,指实事而言也。若夫春秋之时,以诵诗为赋诗者,则诵诗者必陈其文,与铺张之义同也。循名责实,惟记事析理之文,可锡赋名。自战国之时,楚《骚》有作,词咸比兴,亦冒赋名,故班《志》称《离骚》诸篇为《屈原赋》。而赋体始淆。赋体既淆,斯包函愈广;故《六经》之体,罔不相兼。贾生《鵩赋》,旨贯天人,入神致用,其言中,其事隐,撷道家之菁英,约儒家之正谊,其原出于《易经》;及孟坚、平子为之,《幽通》、《思玄》,析理精微,精义曲隐,其道杳冥而有常,则《系辞》之遗义也。班固《两都》,诵德铭勋,从雍揄扬,事核理举,颂扬休明,远则相如之《封禅》,相如《封禅文》亦近赋体,杨雄《剧秦》、班固《典引》皆属此体。近师子云之《羽猎》,其原出于《书经》;及潘岳之徒为之,《藉田》一赋,义典言弘,亦《典》、《诰》之遗音也。屈原《离骚》,引辞表旨,譬物连类,以情为里,以物为表,抑郁沉怨,与风雅为节,其原出于《诗经》;及宋玉、景差为之,涂泽以摛辞,繁类以成体,振尘滓之泽,发芳香之䰅,亦葩经之嗣响也。相如《上林》,枚乘《七发》,聚事征材,恢廓声势,谲而不觚,肆而不衍,其为文也,纵而复反,放佚浮宕,而归于大常,其原出于《春秋》;及左思之徒为之,迅发弘富,博厚光大,亦史传之变体也。荀卿《赋篇》,观物也博,约义也精,简直谨严,品物毕图,朴质以谢华,锐断以为纪,其原出于《礼经》;及孔臧、司马迁为之,章约句制,切墨中绳,排羣以立体,艰深以隐词,亦古典之遗型也。屈平《九歌》,依永和声,近古乐章,《九歌》本楚人祀神之乐章。其原出于《乐经》;从世之赋,虽不歌而诵,班《志》云:"不歌而诵者谓之赋。"然子渊之赋《洞萧》,马融之赋《长笛》,咸洞明乐理,故《文选》之赋,别立音乐之赋为一门。则亦音乐之妙论也。彦和之论,夫岂诬哉?左、陆以下,渐趋整练。齐、梁而降,益事妍华。自唐迄宋,以赋造士,创为律赋,虽贻俳优之讥,然指物贵工,隶事贵当,铢量寸度,言不违宗,合于指事类情之义。其旨则是,其格则非。后儒不察赋义之本原,而所作赋篇,多涉虚象,毋亦昧于文章之流别欤?

二二

近世以来,正名之义久湮。由是,于古今人之著作,合记事、析理、抒情三体,咸目为"古文辞"。如姚氏选《古文辞类纂》,其最著者也。不知"辞"字本义,训为"狱讼"。《说文》"辛"部云:"辞,讼也;从卨,卨犹理辜也。卨,理也。"又有"嗣"字,下云:"籀文:辞,从司。"是辞专指狱讼言,故与"罪"、"辜"等字并列。故《大学》言"无情者不得尽其辞"也。此"辞"字之本义也。又《说文》"司"部下云:"词,意内而言外也;从司,从言。"是"词章"、"词藻"诸字,皆作"词"而不作"辞"。而"词"字又训为语助。《文选》刘桢赋云:"杨荝陈词。"注云:"惟、曰、兮、斯之类,皆语句词。"是词为语助也。近儒高邮王氏作《经传释词》,其自序云:"说经者于语词之例,略而不究,或即以实义释之,使其文捍格而意亦不明。窃谓不知语助者,犹不知实义也。盖实义不外乎文字通用,明于通用,则语词自无窒碍矣。"是王氏亦以词为语助也。盖词为语助,故引伸其义,则一切言论文章,皆称为词。凡古籍"言辞"、"文辞"诸字,古字莫不作"词",特秦、汉以降,误"词"为"辞"耳。《易·系辞》释文云:"辞,说也;辞本作词。"《礼记·曲礼》篇释文并同。《周礼》大行人职云:"辞协命。"郑注云:"故书作叶词命。"《诗·大雅》云:"辞之辑矣。"《说文》引作"词之辑矣"。是"词"字为古文,而"辞"字则系传写之误。其所以误"词"为"辞"者,则由"辞"字籀文作"嗣",与"词"字之形相近,故因形近而相讹。实则字各一义,非古代通用之字也。《汉书·叙传》音义云:"词,古辞字。"是"辞"字古文当作"词"字之证。后世习俗相沿,误"词"为"辞",俗儒不察,遂创为"古文辞"之名,岂知"辞"字本古代狱讼之称乎？甚矣，字义之不可不明也。

二三

　　上古之时，未有诗歌，先有谣谚。然谣谚之音，多循天籁之自然。其所以能谐音律者，一由句各叶韵，二由语句之间多用叠韵、双声之字。凡有两字同母，是为双声；两字同韵，谓之叠韵。上古歌谣，已有此体。昔尧时《击壤歌》曰："日出而作，日入而息。""日出"、"日入"，皆叠韵也。虞廷之赓歌曰："股肱"、"丛脞"。此双声也。舜时之歌曰："祝融西方发其英。""祝融"二字，亦双声也。又如古歌"断竹续竹，飞土逐肉"，皆叠韵也。《诗》三百篇，大抵指物抒情之作，一字不能尽，则叠字以形容之，如雎鸠之"关关"，葛覃之"萋萋"是也；或用叠韵，则山之"崔嵬"，马之"虺隤"是也；或用双声，如"蟏蛸在东"、"鸳鸯在梁"是也。双声叠韵，大抵皆口中状物之词，及用之于诗，则口舌相调，声律有不期其然而然者。故两汉、魏、晋之诗，多沿此例；特斯时韵学未兴，未立"双声"、"叠韵"之名耳。自周颙、沈约创四声切韵，有"前浮声、后切响"之说，由是偶文韵语之中，多用双声叠韵。或自相为对，或互相为对。律诗始于萧齐，故双声之体，亦始于王融。王融诗曰："园蘅眩红葩，湖荇烨黄花；回鹤横淮翰，远越合云霞。"此诗见原集中。厥后唐人多用之。如皮日休《溪上思》云："疏鱼低通滩，冷鹭立乱浪；草彩欲夷犹，云容空淡荡。"温庭筠诗云："高阁过空谷，孤竿隔古冈；潭庭空淡荡，髣髴复芬芳。"此其双声也。余证甚多。盖律体盛行，故其法益密。杜少陵之诗，尤善用双声叠韵：有二句皆双声而自相为对者，如少陵《赠鲜于京兆》云："奋飞超等级，容易失沉沦。""奋飞"、"容易"，皆系双声。此双声之自相为对者。余证甚多。有二句皆叠韵而自相为对者，如少陵《寄卢参谋》云："流年疲蟋蟀,体物幸鹡鸰。""蟋蟀"、"鹡鸰",皆系叠韵。此叠韵之自相为对者。余证尚多。亦有双声叠韵互相为对者。如少陵《赠河南韦尹》云："牢落乾坤大,周流道术空。""牢落"为双声,"周流"为叠韵,此以上句双声对下句之叠韵者也。又少陵《赠汝阳王诗》云："寸肠堪缱绻,一诺岂骄矜。""缱绻"为叠韵,"骄矜"为双声,此以上句叠韵对下句双声者也。余证甚多。追及宋初,此法渐微,惟苏诗喜用双声。东坡尝戏作切语《竹诗》,又作《和正甫一字韵诗》,又作《江行见月》四言诗,此三诗者,无一语而非双声,可以知苏诗之喜用双声矣。然齐、梁以前,未立"叠韵"、"双声"之目,齐、梁以后,又渐失双声叠韵之传,然考其篇章,往往亦多暗合。则叠韵双声乃自然之音律,非人力所可强为矣。故未有文字之前,已具此体,惟前人未能一抉其秘耳。海宁周氏作《杜诗双声谱》,已发明此例,并旁采古今之诗以为证佐,可谓发前人所未发矣;惟意有未尽,故复即其义而申之。王西庄诸儒亦复深信此说,见《蛾术编》。

二四

昔孟子之论说诗也,谓"不以文害词,不以词害志"。予观秦、汉以后之诗文,何以文害词者之多乎?如江淹《恨赋》有云："孤臣危涕,孽子坠心。"夫"坠涕"、"危心"之语,均于古籍有征,而江氏必欲反其词以自矜险语,不知"危涕堕心"四字,语词相缀,皆属不伦,奚得谓之合理乎?又杜甫《秋兴》诗有云："红豆啄余鹦鹉粟,碧梧栖老凤凰枝。"夫"鹦鹉"、"凤凰",皆系主词;"豆"、"粟"、"梧"、"枝",皆系所谓词:当云"鹦鹉啄余红豆粟,凤凰栖老碧梧枝"。而杜氏必欲倒其词以自矜研炼,此非嗜奇之失乎? 不惟此也。杜甫律诗有云："白头搔更短,浑欲不胜簪。"夫白发可言长短,今易白发为白头则属不词。俞氏荫甫亦议之。又白居易诗云:"掌珠一颗儿三岁,鬓雪千茎父六旬。"夫十日为旬,载于往籍;《说文》"勹"部"旬"字下云:"十日为旬。"故唐代以前,无以旬为十年者。今白氏以十载为旬,非与古训相背乎?以十年为一旬,盖始于唐。故白氏又有诗云:"且喜同年满七旬。"又明徐尊生诗云:"客中生日近七夕,老子行年当五旬。"以十年为旬,与白氏同。夫智者千虑,岂无一失?特名不正者言不顺,欲顺其言,必正其名。若以文害词,则背于正名之义,岂可复蹈其弊乎?故举古人文词之失,以见其凡。夫今日所以不敢议江淹、杜甫者,以其名高也。若初学作文之人,造语与江、杜同,必斥之为文理不通矣。

刘师培先生学术年表*

1884 年（光绪十年）
  6 月 24 日（阴历闰五月二日）生。
1903 年（光绪二十九年）
  至上海。
1904 年（光绪三十年）
  为《警钟日报》撰稿人。
1905 年（光绪三十一年）
  为《国粹学报》撰稿人。
1906 年（光绪三十二年）
  在芜湖。
  任皖江中学教员。
  创《白话报》。
1907 年（光绪三十三年）
  至日本。
  为《民报》撰稿人。
  创《天义报》。
1908 年（光绪三十四年）
  创《衡报》。

---

  * 本年表根据钱玄同《左盦年表》，略有删节。

归国。

1909 年（宣统元年）

至南京。

1910 年（宣统二年）

至天津。

1911 年（宣统三年）

至成都。

1912 年

任四川国学学校教员。

为四川《国学杂志》撰稿人。

1913 年

至太原。

创《国故钩沉》。

1914 年

至北京。

1916 年

为《中国学报》撰稿人。

1917 年

任国立北京大学教授。

1919 年

为《国故杂志》撰稿人。

12 月 20 日（阴历九月廿八日）卒。

刘师培文学思想概述

汪春泓

刘师培（1884—1919）字申叔，江苏仪征人。出生于学术世家，其曾祖文淇、祖毓崧、父贵曾以及伯父寿曾，均以治经闻名当世，尤其《春秋左氏传》，为刘氏三代所传之学，积学既深，饮誉士林。

刘师培自幼深受家学之熏染，又得到乡邦文化——扬州学派之滋养，加之本人夙慧颖悟，博闻强记，在清末学界，他是世所公认的天才型学者。刘氏长于著述，在短暂的生命历程中，其著述之宏富，学养之深湛，手眼之高妙，足称学术史上罕见之奇才。

在清末诡谲的政治风浪中，刘师培早年亦曾投身革命，但其行止飘忽，立场游移，终其一生，可以盖棺论定，从政并非其所擅，而唯有作为杰出学者，令刘师培声名煊赫。刘氏一生著述，汇集于《刘申叔先生遗书》中，于1936年由弟子、友人编辑刻印而成。

1916年，蔡元培执掌北京大学，陈独秀任北大文科学长，秉持兼包并蓄的办学理念，黄侃于1914年被聘为北大文科教授；刘师培则在1917年亦受聘为北大国语门文学史教授。刘氏任教北大两年多，正是其生命的最后时光，期间两件事情为世所瞩目：一则，黄侃与刘师培年岁相近，早年在日本相识，黄侃折服刘氏经学，在

1919年拜刘为师,确定了二者师生的名分;①另则,刘氏编撰了授课讲义,其中《中国中古文学史》、《文心雕龙讲录》二种及《汉魏六朝专家文研究》等,均对二十世纪以至今日的中国文学史研究,产生过深刻的影响。

在中西文化激荡下,作为中国官办的新式大学,北京大学即从清末京师大学堂易名而来。在二十世纪早期,其所开设的中国文史学科尚处在草创期,而刘师培筚路蓝缕,其《中国中古文学史》等著作,可以视作近代中国断代文学史编撰的奠基性作品。考察刘氏关于文学史的讲义,必须关注当时北京大学的学术氛围。早在1910年京师大学堂时期,桐城派学者姚永朴、马其昶与林纾就已经来校,任经文科教员,而刘师培所置身其间的扬州学派,与桐城派素不相能,因此,此是否激发出刘氏撰述的能量,亦可想见矣。

《中国中古文学史》辞约而旨丰,呈现出深厚的学术功力。此书分:第一课《概论》,第二课《文学辨体》,第三课《论汉魏之际文学变迁》,第四课《魏晋文学之变迁》,第五课《宋齐梁陈文学概略》。一共五个单元。此书论从史出,极重史实,不作空泛之论,然其体例、视角、内容和观点,无不与刘氏学养结构和学术倾向等内在因素存在着密切关系。换言之,刘氏学有根柢,经学家治文学史,博通四部以研究作家作品,因此,其文学史见解与学术"根柢"之关系,本末源流后人均班班可考。

第一,扬州学派作为乾嘉考据学之重要一支,刘氏学术和文学观必然受到影响。

当时皖派大儒戴震"训诂即义理"说,也就是从小学入手来治

---

① 参见黄焯:《记先从父季刚先生师事余杭仪征两先生事》,陆宗达主编:《训诂研究》第1辑,北京师范大学出版社1981年版。黄侃《先师刘君小祥奠文》对自己如何拜刘师培为师也有记述。

经学的学风,成为东南一带考据学的主流。戴震一册《孟子字义疏证》,是此种治学门径的典范之作。其《与段若膺论理书》说:"仆自十七岁,有志闻道,谓非求之《六经》、孔、孟不得,非从事于字义、制度、名物,无由以通其语言。"①刘氏论文,同样以形声训诂之学作为衡量的起始点和对证点,刘氏《文说·析字篇第一》说:"自古词章,导源小学。盖文章之体,奇偶相参,则侔色揣称,研句炼词,使非析字之精,奚得立言之旨,故训诂名物,乃文字之始基也。昔西汉词赋,首标卿、云,摛词贵当,隶字必工,此何故哉?则辨名正词之效也。观司马《凡将》、子云《训纂》,详征字义,旁及物名,分别部居,区析昭明。及撮其单词,俪为偶语,故撷择精当,语冠群英。则字学不明,奚能出言有章哉?夫作文之法,因字成句,积句成章,欲侈工文,必先解字。"刘师培认为一切文法的根本在于识字,而小学修养比所谓的作文法重要得多,他从字、词、句之精当与否来论文,所体现的正是其精于小学的学风特点。其《文章原始》说:"积字成句,积句成文。欲溯文章之缘起,先穷造字之源流……然杨、马之流,类皆湛深小学,(如相如作《凡将篇》,杨雄通奇字,皆精于小学之证也。)故发为文章,沉博典丽,雍容揄扬,注之者既备述典章,笺之者复详征诂故,非徒词主骈俪,遂足冠冕西京。"②此显然是考据派经学家的文学观,认为司马相如、扬雄被推许为西汉辞赋的楷模,原因是在《汉志》中,二者都有小学著作,是当时重要的小学家,他们的文章"沉博典丽",是由其湛深的小学工夫为根基的。

刘氏《论文杂记》说西汉作者"然大抵皆单行之语,不杂骈俪之

---

① [清]戴震:《孟子私淑录》,[清]戴震著,何文光整理:《孟子字义疏证》,中华书局2008年版。
② 刘师培:《左盦外集》卷十三,《刘申叔先生遗书》本。

词……东京以降,论辩诸作,往往以单行之语,运排偶之词,(载于《后汉书》之文,莫不如是。即专家之文集,亦莫不然。)而奇偶相生,致文体迥殊于西汉。……西汉之书,言词简直,故句法贵短,或以二字成一言,(如《史记》各列传中是也。)而形容事物,不爽锱铢。(且能用俗语方言以形容其实事。)东汉之文,句法较长,即研炼之词,亦以四字成一语。……西汉之时,虽属韵文,(如骚赋之类。)而对偶之法未严。(西汉之文,或此段与彼段互为对偶之词,以成排比之体,或一句之中,以上半句对下半句,皆得谓之偶文,非拘于用同一之句法也,亦非拘于用一定之声律也。)东汉之文,渐尚对偶。(所谓字句之间互相对偶也。)……西汉文人,若扬、马之流,咸能洞明字学,(故相如作《凡将篇》、而子云亦作《方言》。)故选词遣字,亦能古训是式,……非浅学所能窥。(故必待后儒之训释也。)东汉文人,既与儒林分列,(文苑、儒林,范书已分二传。)故文词古奥,远逊西京"。刘氏着眼于字、词、句的微观视角来分析文章的发展和变迁,这是作为特重小学根基的经学家之慧眼独具,堪谓辨析入微,颇具实证之功,所获结论也较为精确。此种学风对当今治文学史者,无疑亦有借鉴的意义,今世学者,以宏观社会学角度诠释文学之演变,大而无当是其通病,皇皇巨著,虽多亦奚以为!

刘氏治小学,津津乐道于声训之说,其《字义起于字音说》下说:"古字音近义通,恒相互用,故字从与训词音近之字得声,犹之以训词之字为声。此则近儒言音训者所未晰也。"①古字音近义通,此秘未睹,是否属于刘氏之孤明先发,当先存疑,但训诂、论文重

---

① 刘师培:《左盦集》卷四,《刘申叔先生遗书》本。

声、音,却是扬州学派的共识。譬如阮元,其《揅经室集》就有借声音以训字义的文章①。所以,声音之学,在此派的学术研究中,居于特殊的地位,辨析文章之优劣,声音自然也是其观照的一个重要侧面。刘氏《汉魏六朝专家文研究》之九《蔡邕精雅与陆机清新》说:"至于蔡中郎之文亦绝无繁冗之弊,《文心雕龙·才略》篇云'蔡邕精雅',实为定评。研治蔡文者应自此入手。精者,谓其文律纯粹而细致也;雅者,谓其音节调适而和谐也。"之所以推崇蔡邕文章,一则缘于其用字之精确,另则嘉许其句、篇之内音节调配之和谐与美妙。

故而,字学及声训,大致构成其文学史研究的微观视角,堪谓刘氏文学史观之基础。刘氏《中国中古文学史》第一课《概论》说:"物成而丽,交错发形,分动而明,刚柔判象:在物佥然,文亦犹之。惟是捈欲通啴,纮埏实同;偶类齐音,中邦臻极。何则?准声署字,修短揆均,字必单音,所施斯适。远国异人,书违颉诵,翰藻弗殊,侔均斯逊。是则音泮轻轩,象昭明两,比物丑类,泯踦从齐,切响浮声,引同协异,乃禹域所独然,殊方所未有也。此一则明俪文律诗为诸夏所独有;今与外域文学竞长,惟资斯体。"刘氏曾经游学日本,接触西学,深明大学中开设"文学史"课程,亦具有"舶来"之性质,当西学东渐,此风盛炽之日,刘氏忧患本国文化、文学被异域文明所淹没,因此,论文学史,首先要捍卫汉字和本民族文学之特质,辨析夷夏之歧异,指出"远国异人,书违颉诵,翰藻弗殊,侔均斯逊",中西文学虽均有"尚丽"的追求,可是毕竟汉字与西文迥然不同,汉字,字必单音,并且,句、篇之中,浮声、切响,准的可依,必

---

① 参见[清]阮元:《揅经室集》,中华书局1993年版。

须讲究音律之和谐,此种文学特性为我国所特有,结撰本国文学史,尤当珍视诸夏"俪文律诗"所独有之特性。

按中国古来,自南朝宋永明声律论以降,诗文探讨声律,蔚然成风,即使桐城派后期大师吴汝纶,在《答张廉卿》中亦曰:"承示姚氏于文未能究极声音之道。弟于此事,更未悟入。往时文正公言:'古人文皆可诵,近世作者,如方、姚之徒,可谓能矣,顾诵之而不能成声。'盖与执事之说,若符契之合。近肯堂为一文,发明声音之故,推本《韶》、《夏》,而究极言之,特为奇妙。窃尝以意求之,才无论刚柔,苟其气之既昌,则所为抗队、讪折、断续、敛侈、缓急、长短、伸缩、抑扬、顿挫之节,一皆循乎机势之自然,非必有意于其间,而故无之而不合;其不合者,必其气之未充者也,执事以为然乎?"①身为桐城派文章巨擘,曾国藩也表露不满于前辈方苞、姚鼐之文"诵之而不能成声",莫非扬州学派批判桐城派的声音也令曾氏有所触动?总之,良性的文学流派之争,应该促进相互取长补短,并刺激双方各自提升、修正,以臻乎完美。吴氏此书信中,揭示了古来声律论固有之两派,一派,如南朝之范晔、周颙、沈约等,以至吴汝纶好友张裕钊、范肯堂(伯子),都竭力寻找声音的规律,以用诸作文;而另一派如南朝锺嵘,以至吴汝纶,却主张自然声律论,写作者意气风发,则声律自然和谐,不求而自得,刘勰则执衷于其间。以此背景为参照,刘师培当属论文极关注声律者也。

第二,《文心雕龙》可视作刘氏之家学,且扬州学派中人奉刘勰为论文之圭臬,故刘师培的文学观及文学史观也深受其影响。

根据刘氏《先府君行略》②,可知刘毓崧是刘师培祖父,刘毓崧

---

① [清]吴汝纶撰,施培毅、徐寿凯校点:《吴汝纶全集》,黄山书社2002年版。
② 参见刘师培:《左盦集》卷六,《刘申叔先生遗书》本。

考定《文心雕龙》成书于齐代,十分精当,几乎成为"龙学"之定论,作为四世传经的仪征刘氏,"龙学"也是其家学渊源之一,刘师培精熟《文心雕龙》,实在是自然而然的。其《搜集文章志材料方法(自秦汉迄隋)》说:"刘氏《文心雕龙》集论文之大成。"①而且,扬州学派的文章学思想大致孕育于《文心雕龙》,两者并无矛盾,因此,以《文心雕龙》为家学,且身处扬州学派之中,两者叠加,堪谓强化了刘师培某些核心的文学观念。

扬州学派著名学者凌廷堪《上洗马翁覃溪师书》说:"汪(容甫)君则以为《周官》、《左传》本是经典,马史、班书亦归纪载,孟、荀之著述迥异于鸿篇,贾、孔之义疏不同于盛藻。所谓文者,屈、宋之徒,爰肇其始,马、扬、崔、蔡,实承其绪,建安而后,流风大畅,太清以前,正声未泯。是故萧统一序,已得其要领;刘勰数篇,尤征夫详备。唐之韩、柳,深谙斯理;降至修、轼,寖失其传。是说也,同学或疑之,廷堪则深信焉……世儒言学则知尊两汉,而论文但解法八家,此则廷堪所滋惑者矣。独是汪君,既以萧、刘作则,而又韩、柳是崇,良由识力未坚,以致游移莫定。"②在浩如烟海的古来文章中,标举何者为文?那就是屈、宋以下,马、扬、崔、蔡为文之典范。此在萧统《文选序》确立了"事出于沉思,义归乎翰藻"之为文,而刘勰《文心雕龙》则提出"文笔"之说,与笔相对者谓之文。故而,文海之中,所谓"文"的定义被大大收窄了,其范围大概就是刘师培所概括的"俪文律诗",除此之外,均被剔除出去,甚至连韩、柳所代表的唐宋八大家均不在其列。

而持此种文学观,齐梁文学之成就,无疑在扬州学派文士及刘

---

① 刘师培:《左盦外集》卷十三,《刘申叔先生遗书》本。
② [清]凌廷堪:《校礼堂文集》卷二十二,中华书局1998年版。

师培心目中占据着特殊的位置。其《中国中古文学史》第二课《文学辨体》以及第五课《宋齐梁陈文学概略》丁《总论》之(子)《声律说之发明》、(丑)《文笔之区别》,这些内容既可视作刘师培对扬州学派及《文心雕龙》家学的呼应,亦可视之为刘氏文学观、文学史思想的主要框架。

关于刘勰论文,刘师培颇重其论文章源流部分,刘氏《国学发微序》说:"诠明旧籍,甄别九流,《庄》、《荀》二家,尚矣!自此厥后,惟班《志》集其大成,孟坚不作,文献谁征?惟彦和《雕龙》,论文章之流别;子玄《史通》,溯史册之渊源。前贤杰作,此其选矣……"其《中国中古文学史》与《文说》全面地祖述《文心雕龙》。《文说》之《序》,特别标举《文心雕龙》,说:"《雕龙》一书,溯各体之起源,体各为篇,聚必以类,诚文学之津筏也。"表明自己撰写《文说》"篇章分析,隐法《雕龙》"。辨体是文论的重要命题,而讨论文法的著作,则有害无益,大多"可谓文章之桎梏矣",因此,就有借助《文心雕龙》以解除文弊的用意。上述《析字篇第一》强调"字学",提倡"欲侈工文,必先解字",足见他对于刘勰批评"多略汉篇,师范宋集"尤有会心,《文心雕龙·练字》篇说西汉文学成就是建立在深湛的小学基础上的,刘勰表扬当时"鸿笔之徒,莫不洞晓";《诏策》篇比较汉初到汉武帝时期诏体的变化曰:"观文景以前,诏体浮杂;武帝崇儒,选言弘奥。"经学勃兴,有助此类文体语词戒除粗鄙,而呈现典雅之气象。刘师培非常认同此种意见,深谙刘勰文章写作理论的核心基础是"解字",而解字必须尊重先儒故训,也即必须以宗经为准则,《文心雕龙》"宗经"说的要义,刘师培从字、词、句之精当与否来入手理解,符合《汉志》之"六艺略"之末,列有"小学家"之用心,正体现刘氏精于小学的学风特点。

《文说》之《和声篇第三》颇引用《文心雕龙·声律》篇关于文的定义:"刘彦和《文心雕龙》亦曰'声不失序,音以律文',(近世之书若赵秋谷《声调谱》、蒋氏《词律》以及阮芸台《文韵说》,皆讲文韵者必读之书也。)欲求立言之工,曷以此语为法乎?(古人之文,其可诵者,文也。其不可诵者,笔也。文、笔不同,亦见阮氏《揅经室集》。)"声律是刘氏所特别在意的"文"的重要特征之一,而如何作到文有声韵之美,其把握的分寸虽然以刘勰《声律》篇为基准,但是以可诵者为文,排斥不可诵之笔,不容文、笔共存,重文轻笔,却是受到凌廷堪、阮元等人的影响。《文说》之《耀采篇第四》说:"……是则文也者,乃英华发外,秩然有章之谓也。由古迄今,文不一体,然循名责实,则经史诸子,体与文殊,惟偶语韵词,体与文合……是则文章一体,与直语殊。故艳采辩说,韩非首正其名;'翰藻'、'沉思',昭明复标其体。诗赋家言,与六艺九流异类;文苑列传,共儒林、道学殊科。自古以来,莫之或爽也……故《文选》勒于昭明,屏除奇体;《文心》论于刘氏,备列偶词。体制谨严,斯其证矣。厥后《选》学盛行,词华聿振,徐、庾迁声于河朔,燕、许振采于关中。排偶之文,于斯为盛……是则骈文之一体,实为文类之正宗。"刘师培历数历代名家名篇,以作为代表赋、制敕、书表、碑志、序文、游记、论体、颂铭箴赞、檄文、祭文各体之正宗。他论辩:"盖文之为体,各自成家,言必齐偕,事归镂绘,以妃青媲白之词,助博辨纵横之用。故'立诚'之词,著于《周易》;'交错'之训,载于许书。况复苍后翠妫,鸟兽纪远蹄之迹;赤文绿字,龟龙阐《河》《洛》之精。川岳绚其光采,钟球播其铿锵。盖浑噩之风既革,巍焕之运斯开。观繻緅绀绛,织文有新组之华;琚瑀珩璜,冲牙叶杂佩之响。物固宜然,况于文乎!"此节文字引用《文心雕龙·原道》篇,佐证其文须讲求丽词之巧密及声律之调谐。刘氏总结曰:"然三代之时,文与语别;六朝以降,文与笔分。若屏斥偶体,崇尚奇词,是则反朴归真,力守老聃之论,舍文从质,转追棘子之谈,空疏之识,讵可免欤?观《典论》著于魏帝,备列诗赋之章;《文赋》创于陆机,不列序碑之体,则单行之词,实与文章有别,有何疑乎?"此篇最能体现他与《文心雕龙》的因缘,大致上已表述了其《选》学派立场以及关于文体守正的态度。

《文说·宗骚篇第五》则颇见其南人的文学立场,有肯定南方地域文化和文学的倾向。《文心雕龙》有《宗经》篇和《辨骚》篇,若比较二者,刘勰服膺《五经》对文章的范式意义,而对于楚《骚》,则采取"辨"的方式,怀有一种既推崇又审慎的态度。然而,刘师培却宣称"宗骚",在文的领域,不是宗经,而是宗骚,此点与刘勰异趣,明显承袭扬州学派中人如上述凌廷堪《上洗马翁覃溪师书》之"所谓文者,屈、宋之徒,爰肇其始"的观点,刘氏并不认同楚《骚》存在《辨骚》篇所谓的"异乎经典者也",相反,"粤自风诗不作,文体屡迁,屈宋继兴,爰创《骚》体,撷六艺之精英,括九流之奥旨,信夫骈体之先声,文章之极则矣"。《骚》体囊括众美,寻其微旨,包含"此《易》教之支流也"、"此《书》教之微言也"、"此《诗》教之正传也"、"此《礼》教之遗制也"、"此乐教之遗意也"以及"此《春秋》之精义也"。并且诸子百家之所长,也无不兼备。他高抬其体用,"故知楚词之书,其用尤广,上承风诗之体,下开词赋之先,若中垒《世颂》之篇,贾生《惜誓》之作,渊源有自,咸出于《骚》;故王逸作注,兼采景、唐之什,昭明选文,详征屈、宋之词。惜乎汉魏以下,效法者稀,则以立言之旨,情文相生;后世诗人之作,情胜于文,故朴而不华;赋家之作,文胜于情,故华而不实。惟《洛神》之赋,出于《九歌》;

《北征》之赋,近于《涉江》;《哀江南赋》,乃《哀郢》之余音;《归去来辞》,亦《卜居》之嗣响。自此以降,文藻空存,非复屈、宋之旨矣"。一部文学史几乎由屈《骚》所开创,而后世作家作品之价值、地位,也由是否上承屈《骚》来衡量高下,此可与刘氏《论文杂记》所言"……而屈、宋楚词,忧深思远,上承风雅之遗,下启词章之体,亦中国文章之祖也"相印证。在《文选》派眼中,楚《骚》更具开山的意义,故大力表彰。除了同样推崇屈《骚》在文学史上的地位以外,他与刘勰《辨骚》篇有所保留的观点存在着差异。

　　然而,刘氏上述基本文学观,却更多出自其家学渊源。而此亦必须溯源至扬州学派的先辈人物,如汪中、凌廷堪与阮元等人。南桂馨序《刘申叔先生遗书》说:"清三百年骈文莫高于汪容甫;六朝文笔之辨,则以阮文达为最坚。昔周书昌、程鱼门论定文章,称桐城为天下正宗。申叔承汪、阮风流,刻意骈俪,尝语人曰:'天下文章在吾扬州耳!后世当自有公论,非吾私其乡人也。'……然其学术主张,终不越乎扬州;其校雠之学,固高邮也;其声音之学则本之黄春谷。"黄春谷撰《梦陔堂文说》,刘师培的曾祖刘文淇为之作序,按刘文淇《梦陔堂文说序》曰:"《梦陔堂文说》者,观察黄春谷先生之所作也……先生谓《六经》莫外于小学,小学者即载道之文字。而文字之训诂莫非本于声音,故凡字义,以所从之声纲为主,而偏旁乃逐物形迹之目。又谓字义必视乎随文所用,而字之本义则一核其本字之声,斯义无不明,而其字义迁流之故,亦即于字中可见……此皆发前人所未发者,尤治经者之一大快事也。"[1]刘师培以

---

[1] 刘文淇有《题黄春谷先生承吉一经授子图》一诗,诗曰:"我闻读书先识字,字义不明经难晓。我闻识字先审音,声音不明义难了。形声相益字乃成,形实声虚极天巧。以虚筦实挚无穷,此际源流费探讨。若者为源若者流,每一寻思辄纷扰。先生妙解真入神,文字一一穷幽渺。……"

声音辨字义,其学术思想和黄春谷以及曾祖刘文淇等均有承袭的关系;至于汪中的文学主张,江藩著《国朝汉学师承记》有简要的介绍,江自称与汪弱冠时即已定交,相知很深。他说汪容甫"治经宗汉学"、"又不喜宋儒性命之学",而对于桐城派文章,"若方苞、袁枚辈,岂屑屑骂之哉"①,极其鄙视。刘氏非常敬佩汪中这位江都先辈,文论观受其影响至深。刘师培《先府君行略》说到自己的父亲刘贵曾曾校勘锺嵘《诗品》,而且"诗法六朝",扬州学派在诗文方面从来不鄙薄六朝,这与其推崇《选》学及《文心雕龙》有直接的关系,刘氏《中国中古文学史》对齐梁文学着浓墨重彩,其缘故也就涣然冰释矣。刘氏《清儒得失论》说:"若江北学者,自汪中外,多得江、戴之传,焦循、黄承吉,或发古经奥义,或穷文字之源。黄兼工诗,以格律声情相尚,甘泉江藩则确宗惠氏。此数子者,焦、黄均居乡寡行;江稍疏放,然慕世之心未衰;惟凌曙、刘台拱,修身励行,上拟汉儒;别有包世荣、包慎言、姚配中、俞正燮,迹托皖南;汪日桢、臧寿恭、徐养原、姚湛奋迹苕溪;薛传均、柳兴宗、汪士铎潜踪江表;朱骏声、陈奂、毛岳生、张履绍业东吴。"将汪中放在扬州学派比较显赫的位置。值得注意的是他讲到北江学者与江永、戴震的关系,而戴震上承顾炎武"经学即理学",倡言训诂以外别无义理,排斥宋儒义理之学②。这对于扬州学派文学观产生深刻的影响,此派重视"识字"为汉学根基,就明显地折射出此种影响,上文探讨刘师培文论之构成,已有所述及。凌廷堪是汪中的朋友,也是阮元的老师,刘师培祖父也曾从凌廷堪受经学。凌廷堪《复姚姬传先生书(壬

---

① [清]江藩纂,漆永祥笺释:《汉学师承记笺释》卷七,上海古籍出版社2006年版。
② 参见余英时:《论戴震与章学诚》,北京三联书店2000年版。

戌)》说:"又集中论诗,假索伦蒙古人之射为喻,以为非有定法。此诚不易之论。窃谓诗既如此,文亦宜然,故于方望溪义法之说,终不能无疑也。"①可见凌廷堪已质疑方苞义法之说,此派人物以汉学正宗自居,月旦学界人物,唯以是否预流其心目中的汉学正宗为高下准衡,此也连带到对于文学正途的辨别。而在清代文笔之论争中,阮元的影响更是青出于蓝,阮元为梁章钜《文选旁证》作序说:"《文选》一书,总周、秦、汉、魏、晋、宋、齐、梁八代之文而存之。世间除诸经、《史记》、《汉书》之外,即以此书为重。读此书者,必明乎《仓》、《雅》、《凡将》、《训纂》、许、郑之学,而后能及其门奥。"②可见刘氏站在《选》学立场上,极其重视小学的文学观,乃此派之真传。尤其阮氏《文言说》、《学海堂文笔策问》以及《文韵说》等,后出转精,李详《愧生丛录》卷一评价阮氏《文言说》曰:"文达此论,能窥文章之源,当时汪容甫、凌仲子、江郑堂皆持此义。"③此对刘氏文学观形成有直接的启迪。而读阮元《四六丛话序》可以知道,乌程孙梅作为阮氏老师。在树立四六为文章正宗方面,孙梅的文学理论被阮氏所接受,阮氏称赞孙梅"心擅雕龙",当于《文心雕龙》也深有研究。其书"体分十八,已括萧、刘,序首二篇,特标《骚》、《选》"④。辗转师承,而这也间接反映于刘师培文论之中⑤。

---

① [清]凌廷堪:《校礼堂文集》卷二十四,中华书局1998年版。
② [清]梁章钜:《文选旁证》,福建人民出版社2000年版。
③ 李详:《愧生丛录》,江苏古籍出版社2000年版。
④ [清]阮元:《揅经室四集》卷二,[清]阮元:《揅经室集》,中华书局1993年版。
⑤ 孙梅在《四六丛话》卷首《四六丛话凡例》中,扼要说明"四六"命名之所从来,其崇尚骈文的趣味,与阮元如出一辙。参见[清]孙梅:《四六丛话》,台湾世界书局1962年版。

关于汉宋之争,刘师培《汉宋学术异同论》,虽然承认汉学也有瑕疵,但是比较汉宋之学,则无疑宋不如汉,刘氏扬汉抑宋的倾向是斩钉截铁的。因此承袭先辈关于桐城派的排斥,其批评桐城的锋芒与先辈相比显得更加尖锐,其立说的依据主要有两端,一则桐城陷于宋学而不能自拔;二则此派人物除了学问肤浅,人品也不足称道。其《论文杂记》说:"故近日文词,宜区二派:一修俗语,以启瀹齐民;一用古文,以保存国学,庶前贤矩范,赖以仅存。若夫矜夸奇博,取法扶桑,吾未见其为文也。……夫文字之训,既专属于文章,则循名责实,惟韵语俪词之作,稍与缘饰之训相符。故汉魏六朝之世,悉以有韵偶行者为文,而昭明编辑《文选》,亦以'沉思翰藻'者为文,文章之界,至此而大明矣。降及唐代,以笔为文,如昌黎言'作为文章,其书满家',(见《进学解》。)梦得言'手持文柄,高视寰海'(见刘禹锡《祭韩退之文》。)是也。……若以笔为文,则与古代文字之训相背矣。而流俗每习焉不察,岂不谬哉!"清理桐城谬种之源流,他有意要推倒唐宋八大家所代表的"文"的正统,自然会摧毁与这一传统关系密切的近代文章家的宗主地位,反过来,若要颠覆桐城文派,也须砍伐韩、柳大树。他说:"近代以还,文儒辈出:望溪、姬传,文祖韩、欧,阐明义理,趋步宋儒,(凡桐城古文家,无不治宋儒之学,以欺世盗名。惟海峰稍有思想。若方东树、方宗诚、曾国藩皆治宋学,复以能文鸣。)此儒家之支派也。……若夫废修词之功,崇浅质之文,则文与道分,(吕氏编《宋文鉴》,朱子谓其有时于文虽不佳,而事理可取者。盖宋儒之论文如此。)安望其文载道哉?(钱竹汀曰:"君子之出词气必远鄙倍;语录行,则儒家有鄙倍之词矣。有德者必有言;语录行,则有德而不必有言矣。"姚姬传曰:"唐世僧徒,不通文章,乃书其师语以俚俗,谓之语录。宋世儒者弟子效之,以弟子记先师,惧失其真,犹有取也。明世自著书者,乃亦效其词,此何取哉?")则崇尚文言,删除俚语,亦今日厘正文体之一端也。(夫以俚俗之文,著之报章,以启瀹愚氓,亦为觉民之一助。惟既曰文词,则文体不得不法古文,否则不得称为文矣。)"刘氏将文词一分为二,不抱残守缺,适应时势发展,承认俚俗报章体有其存在的必要,但这完全是出于实用的需要。而作为"文",却有保存国学、承传慧命的伟大使命,它既是时代精神文明的结晶,又必须将之推到美的极致,必须循规蹈矩,不可率尔为之,应超越无韵之笔,与非文划清界限,凸显其尚丽美文的追求,即以四六骈体为指归。惟指韩愈"以笔为文",摒除韩文于"文"的范畴之内,此种观点未免令人觉得偏激,方东树《汉学商兑》卷中之上说:"扬州汪氏,谓文之衰自昌黎始,其后扬州学派皆主此论,力诋八家之文为伪体;阮元著《文笔考》,以为有韵者为文,其旨亦如此。"①看来,这也是汪中等人的见解,只不过据凌廷堪《上洗马翁覃溪师书》所言,汪中后来对于韩、柳文章,还是表示尊重,凌氏自己则坚持文笔之辨甚为峻切。

而桐城沾染宋儒习气,实在是开文章之恶趣,所以刘氏认为此派已与文学正宗背道而驰了。《近儒学术统系论》也为阮元为首的扬州学派张目,而对桐城派却不屑一顾,他说:"皖北之学,莫盛于桐城。方苞幼治归氏古文,托宋学以自饰,继闻四明万氏之论,亦兼言《三礼》。惟姚范校核群籍,不惑于空谈。及姚鼐兴,亦挟其古文、宋学,与汉学之儒竞名。继慕戴震之学,欲执贽于其门,为震所却,乃饰汉学以自固,然笃信宋学之心不衰。江宁管同、梅曾亮均

---

① [清]方东树:《汉学商兑》卷三,北京三联书店1998年版。

传其古文;惟里人方东树作阮元幕宾,略窥汉学门径,乃挟其相传之宋学,以与汉学为仇,作《汉学商兑》。故桐城之学,自成风气,疏于考古,工于呼应、顿挫之文,笃信程朱,有如帝天,至于今不衰。惟马宗琏、马瑞辰间宗汉学。"①这段文字里桐城最大之过在于宗宋学,即使有意靠拢汉学,亦因根器已怀,绝无跳出宋学牢笼的可能,他们于学之关系,无论汉或宋,刘氏均用一"饰"字,可见对其不学无术非常藐视。而清末以来,因曾国藩崛起,桐城派势大,加上张裕钊、吴汝纶等的推广,门生遍布,对汉学派构成巨大的挑战②,这是刘师培竭力贬低桐城派的原因之所在。刘师培进一步从道德人品上攻击桐城派,其《清儒得失论》,将学问相对空疏的明儒与清儒作比较,在人格上,刘师培热烈地称赞明儒,揭示清儒的狡狯,这与其汉学自居的身份,相映成趣,也可见其性格之一端。而对于清儒人格委琐的批判,刘氏极似隋代大儒文中子,他评价"桐城方苞……然行伪而坚,色厉内荏;姚鼐传之,兼饰经训以自辅;下逮二方,犹奉为圭臬,东树跬跬,尚类弋名;宗诚卑卑,行不副言。然昌言讲学,亦举世所难能,此一派也"③。指出此派人物将文章沦为沽名钓誉的工具。其《论近世文学之变迁》说:"故枵腹之徒,多托于桐城之派,以便其空疏。"腹笥空空者,假借桐城文章以为掩饰,文章又堕落为其伪饰空虚的手段,其攻击之激烈,确实有耸动视听的效果。

---

① 刘师培:《左盦外集》卷九,《刘申叔先生遗书》本。
② 刘声木撰《桐城文学渊源撰述考》,为桐城壮大声势,所选取人物,几乎遍布天下,反映出桐城作为文章学流派,其影响确实巨大。参见刘声木:《桐城文学渊源撰述考》,黄山书社1989年版。
③ 刘师培:《左盦外集》卷九,《刘申叔先生遗书》本。

其《文章原始》说:"梁元帝《金楼子》云:'至如不便为诗如阎纂,善为章奏如伯松,若此之流,泛谓之笔;吟咏风谣,流连哀思者谓之文。'(《立言》篇。)刘彦和《文心雕龙》云:'今之常言,有文有笔,无韵者,笔也;有韵者,文也。'(《总术》篇。)文笔区分,昭然不爽矣。故昭明之辑《文选》也,以'沉思'、'翰藻'者为文。凡文之入选者,大抵皆偶词韵语之文,即间有无韵之文,亦必奇偶相成,抑扬咏叹,八音协唱,默契律吕之深。(见仪征阮氏《文韵说》所引《宋书·谢灵运传论》、沈约《答陆厥书》,甚为的当。)故经史诸子,悉在屏遗。(陆机《文赋》不及传志碑版之文,盖以此为史体,非可入之于文也。)是则文也者,乃经史诸子之外,别为一体者也。齐梁以下,四六之体渐兴,以声色相矜,以藻绘相饰,靡曼纤冶,文体亦卑,然律以'沉思'、'翰藻'之说,则骈文一体,实为文体之正宗。……近代文学之士,谓天下文章莫大乎桐城,于方、姚之文,奉为文章之正轨,由斯而上,则以经为文、以子史为文,(如姚氏、曾氏所选古文是也。)由斯以降,则枵腹蔑古之徒,亦得以文章自耀,而文章之真源失矣。惟歙县凌次仲先生,以《文选》为古文正的,与阮氏《文言说》相符。而近世以骈文名者,若北江容甫步趋齐、梁;西堂其年导源徐、庾。即縠人、甹轩、穉威诸公,上者步武六朝,下者亦希踪四杰。文章正轨,赖此仅存。而无识者流,欲别骈文于古文之外,亦独何哉!"枵腹蔑古,指桐城派于古学、古文实质上了无心得,只是招摇撞骗而已。显然以凌、阮等所代表的扬州文脉与桐城派划一界线,横扫桐城,与桐城争夺"正轨"地位,以扬州骈文取代桐城派势力,重振骈体,以拨乱反正。

刘氏《广阮氏〈文言说〉》说:"阮氏《揅经室集》列《文言说》,以俪词韵语为文言。又征引六朝文笔之分,以成其说。今考《说文》

云:'文,遣画也,象交文。'又云:'彣,𢼸也。'《广雅·释诂二》云:'文,饰也。'《释名·释言语》云:'文者,会集众采以成锦绣,会集众字以成词谊。如文绣然也。'是文以藻缋成章为本训。《说文》'𢼸'字下云:'有彣彰也。'盖'彣彰'即'文章'别体,犹'而'与'耏'同,'丹'与'彤'同也。厥后始区二字,'彣'训为'𢼸';与'文'训'错画',其义互明。观青与赤谓之文,经纬天地亦曰文,则训'饰'、训'错',义实相兼。故三代之时,凡可观可象,秩然有章者,咸谓之文;就事物言,则典籍为文,礼法为文,文字亦为文;就物象言,则光融者为文,华丽者亦为文;就应对言,则直言为言,论难为语,修词者始为文。文也者,别乎鄙词俚语者也。《左传》曰:'言之无文,行之不远。'又曰:'非文辞不为功。'言语既然,则笔之于书,亦必象取错交,功施藻饰,始克被以文称。故魏晋六朝,悉以有韵偶行者为文,而昭明《文选》,亦以'沉思'、'翰藻'为文也。两汉之世,虽或以笔为文,然均指典册及文字言,非言文体。如《史记·太史公自序》'《春秋》文成数万',论次其文,《论衡·超奇》篇'文以万计'是也。不得据是,以非阮说。惟阮于许、张、刘诸故训,推阐弗详,故略伸其说,以证文章之必以'彣彰'为主焉。"①此段文字已将其继承阮元遗说,判分文笔的《文选》派立场作了极其充分的阐释,更为阮氏大张旗鼓,其意思比较明白易懂。总之学者文章家尽可以对于"文"有自己的理解,但是从属文所需高度文化修养与艺术天赋此一角度来讲,文,也非人人率尔操觚即可为之,所谓谈何容易也。因此刘氏确立以四六体为文之正轨,就保存汉字美学特点而论,他呼吁不要丧失此种民族审美特性,在日后的汉字写作

---

① 刘师培:《左盦集》卷八,《刘申叔先生遗书》本。

中,不至于众体皆亡,不要让四六美文成为鲁殿灵光,以致大雅荡然,仅存报章一体,其观点颇有可取之处。

只有判分文与笔,才能清理什么是"文"的概念,并且确立"文"的本体。刘师培在阮氏基础上进一步深入研究,其《中国中古文学史》专立第二课《文学辨体》,胪列历代有关文笔的论述,澄清文、笔相对的准确内涵;尤其是第五课《宋齐梁陈文学概略》之《文笔之区别》一则,对于《文心雕龙》篇章所隐含的文笔区分,大有发覆之功,刘氏发现:"更即《雕龙》篇次言之,由第六迄于第十五,以《明诗》、《乐府》、《诠赋》、《颂赞》、《祝盟》、《铭箴》、《诔碑》、《哀吊》、《杂文》、《谐谲》诸篇相次,是均有韵之文也;由第十六迄于第二十五,以《史传》、《诸子》、《论说》、《诏策》、《檄移》、《封禅》、(篇中所举扬雄《剧秦美新》,为无韵之文;相如《封禅文》,惟颂有韵;班氏《典引》亦不尽叶韵;又东汉《封禅仪记》,则记事之体也。)《章表》、《奏启》、《议对》、《书记》诸篇相次,是均无韵之笔也:此非《雕龙》隐区文笔二体之验乎?"可见刘氏对于《文心雕龙》悟入之深,此可与其祖父考证《文心雕龙》成书于齐末相媲美。

然而刘师培游学日本,是受新学思想影响的人物,已有鲜明的现代学术意识,他尊重《文心雕龙》,批评桐城派,并非是为了在宗六朝与宗宋问题上故意与桐城立异,其中实质上寄寓了其深厚的美学观念,也体现出他对于汉字特点的深刻认识。其《近代汉学变迁论》说:"不知汉学初兴,其征实之功,悉由怀疑而入。"①所以他往往能够不盲目信古,其论文总体祖述刘勰之外,也能够发表与刘勰不同的看法。比如上述评论屈《骚》,就是一例。而在南北文学

---

① 刘师培:《左盦外集》卷九,《刘申叔先生遗书》本。

不同问题上他也颇有独到的见解。

对南方文学风格特点的评价,是基于其自然环境因素决定论,《论美术援地而区》说:"然明于古代产物之区,即知古代之美术,亦必援地而区分。《考工》谓地气使之然,岂不然哉!"《编辑乡土志序例》六《文学志》说南北经学不同,并且"文章亦然,北人工记事析理之文,南人贵托兴缘情之作;南人之文多柔靡之音,北人之文饶刚劲之气。此固中国文学划分南北之征。然青齐亦居北方,何以谈瀛之学亦起于其间?新安偏处南方,何以治经之儒偏详于征实?是则学术虽划分南北,然所以成为风尚者,则地势使然,所居之地不同,即学术文章亦各殊观"①。物产与地气对于当地居民的精神活动与精神生产会起到巨大的作用,有时就决定了其学术、文艺等风格特征,此本不以人意志为转移,有其客观必然性,当然南北的差异具有丰富的内涵层次,不应作机械的理解。然则南人的缘情柔靡,应视作地域特色,是文章写作的主体性使然,不必大加诟病。当然刘师培有如许见解,可能也与阮元有关,阮氏有《南北书派论》、《北碑南帖论》等,已比较公允地探讨南北文化的差异,刘师培秉承其说,也力戒偏见,其《中国美术学变迁论》说:"以言乎文词,则南人清新俊逸;北人硁确自雄。南派虽崇妍练,然出于自然,秀气灵襟,超轶楮墨。及乎末流,遂流轻绮,雕几既极,色泽空存。北派叙事简严,发言刚劲,工者以严凝之骨饰流丽之词,元魏以后,侈言法古,杰格拮据,俶傥可观。"②当然此种南北特点,假使过度演进,也会成为偏颇,刘师培看到了南北文学相互交融调适的正面意

---

① 刘师培:《左盦外集》卷十一,《刘申叔先生遗书》本。
② 刘师培:《左盦外集》卷十三,《刘申叔先生遗书》本。

义,但是地域特色却并不会在交融过程里被抹煞,珍视此种地域特色,其实是保护中国文化、文学的多元特性,具有特殊价值。其《南北学派不同论》是一篇专门比较南北差别的论文,涉及甚广,其中《南北文学不同论》一则,在关于南方文学态度上,显然比刘勰更加宽恕,能以兼包并容的胸怀来看待南北文学的差异性。

扬州学派前辈学者的不少见解确实影响了刘师培的文学观和文学史观,刘师培与前辈不同者在于,前辈学者仅一鳞一爪、片言只语,而刘氏则将之系统地融会贯通到《中国中古文学史》等著述中去,堪称发扬而光大。

查阅文献,虽在北大同一片屋檐下,面对刘师培咄咄逼人的进攻,姚永朴等桐城派学人似不曾应战。其实在清代,桐城派和扬州学派的遭际不尽相同,漆永祥兄所著《江藩与〈汉学师承记〉研究》第九章《〈汉学师承记〉札记》第二四《乾嘉时扬州学者年多不永》①,用数字、事实说明,扬州学派中人,虽多才华且精于学,却大多沉沦于下僚,身处社会主流之边缘,游幕教塾,内外忧患,甚至需为衣食而奔走,这造成了此派中人除少数得志者而外,大多享年不过中寿,形成了此派清寒悲苦的身世之感。

而曾国藩和李鸿章的崛起,使得与湘军、淮军结缘的桐城派人物的人生际遇,相对扬州学派显然要好过不少,所以,当清朝走向灭亡之时,像刘师培这样公然倡言排满复汉的学者,其宿怨加上新添的嫉恨,遂益发不满于桐城派的文章之学。然而,一部中国文学史,假如像刘氏持论一般,删除了骈文之外的"古文"部分,岂非很不完整,可能是文学史的莫大损失,刘勰文、笔并重,并不

---

① 参见漆永祥:《江藩与〈汉学师承记〉研究》,上海古籍出版社2006年版。

因重文而废笔,刘氏在此点上,有违刘勰的执衷之道,似有所偏颇。韩、柳古文运动部分缘起就是中唐的社会危机,在和政治及社会现实的结合上,骈文的实效性确不如古文,危机时代,尤为显著。而当清王朝陷于崩溃之际,刘氏坚守扬州学派之家学,太注重文学的艺术本体及审美特性,在一定程度上显得与社会现实脱节了。

而面对刘氏挑战,北大的桐城派学者,作为吴汝纶等大师之弟子如姚永朴等,一则有出身名门正派的优越感,另则,桐城派内部其实一直处在革新变化之中,方、姚、刘三者就各不相同,而曾、李则以政事为首务,高视阔步,权重一时,并非喋喋不休于帮派恩怨的文士可比。吴汝纶《与范仲林》说:"令兄又示陈伯严所著文,见伯严自跋云'欲附于不立宗派家数'。吾告肯堂曰:此殆以曾文正自命者也,伯严闻此以为有当乎?"此说明像曾国藩这样的政界大佬,不屑在文章方面与文士争斗,并不喜好高树桐城旗帜,在宗派家数问题上十分低调,甚至想偃旗息鼓。因此,到晚清,桐城派虽然人数众多,却愈益成为一个松散的文章团体。况且吴汝纶等参预洋务派活动的人士,已经放眼世界,在中西学问之间,重西学而轻国学,至于弘扬桐城文章,已成不急之闲事。姚永朴秉承师教,所以拒绝了刘氏撰述《中国中古文学史》等著作的挑战,堪谓息事宁人的明智选择。

二十世纪初叶,中国陷于衰乱之中,随着救亡思潮与白话运动的兴起,提倡新文学者提出打倒"桐城谬种,选学妖孽"的口号,无论是桐城还是《文选》派,均被历史所"抛弃",曾经有过的争论也成为刍狗陈迹,文章之学也横遭断裂,此种结局,今人视之,不免扼腕叹息!

附：简论黄侃之文学观与刘师培的一致性

周勋初先生《黄季刚先生与〈文心雕龙〉札记的学术渊源》一文，对晚清民初文论界桐城派与《文选》派之间的纷争，有所叙述。① 刘师培、黄侃师徒属于《文选》派，黄侃撰写《文心雕龙札记》，究其初衷，针对以姚永朴为代表的桐城派，可视为其中一大写作缘起。早在1910年京师大学堂时期，桐城派学者姚永朴、马其昶与林纾已担任经文科教员。黄侃于1914年被聘为北大文科教授，于1918年离去②；刘师培则在1917年受聘为北大国语门文学史教授，于1919年11月病故。《文选》派和桐城派学者短暂共处，激发出文学史上的一段学术公案，此颇耐人寻味。

明王守仁为重刻宋谢枋得编《文章轨范》作序说"夫自百家之言兴而后有六经，自举业之习起而后有所谓古文"。古文关系到举业，刘、黄与桐城派分庭抗礼，其发生的时代、社会背景，就是清王朝覆灭，科举已遭废除，挑战古文主流——桐城派，才具备了可能性。此表面是刘、黄针对北大内部的桐城人物，实质上也可视作清代以来汉宋之争的余波。比较刘、黄二人的文学见解，周勋初先生上述文章看到黄氏文学理论方面受到刘氏影响，确为的见。而刘、黄均研究《文心雕龙》，分别有讲义、札记发表、出版，俱有极深的心

---

① 参见周勋初：《当代学术研究思辨》，南京大学出版社1993年版。
② 参考马越编：《北京大学中文系简史（1910—1998）》，北京大学出版社1998年版。

得,且充分表现于各自著述中,围绕刘、黄"龙学",比较分析,亦可以窥黄侃文学观的大致理路。

黄侃诠释《文心雕龙》、叙述文学观念,均深受刘师培的影响。黄侃之性情狂狷闻名当世,可他竟拜师于刘师培,足见他对刘氏真心折服。黄侃《始闻刘先生凶信为位而哭表哀以诗》说两人经常"温言论文史,推挹殊恒侪。幽都难久居,数年为君留"①。身为楚人,黄侃不喜在北京居住,而之所以不遽然离去,主要为了追随刘师培,以请益、切磋学问②。而刘氏矫矫不群的文史观点也对黄侃产生过震动,比如黄侃对扬州学派巨子汪中的文才推崇备至,写有《吊汪容甫文》,《书后汉书论赞后》信奉四六体为"斯乃经子之正宗,实亦文词之臬极也"(《蕲春黄氏文存》),体现出靠拢扬州学派的意趣。按黄氏《文选平点》卷首,其哲嗣黄延祖撰《文选平点重辑叙》,知黄侃一生手批《文选》,不止数部,对《文选》学之注重,堪称是黄侃一生的事业。黄氏《文选平点》卷一《文选序》之批语曰:"此序,选文宗旨、选文条例皆具。宜细审绎,毋轻发难端,《金楼子》论文之语,刘彦和《文心》一书,皆其翼卫也。"③文学观以萧统《文选序》为纲领,并以萧绎《金楼子·立言》和刘勰《文心雕龙》分别文笔的相关篇章作为佐证之"翼卫",此在扬州学派学者中,已成其文学观构造的三位一体,譬如刘师培《中国中古文学史》第五课《宋齐梁陈文学概略》之(丑)《文笔之区别》,亦有斯论,从材料到

---

① 《刘申叔先生遗书》卷首附录。
② 《黄侃日记》己巳(1929)年己巳七月廿三日甲申,读《白虎通疏证》的日记:"墨笔圈点者,乃戊午己未间与仪征刘申叔先生同居京师时所为,忽忽十年,学业不进,展卷愧悚。"江苏教育出版社2001年版。
③ 黄侃著,黄延祖重辑:《文选平点》,中华书局2006年版。

结论,与黄侃并无二致!铸成此种文学观的理路,可以追溯到阮元等扬州学派前辈人物,堪谓扬州学派论文的核心观点,也正是《选》学派根深蒂固的文学观。而在此关键点上,黄侃显示出近乎刘师培,却有别于章太炎——黄氏另一位重要老师——的倾向。

因此可以推想,刘师培的文学观念,大多渊源自扬州学派,黄侃在《文选平点》、《文心雕龙札记》里所反映的部分文学见解,所同于刘师培者,则出自刘氏的可能性极大,在文学的重要见解上,黄侃几乎一边倒地接受了刘师培的影响。

文学创作论的关键或核心问题是"小学"问题,这是刘、黄的共识,当然黄侃师事章太炎,自然也注重声韵、训诂等小学治学方法。刘氏《论美术与征实之学不同》说:"古人词章,导源小学,记事贵实,不尚虚词。后世文人,渐乖此例,研句练词,鲜明字义,所用之字,多与本义相违。"这种文章学看法,刘氏三致意焉。反观黄侃《札记》,《文心雕龙》五十篇中,于《章句》篇阐释特详,所发挥的正是刘氏辞章之本在于小学的思想。他说:"结连二字以上而成句,结连二句以上而成章,凡为文辞,未有不辨章句而能工者也;凡览篇籍,未有不通章句而能识其义者也。故一切文辞学术,皆以章句为始基。"黄侃为章句学风辩护:"知章句之末流,为人诟病甚矣,然未可因是而遂废章句也。"他认为训诂比语法在古代汉语里重要得多,空讲语法其实并不能深入掌握汉语特点,即使他对于《马氏文通》表示尊重,但是此篇意思在乎强调小学工夫更是不可欠缺的。同样在《札记》之《题辞及略例》里,黄侃认为刘勰以下,论文专著大多有舍本逐末的失误,而精通小学章句却更应受到重视,此才是属文之首务。黄侃《中国文学概谈》评论东汉蔡邕说:"《史记》、《汉书》,尚未纯粹。质言之,班较胜马;至《汉书》以下之文,陈陈相因,四字一句,此种体裁,实出于议碑。而议碑则以蔡邕为主,其后范蔚宗以碑为史,韩退之以史为碑,盖范受蔡之碑版影响也。"其班、马异同论,持"班较胜马",此和朱熹等侧重义理来比较班、马,大有不同,在义理方面,《史记》较《汉书》更接近"当时意思",所以朱熹等当然认为班不及马,而黄侃等从文字雅驯而论,则表达了与朱熹相反的观点。黄侃还怀疑韩愈的文学史地位,说:"谓文起八代之衰,未免言之太过。"①这与刘师培等扬州学派学者也如桴鼓相应,苏轼赞许韩愈"文起八代之衰",而扬州学派学者则几乎指责韩愈"文启后代之衰"!《文选》派和古文派之间,其意见相左,竟如南辕北辙!

根据尹炎武《刘师培外传》称,刘氏"雅好蔡中郎"②。刘师培《汉魏六朝专家文研究》有《蔡邕精雅与陆机清新》,已见前引。研读蔡邕文章,后世学者庶几可以揣摩到刘、黄心目中文章之楷模。其《文心雕龙讲录》之二《〈文心雕龙·诔碑〉篇口义》说:"此段推崇蔡中郎之碑文为第一,盖非一人之私言,实千古之定论也。试以伯喈之文与普通汉碑比较:一则词调变化甚多,篇篇可诵,非普通汉碑之功候所能及;二则有韵之文易至散漫,而伯喈能作出和雅之音节,'清词转而不穷',此皆其出类拔萃处。伯喈碑文既可空前绝后,而传于今者又多,潜心研索,当可尽其变化。"又说:"凡有韵之文能得蔡中郎之一体者,皆足成家。"③刘勰《铭箴》篇赞扬"蔡邕铭思,独冠古今",他们都从文字学角度,推许蔡邕得文字之雅正。

诚如扬州学派论文崇尚声律,黄侃批陆机《文赋》之"其会意也

---

① 收录于黄侃:《中国文学论集》,一流书店1942年版,转引自黄侃著,陈引驰校订:《文心雕龙札记》附录,华东师范大学出版社1996年版。
② 《刘申叔先生遗书》卷首附录。
③ 刘师培著,陈辞编:《中古文学论著三种》,辽宁教育出版社1997年版。

尚巧,其遣言也贵妍,暨音声之迭代,若五色之相宣"说:"后来范、沈声律之论,皆滥觞于此,实已尽其要妙也。"①认为陆机已启范、沈之先。黄侃批《宋书·谢灵运传论》之"欲使宫羽相变,低昂互节,若前有浮声,则后须切响。一简之内,音韵尽殊,两句之中,轻重悉异。妙达此旨,始可言文"曰:"尝谓文士有二伟人,一则隐侯,一唯苏绰,骈文律诗小词曲子皆自声律论出者也。陈、张、李、杜之诗,韩、柳、李、孙之文,皆自复古论出者也。工拙之数,不系于此,纷纷争论,只在形貌间耳。"②盛赞沈约为文学史上的伟人,认为他开创了文章之韵文一途,也就是对黄氏所认同的扬州学派之所谓"文",作出了极大的贡献,黄侃对沈约大加表彰,与古来论文者对沈约褒贬夹杂,实有见解之差异。

黄侃老师章太炎反驳阮元关于文笔的论述,黄侃就必须在章太炎与阮、刘之间作出左袒与评判,黄焯《记先从父季刚先生师事余杭仪征两先生事》说:"章君于诗文必宗于古,从父则不废近制,骈俪、律体、诗余,咸臻其妙。"黄侃《原道》篇《札记》说:"案阮氏之言,诚有见于文章之始,而不足以尽文辞之封域。本师章氏驳之(见《国故论衡·文学总略》篇),以为《文选》乃裒次总集,体例适然,非不易之定论;又谓文笔文辞之分,皆足自陷,诚中其失矣。窃谓文辞封略,本可弛张,推而广之,则凡书以文字,著之竹帛者,皆谓之文。非独不论有文饰与无文饰,抑且不论有句读与无句读,此至大之范围也。故《文心·书记》篇,杂文多品,悉可入录。再缩小之,则凡有句读者皆为文,而不论其文饰与否;纯任文饰,固谓之文

---

① 黄侃著,黄延祖重辑:《文选平点》卷十七,中华书局2006年版。
② 黄侃著,黄延祖重辑:《文选平点》卷五十,中华书局2006年版。

矣,即朴质简拙,亦不得不谓之文。此类所包,稍小于前,而经、传、诸子,皆在其笼罩。若夫文章之初,实先韵语;传久行远,实贵偶词;修饰润色,实为文事;敷文摘采,实异质言。则阮氏之言,良有不可废者。即彦和泛论文章,而《神思》篇以下之文,乃专有所属,非泛为著之竹帛者而言,亦不能遍通于经、传、诸子。然则拓其疆域,则文无所不包,揆其本原,则文实有专美。特雕饰逾甚,则质日以漓,浅露是崇,则文失其本。"此节文字,貌似折中于章、阮,章太炎先生谈文学曰:"什么是文学? 据我看,有文字著于竹帛叫做'文',论彼的法式叫做'文学'。"①他持一种极宽泛的文学观。并且章太炎还直接批评当时骈文与古文之间的派别之争,其《国学概论》第一章《辨文学应用》就说:"清代阮芸台起而推倒散体,抬出孔老夫子来,说孔子在《易经》里所著的文言系辞,都是骈体的。实在这种争执,都是无谓的。"章太炎否定了《文选》派和桐城派争论的意义。其实从黄侃首先征引阮氏《文言说》等文字,并且《征圣》篇《札记》说"近代惟阮君伯元知尊奉文言,以为万世文章之祖"来看,虽然也讥其"千虑一失",但他倾向于阮元还是显而易见的。他相信在至大的文之范围中,有特指的文存在,那就是从写作者而言,包含着韵语、偶词等文事技巧与安排,与质言相区别,质木则无文,改变质木的自然状态才是文。而章太炎将文扩大至著于竹帛者,这从后世阅读接受而论,文字均有历史感或审美价值,但这更多是侧重于阅读者的经验判断,或作为文明遗产的价值判断,而从写作主体来看,当下付诸刀笔、著于竹帛,确实有文与非文的不

---

① 章太炎讲演,曹聚仁整理,汤志钧导读:《国学概论》,上海古籍出版社1997年版。

同。因此在文笔判分问题上，显然黄侃是以阮、刘马首是瞻，与章氏则存有歧异。其《文学记微》说："文学之作，所以达人情志。顾专门既立，不能溥及恒民。于是文家与流俗，判为二途。若广以章句为言，则文家实高于流俗。若欲以人情为本，则流俗或过于文家。试观风雅并陈，览民风国势者，观风胜于观雅。汉魏而降，当时习俗，往往见于歌谣乐府，徒知诵法曹、刘者不能得此也。是知一代必有文家之文，以章其专业；亦必有流俗之文，以写其恒情。二者并隆，乃可得文学之真状。此研究文学必须观材性也。"（收录于黄侃《中国文学论集》）此也与刘氏主张文词"宜区二派"意思接近，但作为社会精英之展现，黄氏无疑只认可文家专门之文。

此自然在反桐城派立场上，与刘师培所见略同①。其《札记·题辞及略例》直指桐城派"文气、文格、文德诸端，盖皆老生之常谈，而非一家之眇论。若其悟解殊术，持测异方，虽百喙争鸣，而要归无二。世人忽远而崇近，遗实而取名，则夫阳刚阴柔之说，起承转合之谈，吾侪所以为难循，而或者方矜为胜义"。此显然意在针对北大桐城派同事，具有公然宣战的意味。尤其在以自然论来摧破桐城文以载道等说方面，黄侃矫矫立异的用心是十分明显的，其《原道》篇《札记》说："《序志》篇云：'《文心》之作也，本乎道。'按彦和之意，以为文章本由自然生，故篇中数言自然。一则曰：'心生而言立，言立而文明，自然之道也。'再则曰：'夫岂外饰，盖自然

---

① 晚清精于小学的学者，一般不会对桐城派特表尊敬，譬如章太炎先生《国学概论》谈《通小学》曰："桐城派也懂得小学，但比较的少用工夫，所以他们对于古书中不能明白的字，便不引用，这是消极的免除笑柄的办法，事实上总行不去的。"见章太炎讲演，曹聚仁整理，汤志钧导读：《国学概论》，上海古籍出版社1997年版。

耳。'三则曰:'谁其尸之,亦神理而已。'寻绎其旨,甚为平易。盖人有思心,即有语言,既有语言,即有文章,言语以表思心,文章以代言语,惟圣人为能尽文之妙,所谓道者,如此而已。"将"道"更多解释为自然之道,虽也涉及圣人云云,但是,刘勰要改变文章自在自为的状态,努力要把文章纳入儒家经学规范,此番意愿却被忽略了,因此黄侃为了反对桐城义法,援引《韩非子》与《庄子》来注解刘勰之"道",显然是不确的。黄侃批谢灵运《述祖德诗》之"高揖七州外,拂衣五湖里"曰:"七州者,玄所都督之七州也。注谬,而近世曾国藩亦承之而不考矣。此方虚谷说。"①与刘师培等扬州学派人士相类似,对晚清桐城派领军人物曾国藩的学术水准,黄侃亦显露轻蔑的口吻。

  黄侃关于《体性》篇的看法,也可能受刘申叔的影响。黄侃评述八体中"新奇"与"轻靡"二体说"词必研新,意必矜创,皆入此类。潘岳《射雉赋》、颜延之《曲水诗序》之流是也","辞须蒨秀,意取柔靡,皆入此类。江淹《恨赋》、孔稚圭《北山移文》之流也"。刘勰对于具有浓郁的南人趣味文学,表示了深深的不满。而黄侃这里只作客观描述,与刘师培比较通达地比较南北文学之不同,亦十分近似。刘师培将"文"的源头直接和《楚辞》相衔接,提出"宗骚"之说,而作为楚人的黄侃,一则也极度重视《楚辞》对后世文学的启迪意义和重要地位,譬如他批《文选》卷九班叔皮《北征赋》说:"此体上本《九章》,虽庾信《哀江南》、颜介《观我生》、江总《修心》,皆其支与流裔也。"另则对于《诗经》这一更早的源头,也表现出足够的尊重,黄侃批宋玉《登徒子好色赋》曰:"此与《神女赋》同旨,然

---

① 黄侃著,黄延祖重辑:《文选平点》卷十九,中华书局2006年版。

已劝百而讽一矣。其源出于《汉广》、《行露》,然则贞信之教被于江汉也久矣,故曰《楚辞》者,《二南》之苗裔也。"①若溯源流,显然宋玉此二赋可视作《诗经》之《二南》中《汉广》、《行露》的苗裔,《诗》和《骚》作为中国文学的两大源头,在黄侃那里摆放得比较妥帖。

与刘师培一样,黄侃也主张治《文心雕龙》者,必同参《文选》之学,两者应共冶一炉,交互参照,所获则丰。黄侃批《文选》卷一赋甲《京都上》说:"《文心雕龙》:'夫京殿苑猎,述行叙志,并体国经野,义尚光大。至于草区禽族,庶品杂类,则触兴致情,因变取会。'据此,是赋之分类,昭明亦沿前贯耳。"②在赋之分类问题上,刘彦和和萧统具有一致性。黄侃批曹丕《与吴质书》之"孔璋章表殊健,微为繁富,公幹有逸气,但未遒耳,其五言诗之善者,妙绝时人"曰:"大抵子桓论文,以遒健不弱为贵耳。《文心雕龙·风骨》篇全出于此。"③指出《文心雕龙·风骨》篇出自曹丕《与吴质书》中所标举的"遒"和"健",也可视作黄侃熟参《文选》之妙悟。

可以肯定地说,由于黄侃钦佩刘氏学问,所以也较多地受其文学思想的影响,在许多重要观念上,均可寻觅到此种影响的印记。但是,刘氏一以贯之的文学理论,发轫于其扬州地域文化,是清儒汉宋之争的衍生,有其产生的历史过程与内在肌理,与北大桐城派势力并无太大的关系;而黄侃虽然在认识刘师培之前就有"文辞淡雅,上法晋宋"(章太炎语)的文章风格趣味,喜好批点《文选》,但上述文论主要观点,却大都存在着与刘氏相互切磋之因缘,黄侃以

---

① 黄侃著,黄延祖重辑:《文选平点》卷十九,中华书局2006年版。
② 黄侃著,黄延祖重辑:《文选平点》卷一,中华书局2006年版。
③ 黄侃著,黄延祖重辑:《文选平点》卷四十二,中华书局2006年版。

之与姚永朴等人决胜于讲席。

然观《黄侃日记》之《避寇日记》(壬申二月廿四日庚寅),时值1932年,"夜姚仲实先生永朴托吴耕莘(步尹),以其所著《惜抱轩诗集训纂》四册由南京转递到此",看来,虽然文章观点相悖,却并不妨碍当年的北大老同事黄、姚之间尚存高尚的学者情谊。